ESPIRITISMO E PSIQUISMO

FICHA CATALOGRÁFICA

(Feita na Editora)

Rocha, Alberto de Souza
Espiritismo e Psiquismo: estudo básico e estrutural dos fatos psíquicos à luz da Ciência Espírita por Alberto de Souza Rocha; Editora Espírita Correio Fraterno do ABC; São Bernardo do Campo; SP.

BIBLIOGRAFIA
1. Espiritismo 2. Mediunidade 3. Fenômenos Físicos 4. Fenômenos Psíquicos
I. Título

CDD - 133.9
133.91
133.92
133.93

Índice para catálogo sistemático

1. Espiritismo 133.9
2. Mediunidade 133.91
3. Fenômenos Físicos 133.92
4. Fenômenos Psíquicos 133.93

Impresso no Brasil

ALBERTO DE SOUZA ROCHA

ESPIRITISMO E PSIQUISMO

edições correio fraterno

Espiritismo e Psiquismo
- Alberto de Souza Rocha -
1ª edição - Março de 1993 - 5.000 exemplares

Editora Espírita Correio Fraterno do ABC
Av. Humberto de Alencar Castelo Branco, 2955, Fone (011) 419-2939, Fax (011) 419-1960, CEP 09851-000, São Bernardo do Campo, SP, Caixa Postal 58, São Bernardo do Campo, SP, CEP 09701-970.

(A Editora Espírita Correio Fraterno do ABC não possui fins lucrativos; seus diretores não percebem qualquer remuneração. Todos os resultados financeiros se destinam à divulgação do Espiritismo codificado por Allan Kardec e às obras de assistência à criança, em colaboração com o Lar da Criança Emmanuel.)

Editoração: J. G. Pascale
Revisão: Leni Horne Almeida e Regina Carnevale Morales
Capa: Bläse Campbell

AGRADECIMENTO

Agradecemos a inestimável colaboração da confreira senhora Thereza Cristina Guedes Medeiros, bem como a intercessão especial do confrade Gérson Simões Monteiro.

ÍNDICE

APRESENTAÇÃO

Se há uma referência inevitável, em se falando de estudo sistematizado do Espiritismo, esta é o professor J. Herculano Pires. "A Ciência Espírita — diz Herculano em **Ciência Espírita e suas Implicações Terapêuticas**, pág. XXII, Editora Paidéia — está em nossas mãos e nos indica o roteiro a seguir. Mas nós a envolvemos em dúvidas e debates inúteis, ao invés de nos alistarmos em suas fileiras e de nos entregarmos generosamente ao seu estudo, à sua divulgação e à sua prática." Não é outra a orientação da Editora Espírita Correio Fraterno do ABC ao publicar **Espiritismo e Psiquismo** , de Alberto de Souza Rocha.

Lê-lo, numa perfeita sinestesia, é como assistir às suas aulas — aliás, a origem desta obra, conforme ele explica: "Por havermos assumido com o emérito professor Deolindo Amorim o compromisso gratificante de estudar com os companheiros do Instituto de Cultura Espírita do Brasil assuntos doutrinários constantes de programas daquele cenáculo, desses estudos, de anotações e reflexões, das exposições elaboradas, foi-se formando a matéria. A certa altura estávamos sendo estimulados por alguns companheiros muito generosos a reunir a matéria dentro de uma certa seqüência, em formato de livro".

Espiritismo e Psiquismo propõe-se *a priori* apresentar caminhos, oferecer opções de leituras, dar instrumentos para estudos iniciais das bases do Espiritismo — que se constituem nas obras compiladas por Allan Kardec(*) —, bem como fornecer subsídios para o estudioso em geral. Isso, de modo simples, de maneira acessível e, apenas, com uma única e inalterável sugestão: Espiritismo estuda-se.

"Ora — ressalva Rocha, com sua já proverbial modéstia, não fora ele médico de prestígio e pesquisador acatado —, realmente, assuntos há que estão como que diluídos dentro de numerosas obras por cumprirem elas o objetivo determinado por seus autores. Ademais disso, não só de obras espíritas nos valemos no levantamento dos temas. Nosso mesmo, a rigor, apenas o trabalho de reunir a matéria, cotejá-la, apresentando então, desse mundo vasto de conceituações harmônicas e majestosas, que fluem de tantas inteligências, o pouco que pudemos, de alguma forma, assimilar e transmitir."

Espiritismo e Psiquismo não é, por definição, uma obra didática; possui, sim, um caráter pedagógico, com o que se presta aos fins pretendidos e, também, serve como leitura complementar em cursos de Espiritismo ministrados nas instituições. Cada capítulo envolve e elucida, tal a limpidez e simplicidade com que o autor analisa o asssunto e o enriquece com informações subsidiárias. À sua maneira peculiar, Rocha conduz e estimula o leitor ainda neófito, sem impedir, contudo, que o estudioso sofisticado mergulhe mais profundamente. Ambos saem gratificados.

Agora, desejamos ao leitor — perdoe-nos a redundância — uma boa leitura.

A Editora

(*) É fundamental o estudo das obras básicas do Espiritismo, a saber:
O Livro dos Espíritos, O Livro dos Médiuns, O Evangelho Segundo o Espiritismo, O Céu e o Inferno, *e* **A Gênese.**

CAPÍTULO I

CIÊNCIA ESPÍRITA AO ALCANCE DE TODOS

Desde os idos tão distantes em que se iniciou a espécie humana, assumindo o Homem atributos de racionalidade, temeu as forças desconhecidas da natureza - terá sido esse o germe da Religião; indagou de si mesmo a razão primeira das cousas - nascia a Filosofia; e, na luta contra as adversidades, foi, de pesquisa em pesquisa, construindo, no correr dos milênios a sua Ciência. Dentro desta foi colocando, por suas comprovações experimentais as verdades que proclamava, tais as leis da Criação infinita. Essas verdades vêm sofrendo constantes alterações: são verdades provisórias, quais hipóteses de trabalho, que satisfazem até que outra verdade mais condizente as suplante. Ainda agora, poucos anos do triunfo espetacular da Teoria da Relatividade, é Einstein posto em dúvida pelas novas conclusões a que chegou César Lates, conforme noticiário dos jornais.

Ciência ou Filosofia que se preze, porém, para manter o seu "status", como qualquer cidadão comum na sociedade, deve evitar cautelosamente certos desvios, certos comprometimentos; aqui, os caminhos que teriam conotações místico-religiosas. Quando muito, consegue a Moral erigir-se em Ciência, mas permanecendo distante de conceitos que levem a concessões indébitas... Ora, até quando? A verdade é a mesma, a finalidade última a atingir tanto pela Ciência, pela Filosofia como pela Religião evidentemente é uma só, o princípio unitário, que está em Deus. O jeito é fazer convergir os três grandes caminhos da Inteligência Humana. Uma doutrina que os concilie, a grande solução!

Sem o pretender, efetivamente, é a Ciência que está caminhando ao encontro das afirmações do Espírito, embora sofismando em suas conclusões, relutando em suas teses, haja vista os rumos da Parapsicologia, sobretudo atrás da cortina de ferro. Voltando ao físico brasileiro acima citado, está ele ao encalço de "algo absoluto capaz de agir sobre todas as cousas sem que nada possa agir sobre ele" e de tal forma levanta o véu do mistério que já se erguem contra isso. Um colega seu, que o contesta, adverte-o: "Os teólogos ficarão satisfeitos com essas idéias" (JB 25/05/80).

Costumamos nos valer do esforço e do material fornecido pela escola materialista manuseando-lhes os dados em favor de conclusões muito nossas, pois, se olvidássemos esse trabalho, que nos oferecem, apenas por suas premissas, por sua posição neutra ou adversa, perderíamos excelente material de trabalho a prol do que buscamos.

Interessante considerar agora que, em nível médio - é certo -, as grandes conquistas da Ciência contemporânea estão ao alcance de muitas pessoas, o que não acontecia antigamente. Um aluno de segundo grau (científico), se fosse interessado em saber e não apenas em passar de ano, obteria em seus próprios livros de currículo uma amplitude de conhecimentos sobre uma gama de assuntos, sem maiores profundidades, é claro, que ganharia em extensão ao menos muitos sábios de séculos passados, se regredíssemos no tempo. Com seus termos eruditos, de raízes gregas, pois na velha Grécia se encontram as primícias de todas as grandes concepções modernas.

A Ciência Espírita - ou o Espiritismo Científico - está igualmente ao alcance de todos os que desejarem estudar-lhes as bases, a sua estrutura, sendo que salta aos olhos a simplicidade de linguagem, a lógica do conjunto, a beleza do ideal que persegue, a grandeza de sua concepção.

Os fatos psíquicos, que compõem a fenomenologia própria e se constituem na parte experimental do Espiritismo estariam em contradição com as leis naturais? A investigação nesse sentido abrangeria dois aspectos: o da realidade dos fatos; o da sua explicação. Já vai longe o tempo em que se pretendeu contestar o fenômeno tendo-o por falso, alucinatório ou produto de mentes mórbidas. Quanto à explicação, a nossa é a de que são naturais os fatos e não sobrenaturais; que são conformes em sua gênese. Cumprem-se dentro de leis que existem na Natureza paralelamente àquelas conhecidas leis físicas e biológicas que o Homem, investigando, formulou para bastar-se em seu sentimento de realidade. Se é certo que há criaturas de tendências místicas que aceitam tudo sem exame e os têm por maravilhosos, por obra de uma "graça" ou por supranaturalidade e assim o proclamam, não será por causa desse comportamento, dessas pessoas, dessa "miopia", que vamos desconhecer o que há de objetivo, comprovado, lógico e cabível em relação às leis metafísicas e metabiológicas que nos permitem ir além da estreiteza dos sentidos limitados de que dispomos, avançando no descortíno de um universo conceitual de infinitas proporções - a Realidade Maior, que o Espiritismo afirma, que a Ciência materialista atônita desvenda, onde a Imortalidade e Perfectibilidade constituem a meta gloriosa do Espírito.

CAPÍTULO II

A ALMA E OS FENÔMENOS ANÍMICOS

Cremos que não houve um só povo, em qualquer época da História - quiçá da Pré-História - que não registrasse a presença da Alma, qualquer que fosse a sua designação, quaisquer que fossem os atributos que lhe ortorgassem. Vamos ver no tronco latino ANIMA, "sopro", "ar", "emanação" e já podemos correlacionar com SPIRITUS, "sopro", "vento", "hálito", "exalação".

Com respeito à ALMA e às suas relações com o corpo, várias teorias procuram explicá-las e as podemos resumir em quatro pensamentos distantes entre si:- a tese materialista, segundo a qual o trabalho inteligente é mero produto da organização física, pelo que "alma", "pensamento" são produtos do cérebro, são substâncias resultantes do metabolismo; a idealista, segundo a qual a alma, o Espírito é tudo, sendo o mundo físico mero efeito das sensações, donde a ilusão das formas; o monismo, segundo o qual Espírito e Matéria são aspectos de uma mesma realidade primária; e finalmente a escola dualista, que advoga a existência de dois princípios gerais do Universo, matéria e Espírito.

É esta última que é exposta de uma maneira simples e objetiva no capítulo II, parte primeira de "O Livro dos Espíritos".

Todos os assuntos relacionados com a ALMA podem grupar-se hoje sob o grande título geral de ANIMISMO.

A palavra terá sido usada inicialmente por George Ernst Stahl, médico alemão (1660-1734) em sua obra "Animismo e Autocracia da Natureza". Instituia ele um sistema filosófico segundo o qual seria a Alma o princípio de todos os fenômenos vitais, tanto biológicos como intelectivos. Os órgãos do corpo, seriam meros instrumentos da "Alma racional". Bebeu inspiração em Aristóteles. Para ele o "princípio vital" era a mesma "alma pensante". Por sinal, a clássica teoria do "vitalismo", admitindo a existência de uma "força vital", aproximando-se embora, não a mesma afirmação de nossa Doutrina na exatidão dos conceitos.

Poderemos considerar que a palavra ANIMISMO empregada por volta de 1890 por Alexandre Aksakof constitui em verdade um neologismo semântico.

Para estudarmos uma Doutrina, uma Ciência, uma Tese, teremos que nos fixar nos pontos básicos dentro dos quais terá de fluir toda a gama de raciocínios que lhe dizem respeito.

Se o assunto é a ALMA, no estudo de todos os fenômenos psíquicos teremos que entender, com Kardec, em "O Livro dos Médiuns":

- "Não sendo os Espíritos senão a alma dos homens, o verdadeiro ponto de partida é a existência da ALMA"!

Partamos de entendê-la:

1º: A ALMA é una, individual, não se transmuda em outra que a substitua, não se desfaz, não se desgasta; evolve sempre.

2º: A ALMA - princípio inteligente - pode agir independentemente do corpo.

3º: Nada se passa de maravilhoso ou sobrenatural; quando muito há fenômenos inabituais.

4º: Na verdade, há uma causa única, o Espírito, tanto encarnado como desencarnado.

Outros elementos entram no jogo das considerações com referência aos fenômenos da manifestação da ALMA, a saber:

I - O corpo somático, instrumento dos fenômenos psicológicos habituais e que favorece ou embarga a emancipação do Espírito.

A uma pergunta de Kardec sobre se apenas da natureza do Espírito dependeria o desenvolvimento do fenômeno, a resposta encontrada em "O Livro dos Espíritos" é esta:

- "De uma e de outra. Há disposições físicas que permitem ao Espírito desprender-se mais ou menos facilmente da matéria".

Com efeito. Disposições ou indisposições, quem sabe? Estados fisiológicos e fisiopatológicos, como as intoxicações, a anestesia, etc.

II - O Perispírito, não apenas um molde plástico mas que, não sendo criativo, participa das funções intelectivas da Alma como modelador e fiel registrador.

III - O "Princípio Vital", não um quarto elemento de conjunto; a bem dizer, o elemento que vitaliza a matéria orgânica e sem o qual não poderia a ALMA unir-se ao SOMA.

Funcionando este complexo harmonicamente, poderemos concluir com DAVIS, citado por Aksakof:

- "O Espírito humano é tão maravilhosamente dotado e dispõe de meios tão variados de atividade e de manifestação, que um homem pode inconscientemente deixar reagir sobre si mesmo e em si próprio suas forças orgânicas e suas faculdades cérebro-dinâmicas."

Teremos então, em graus diferentes de amplitude:

a) O fato psicológico habitual

b) O fato anímico propriamente dito

c) O fato espirítico.

Convém notar, ainda, as áreas de interferência de um sobre outro fenômeno. A Natureza não se preocupa com fronteiras.

RESUMO HISTÓRICO

Todos os historiadores são unânimes em reconhecer a presença, na cultura dos povos de todos os quadrantes da Terra, em todas as épocas, de fatos insólitos e a importância que eles representam.

Poderíamos lembrar os medos, os caldeus, os hindus, os árabes, os incas, os astecas, e, destacadamente, os egípcios, os gregos e os gálios. Os sacerdotes de Ísis, de Mênfis, de Alexandria se tornaram notáveis instituindo a cura de doenças pela imposição das mãos. Em Alexandria conta-nos Delanne "- O sono era empregado terapeuticamente. Os romanos tiveram templos destinados à cura pelo magnetismo. Foi por volta do século XV que Paracelso e colaboradores começaram a sistematizar o conhecimento desses estranhos poderes de uma força anímica ainda em fase de utilização empírica.

Podemos então reconhecer esse período histórico como o de práticas de magia, ou em outras palavras, o de "OCULTISMO". Num paralelo à classificação usada por Charles Richet corresponderia ao chamado período místico.

Os séculos XVIII e XIX se cracterizaram pela prevalência de uma conceituação mais racional e sistemática do fenômeno anímico, graças inegavelmente aos trabalhos de Mésmer.

Como Stahl, Mésmer era também alemão e médico. Estudante de Teologia e Astrologia, investigando as propriedades do ímã, chegou a conclusões interessantes a respeito de um poder magnético também existente nos seres animados, o que denominou de "magnetismo animal". Nascia o "mesmerismo", herdeiro histórico de anteriores estudos de Paracelso, retomados alguns séculos depois. Friedrich Anton Mésmer (1733-1815) foi admirado inicialmente por todos e depois desacreditado por imposição dos cientistas da Academia de França. Seguiram suas pegadas Joseph Balsamo (Cagliostro) Puy ségur e Pétetin. Puy - ségur estudou o sonambulismo artificial e Pétetin a catalepsia artificial.

A condenação da ciência da época às afirmações de Mésmer estabelece o eclipse da segunda fase, a do "MESMERISMO".

Ainda no século XIX surge na Inglaterra a figura de um cirurgião, Jacques Braid, hábil experimentador, retomando os fatos ligados às observações de Mésmer e que por volta de 1843 publica os seus primeiros trabalhos nos quais evita sabidamente usar as expressões do mesmerismo, falando de sono nervoso, neuro-hipnologia, hipnotismo. O sucesso de Braid logo se fez sentir e as experimentações continuaram com Richet, Charcot, Bernheim e muitos outros. Dominou então esse período áureo que constitui o do "BRAIDISMO".

Ocorre porém que, na metade do século XIX e em pleno século XX surgem novos rumos ao estudo da fenomenologia. Com o advento do Espiritismo, uma idéia nova projeta luzes em todo o campo da experimentação.

Enquanto as doutrinas anteriores entendiam da existência de uma força animal (magnetismo animal), e ela existe, o Espiritismo, com Kardec, catalogava os fatos como sendo da ALMA, individualidade, inteligência, e permitindo uma visão global de toda a fenomenologia da esfera psíquica, o que poderíamos dizer uma visão monística do problema. No entrechoque das teorias negativistas que procuram condenar o Espiritismo e reduzir tudo a automatismos e a forças desconhecidas, a negaciar a evidência, a não encarar as conexões virtuais de tudo isso numa observação panorâmica de tamanha magnitude, na Russia ainda imperial, ainda czarista, um conselheiro de Estado, professor em Leipzig, levanta sua voz, faz renascer a velha palavra que servira a Stahl para a sua antiga teoria de princípio vital, e responde com o "ANIMISMO" a todas as controvérsias surgidas. É Alexandre Aksakof.

A caminhada teria que ser longa, mas viriam com ela César Lombroso, Gabriel Delanne, Ernesto Bozzano, Gustavo Geley

Carlos Imbassahy e tantos outros, numa fileira gloriosa.

É o período atual da compreensão dos fenômenos anímicos paralelamente àqueles de ordem espirítica.

Diz-nos Imbassahy:

"O desprendimento é um falecimento aparente e temporário. O fenômeno que se passa com o vivo serve de pórtico para o Além; por ele facilmente se compreenderá o produzido pelos mortos. A alma do morto é como a alma do vivo; apenas este está preso à matéria, e o outro se acha inteiramente livre."

E dizer-se que percorremos tantos séculos para descobrirmos hoje uma cousa tão simples.

CAPÍTULO III

ANIMISMO E MEDIUNISMO

Sábia e oportuna, a resposta constante de "O Livro dos Espíritos", relativa à pergunta de número 28, a respeito do que seria exatamente o Espírito:

- "As palavras pouco importam. Compete-vos formular a vossa linguagem de maneira a vos entenderdes. As vossas controvérsias provém, quase sempre, de não vos entenderdes acerca dos termos que empregais, por ser incompleta a vossa linguagem para exprimir o que não vos fere os sentidos".

Já sabemos que a definição da palavra alma, por exemplo, varia de escola para escola. Fixamo-nos naquela que mais de perto atende ao sentido que lhe damos os espíritas, a de Espírito encarnado.

Dizemos muitas vezes que o princípio vital é que anima os seres vegetais e animais. Kardec fá-lo citando um exemplo interessante, qual seja, no sentido mesmo em que nos permitimos dizer que uma roda ou dado objeto está animado de uma força que lhe impõe certa velocidade. À primeira vista poderíamos fazer conotações com "alma", do latim anima, animae, ou com as primitivas concepções que confundiam o papel da alma com o do fluido vital.

Já vimos que a palavra "animismo", tomada a Stahl, foi

adaptada por Aksakof ao moderno sentido que ele quis dar. Ouçâmo-lo:

- "Quanto a mim, adotei o termo animismo em sentido mais restrito e muito determinado. Na verdade, a palavra psiquismo teria podido preencher o mesmo fim que a palavra animismo..." "O adjetivo psíquico serve hoje para traduzir as mais variadas idéias, freqüentemente muito vagas".

Se ele toma de uma palavra em sentido restrito é agora ele mesmo quem generaliza quando a seu turno define:

- "Fenômeno mediúnico é o conjunto de fatos e manifestações que se produzem com o auxílio de forças ou faculdades de um médium, em pequena escala dos assistentes, por vontade que independe do médium ou dos assistentes propriamente, vontade que pode ser a de um Espírito desencarnado ou de uma pessoa viva. ("Animismo e Espiritismo", edição FEB).

Ele mesmo é quem distingue os fenômenos que estuda, conceituando o personismo como intramediúnico e o animismo propriamente dito como extramediúnico. E acrescenta que a ação extracorpórea do homem vivo forma como que a transição para o fenômeno espirítico.

Mas, abramos juntos o "O Livro dos Médiuns", Cap. XIV, pergunta 175 e leremos:

"A intervenção de uma potência oculta, que é o que constitui a mediunidade..."

Ou a 176:

"Podem considerar-se as pessoas dotadas de força magnética como formando uma variedade de médiuns? R:-Não há que duvidar."

A esta altura Kardec, com independência e autoridade, interpõe:

- "Entretanto, o médium é um intermediário entre os Espíritos e o homem: ora, o magnetizador, haurindo, em si mesmo a força de que se utiliza, não parece que seja intermediário de nenhuma potência estranha".

Registre-se o zelo do Codificador em suas conceituações e na investigação a que procede. Mas a resposta é também uma preciosidade:

- "É um erro; a força magnética reside, sem dúvida, no homem mas é aumentada pela ação dos Espíritos que ele chama em seu auxílio."

Então, só quando se identifica a ação dos Espíritos pode o fato ser chamado mediúnico.

No cap. XXII, pag.249 - reafirma-se:

- "Que é médium? R:- É um ser, é o indivíduo que serve de traço de união aos Espíritos, para que estes possam comunicar-se facilmente com os homens - Espíritos encarnados".

No cap. IV (pag.78) poderemos ler:

- "As pessoas qualificadas de "elétricas"...?

- "Essas pessoas tiram de si mesmas o fluido necessário à produção do fenômeno e podem operar sem o concurso de outros Espíritos. Não são, portanto, médiuns, no sentido que se atribui a esta palavra."

Dr. Ramiro Fonseca, citado por João Teixeira de Paula (Dicionário de Parapsicol. Metapsíquica e Espiritismo):

- "Ficam assim eliminados da categoria de médium metapsíquico (e, com mais razão, de médium espírita) os indivíduos cujas manifestações supranormais não pressupõem uma entidade estranha a dirigir tais manifestações..."

Citemos, por oportuno, o nosso querido Imbassahy em "Hipóteses em Parapsicologia".

"O indivíduo que tem a propriedade de transmitir a mensagem dos mortos ou produzir efeitos cuja a causa é promovida pelo defunto este é o médium. E médium quer dizer medianeiro. É o portador do fenômeno, é agente; ou a agência está na própria alma; ou é ele o receptor de mensagens, de manifestações de outros vivos; este então é simplesmente o sensitivo, o sujet; ou como diz o vulgo - o psíquico; se quisermos empregar um termo científico, que devemos a Boirac, será ele o metagnomo, isto é, o que sabe além do que conhece."

Resumiremos tudo isso dizendo que, ressalvada a generalização feita por Aksakof, que respeitaremos, nas suas citações, seguindo o fio do seu pensamento, quando necessário, deveremos, nos demais casos, distinguir o animismo do mediunismo. Seria como se estivéssemos frente a dois irmãos gêmeos, guardando todavia, com os traços de viva semelhança, as individualidades próprias...

Teremos então:

FENÔMENOS ANÍMICOS E ESPIRÍTICOS

FENÔMENO	CAUSA	AGENTE	AÇÃO	EFEITO	NOME
Animismo	Homem vivo	Força eletro-magnét.	Extra-corpórea	Inteligente e físico	Psi T Psi K
Mediunismo	Espírito	Força eletro-magnét.	Interplanos	Inteligente e físico	Psi T

Continuemos a raciocinar com o Codificador para chegarmos a outros esclarecimentos.

"O L. dos Médiuns" em seu Cap I - 2ª parte afirma:

"(O Espírito) se revela a nós pelos seus atos, e esses só podem tocar os nossos sentidos por um intermediário material. O Espírito precisa, pois, de matéria para agir sobre a matéria. Seu instrumento direto é o perispírito, como o do homem é o corpo. O perispírito (...) constitui-se de matéria. Vem a seguir o fluido universal, agente intermediário, espécie de veículo sobre o qual ele age como nós agimos sobre o ar para obter certos efeitos através da dilatação, da compressão, da propulsão ou das vibrações".

No Cap IV (Teoria das Manifestações Físicas) encontramos:

"O Espírito não pode agir sozinho?

"Por sua natureza etérea, o Espírito propriamente dito não pode agir sobre a matéria grosseira sem intermediário, ou seja, sem o liame que o liga à matéria."

"Como pode o Espírito produzir movimento em um corpo sólido?

- "Combinando uma parte do fluido universal com o fluido próprio àquele efeito que o médium emite." Entendamos bem, o fluido próprio *àquele efeito*

No mesmo capítulo, item 15, há uma pergunta incisiva e uma resposta bem esclarecedora:

"O Espírito pode agir sem o concurso de médium?"

- "Pode agir à revelia do médium. Isso quer dizer que muitas pessoas ajudam os Espíritos na realização de certos fenômenos sem o saberem. O Espírito tira dessas pessoas, como de uma fonte, o fluido animal de que necessita. É dessa maneira que o concurso de um médium, como o entendeis, nem sempre é necessário, o que acontece sobretudo nos fenômenos espontâneos".

Do Cap V da mesma obra podemos destacar:

" Perguntamos se há alguém que seja a causa dos fenômenos em virtude da mediunidade espontânea e involuntária..."

- "Isso é necessário, pois, sem isso, o fato não poderia ocorrer".

Kardec insiste, no cap XIV quanto às chamadas "mesas girantes":

- "É necessária a união desses dois fluidos, isto é, do fluido animalizado e do fluido universal para dar vida à mesa."

No Cap VI (Manifestações Visuais), depois de um estudo desse tipo de manifestações em que, aliás, o médium é que recebe a ação, a explicação de número 109 é importante:

- "O perispírito é o princípio de todas as manifestações. Seu conhecimento nos deu a chave de numerosos fenômenos (...) A possibilidade de ação do Espírito sobre a matéria, da movimentação de corpos inertes, dos ruídos e das aparições."

Sem um médium dessa qualidade, hoje em dia muito raro, ninguém pode esperar fenômenos, por exemplo, de escrita direta. Contudo, a respeito da pneumatografia, diz-nos "O L. dos Médiuns":

"O Espírito não se serve de substâncias e instrumentos nossos. Ele mesmo os produz, tirando os seus materiais do fluido cósmico universal, que submete, por sua vontade, às modificações necessárias para atingir o efeito desejado."

Há, então, uma *ação direta dos Espíritos,* mas na verdade isso não dispensa a presença do médium...

Kardec define logo de início, no Cap XIV da obra citada:

"Toda pessoa que sente a influência dos Espíritos, em qualquer grau de intensidade, é médium. Usualmente, porém, essa qualificação se aplica somente aos que (a) possuem bem caracterizada (...)"

Todos nós somos, em princípio, médiuns, embora haja ostensivos. O termo "médium" já aparecia na obra de Maxwell "De medicina magnética libri" em 1678 referindo-se o Cap XIII aos "médiuns com os quais se efetuam curas sem recorrer ao magneto". Pois, prendendo-se ao problema da mediunidade de cura, diz nos Kardec:

"A mediunidade curadora está exclusivamente na ação fluídica mais ou menos instantânea; não deve ser confundida com o magnetismo humano nem com a faculdade de receber dos Espíritos indicação de remédios" (Revue Spirite 65).

Esta última ele a distingue, chamando o receitista de "médium-médico". Citando a atuação do Dr. Demeure - Espírito num caso específico, explica:

"(Ele) operava fricções e massagens absolutamente como o faria um médico (encarnado)... e estava curada! A cura acima é um exemplo de magnetismo espiritual puro, sem qualquer mistura de magnetismo humano".

De alguma forma, uma ação direta, como no caso da escrita direta assim chamada. E acrescenta ainda:

"Há pessoas (ele as dirá frágeis e delicadas) que são bons condutores do fluido espiritual".

Interessante anotarmos o cuidado do Codificador deixando claro não ter havido, no caso em tela, por especial, mistura do que ele chama de magnetismo humano. E não é demais lembrar que o objeto da ação espiritual, nesse caso, era ela própria médium atuante. Já na edição de 63, à página 258 (tradução brasileira) fala-nos R S da cura de uma fratura:

"O Espírito não age diversamente (de forma diferente de um magnetizador humano). Sua ação fluídica se transmite de perispírito a perispírito e deste ao corpo material."

Ora, de perispírito a perispírito é como se processa o fenômeno mediúnico. Sobre outro paciente de cura dirá (pag 62) que é espírita e *com alguma mediunidade*. Portanto, por tudo que vimos expondo, quando, em setembro de 65, à página 251/2 Kardec distingue magnetismo curador humano e espiritual e acrescenta: "Quem diz médium diz intermediário", não estará absolutamente se contradizendo ao afirmar:

"O Espírito pode agir diretamente sem intermediário sobre o indivíduo, como foi verificado em muitas ocasiões, quer para o aliviar e o curar, se possível, quer para produzir o sono sonambúlico. Caso haja um intermediário, trata-se de mediunidade curadora."

Sim, expliquemos, não haveria nos respectivos exemplos a presença de um médium curador. Por outro lado, trata-se de uma ação direta, isto é, sem a interveniência de magnetismo humano. Nesse caso o paciente foi o próprio médium, houve inter-relacionamento perispírito a perispírito e ele próprio recebeu a ação. Como não foi o médium que se curou a si próprio (não doou fluidos curadores, estava doente) não se trataria de mediunidade curadora exatamente, na acepção do termo. O que não poderia faltar seria um ponto de apoio por meio do qual o Espírito atuaria diretamente sobre a matéria. E foi o que, em 68, transportou para "A Gênese", considerando os casos (1) de magnetismo humano; (2) fluidos do Espírito diretamente aplicados, sem mistura como este; (3) o magnetismo humano-espiritual ou misto, o mais freqüente.

CAPÍTULO IV

AKSAKOF E O ANIMISMO

Vimos já de antes estudando o Animismo e sem dúvida alguma a Aksakof devemos o mais precioso documentário e esclarecimento a respeito. Tudo se prende, dissemos, à independência da alma em relação aos liames do corpo físico.

Previra Podmore a seu tempo o que hoje não padece de dúvida:

"Se se pudesse provar autênticas a premonição, a clarividência e tantos outros fenômenos, o fato da interdependência do Espírito relativamente ao corpo seria manifesta."

Por outro lado, Geley nos diz que o conhecimento psíquico nos vem:

1 - Advindo do conhecimento de causa, transferindo-se da consciência para subconsciência;

2 - Adquirido normalmente, à revelia da consciência; e

3 - Sem que possa ter sido adquirido pelas vias sensoriais.

Este é o grande drama da ciência materialista, enquanto pretenda limitar a sua conceituação de alma para entender o que se passa realmente com ela.

Enquanto isso, para dar-nos uma idéia da gradação dos valores do princípio inteligente, André Luíz nos diz na obra "No mundo Maior":

"Os animais de Pavlow demonstravam capacidade mnemônica; memorizavam fatos por associações mentais espontâneas, mobilizavam matéria sutil, independente do corpo denso; jogavam com forças mentais em seu aparelhamento de impulsos primitivos. Se as consciências fragmentárias eram capazes de usar essa energia, provocando a repetição de determinados fenômenos no cosmo celular, que prodígios não realizará a mente do homem, cedendo, não a meros reflexos condicionados, mas a emissões de outra mente em sintonia com a dele?"

O grande mérito de Aksakof foi o de mostrar-nos o encadeamento dos fatos pesquisados no que respeita aos fenômenos psíquicos em geral, de sorte que, se os imaginarmos em círculos concêntricos, a partir dos fenômenos normais do psiquismo (os atos da Personalidade), a seguir os fenômenos da Alma em si, isto é, os anímicos, e finalmente aqueles que envolvem o nosso relacionamento com os Espíritos (fenômenos espiríticos ou mediúnicos), todos eles se desdobrarão a partir do mesmo centro, que é a Alma ou princípio inteligente. E sabemos que tudo no Universo se encadeia e tende para a unidade.

Quando se pretendeu que estes e aqueles fenômenos diversamente se explicariam ora pelo automatismo psicológico, ora pela exteriorização da força psíquica, ele explicou que o automatismo respondia, sim, pelo desdobramento da consciência, a que chamou Personismo; e a força psíquica como deslocação do corpo fluídico, formando um novo centro de força fora do corpo físico. Enquanto refutava Hartmann eloqüentemente, fazia que Sudre se exasperasse, exclamando:

"Os espíritas se apoiam audaciosamente no animismo para provar o Espiritismo sem o preparo necessário para distinguir um do outro." Evidentemente o nosso opositor se encontrava em desespero de causa.

Numa visão geral do problema, poderíamos encontrar:

1 - Fenômenos anímicos devidamente explicados como tais, pura e simplesmente;

2 - Idem, idem, na intenção de excluir a hipótese espírita;

3 - Fenômenos anímicos conjugados a espiríticos (mistos):

- Assim entendidos;
- entendidos por anímicos apenas;
- Entendidos por espiríticos;

4 - Explicados considerando-os da mesma índole dos espiríticos.

Neste particular situa-se Aksakof. E ele nos faz a divisão dos fenômenos anímicos em quatro categorias:

1 - Ação extracorpórea do homem vivo comportando efeitos psíquicos... TELEPATIA.

2 - Idem, idem, comportando efeitos físicos:

- de movimento TELECINESIA
- de aparição TELEFANIA
- de corporeidade TELEPLASTIA

Como estamos vendo, as quatro categorias encerram em verdade dois grandes grupos de fenômenos: físicos e intelectivos, qual os vira o Codificador no que respeita aos fenômenos espiríticos ou mediúnicos.

A rigor, é também o que faz a moderna Parapsicologia, grupando os cognitivos ou subjetivos sob o nome de Psi-Gama; os físicos, cinéticos, sob o Psi-Kapa. Se bem que mais recentemente chama de Psi-Theta aqueles em que é evidente a confirmação da sobrevivência da alma.

Embora o respeito que merece Aksakof, o termo Telepatia não abrange hoje em dia tão vasto sentido, como parece ter ele empregado.

Outrossim, não pensemos ver correspondência da classificação parapsicológica com a que vimos expondo. Assim o fato mediúnico poderá ser colocado pelo psiquista moderno em qualquer área do Psi... Depende, antes, do efeito observado.

Notório é que Aksakof não apenas estabeleceu um sentido próprio para o termo ANIMISMO, seguido a partir daí por todos os estudiosos pró e contra, mas sobretudo abriu uma clareira na compreensão dos fenômenos. Merece, pois, um posto de honra na galeria dos benfeitores da Humanidade. A luz da razão é um bem dos mais preciosos.

No trato dos assuntos relacionados com animismo ou suas áreas de vizinhança, necessário se tornará que definamos os termos empregados. De resto, é o que cumpre fazer em todos os assuntos seriamente tratados. Ora, os autores consagrados se fixaram em certos conceitos e usaram o direito de formar uma nomenclatura própria e nenhum congresso conseguiu estabelecer uma constante, até porque as faculdades da Alma variam em delicados aspectos. Uma sistematização há de ser por agora mera tentativa.

O grande Richet deu uma bela definição do fato paranormal, assim:

"O mundo real emite vibrações em torno de nós. Algumas são percebidas pelos nossos sentidos. Outras, não perceptíveis a nossos sentidos, são apanhados pelos nossos aparelhos de física, mas há ainda outras, não recebidas pelos nossos sentidos nem pelos nossos aparelhos de física, que agem sobre certas inteligências humanas, revelando-lhes fragmentos da realidade" ("A Grande Esperança").

Chamamos fenômeno o fato em si, resultante de modificação ou movimentação de energia responsável por essas vibrações.

Diremos, então, que estaremos diante de fenômenos:

a) Normais, aqueles da personalidade: reflexos, hábitos, condicionamentos, memória, raciocínio, etc.

b) Anímicos

c) Espiríticos

d) Mistos

Estado é o conjunto de condições que propiciam a realização ou antes, a ocorrência do fenômeno. Podemos achar-nos no estado de vigília ou de sono, ou ainda de hipnose, ou no sonambúlico, no cataléptico, no letárgico, no extático... E há estados intermediários.

Cerviño, citando Janet, define, por exemplo, o transe como "o estado de baixa tensão psíquica, com estreitamento do campo de consciência e dissociação". Diz mais: o que propicia o transe é a passividade, ou seja, o decréscimo da tensão mental, caminho do transe e que amplia a percepção anímica.

Chamaremos Psiquismo o conjunto de fenômenos psíquicos.

É bom incorporar aqui outras tantas definições, embora bem estabelecidas. Assim, Personalidade é o conjunto de hábitos, costumes, inclinações, ações e reações que caracterizam uma pessoa, indicando-lhe a forma de ser. Compreende as qualidades morais, sociais, profissionais e mentais do indivíduo. Já Individualidade será a essência imortal intransferível que qualifica cada um de nós como uma alma, ou Espírito.

Fala-se muito em personalidades místicas, ou outras, conforme as tendências e inclinações de certas pessoas. As alterações da personalidade poderão afetar a sensibilidade, a percepção, a inteligência, a afetividade, a vontade, a memória e assim por diante.

Caráter é a maior ou menor consistência de uma maneira de ser, de sentir, de reagir, de pensar que distingue as pessoas entre si. E nossa maneira de ser influi, naturalmente no nosso relacionamento pisíquico.

Temos a impressão de que uma classificação, abrangendo em especial a fenomenologia anímica, deixará muito a desejar pelas próprias razões já citadas inicialmente, o ângulo de visão de cada um e a multifária variedade em que ele se pode apresentar.

Estariam no âmbito da consciência a Telepatia, a Psicometria, a Clarividência, a Cognição e outras mais. Entre os inconscientes estarão o Automatismo, a Regressão de Memória, a Memória Extra-Cerebral, as Somatizações, etc.

Daremos uma vista geral desses fenômenos. Não teríamos, é lógico, nenhuma intenção de esgotar o palpitante assunto nem de trazer algo novo ou definitivo.

Quem quizer percorrer conosco fontes preciosas poderá consultar, além da obras da Codificação, algumas destas: Animismo e Espiritismo (Aksakof), A Evolução Anímica, O Espiritismo perante a Ciência (Delanne), Hipnotismo e Mediunidade (Lombroso), O Ser Subconsciente (Geley), Além do Inconsciente (Cerviño), Comunicações Mediúnicas entre Vivos, Pensamento e Vontade (Bozzano), Hipóteses em Parapsicologia (Imbassahy), Energética do Psiquismo (Andréa) e assim por diante.

CAPÍTULO V

FENÔMENOS ANÍMICOS

Aqui temos uma visão geral, resumida, uma simples abordagem dos diversos fenômenos anímicos, na pauta das considerações que nos propusemos apresentar.

Fenômenos anímicos conscientes:

TELEPATIA: Comunicação, sem intermédio dos sentidos físicos; transmissão de palavras, pensamentos, imagens mentais, dessa forma.

Aksakof abrange sob este nome, muito provavelmente, toda a sorte de fatos anímicos de efeitos psíquicos, não físicos. Veja-se à pag 532 da tradução brasileira: "Ação extracorpórea do homem vivo comportando efeitos psíquicos: Telepatia, Impressões transmitidas a distância."

Deve-se fazer distinção entre o sentido mais específico de Telepatia; e a simples leitura do pensamento (cuberlandismo).

Freud distingue Telepatia de Transmissão de Pensamento encontrando no primeiro um laço emocional que comunica, que solidariza as criaturas, quando no segundo haverá apenas uma onda psíquica, uma transmissão como ao telefone.

Barret estudou o assunto e acha que não depende do magnetismo animal a Telepatia.

Myers chama Telergia a força material posta em ação

na Telepatia. Alguns autores incluem sob o nome genérico de Telepatia certas modalidades como audições, premonições, aparições de pessoas vivas... e lá vai a Clarividência de permeio.

PSICOMETRIA: Conhecimento abnormal com o contato de objetos pertencentes à pessoa ou à época desejadas. É dita lucidez indireta. A onda fluídica do objeto psicometrado, percebida pela psicômetra, é chamada "imisção". O psicômetra dir-se-ia que sonda o "inconsciente" das cousas.

É a Psicometria, para alguns, uma forma Clarividência.

CLARIVIDÊNCIA: É a típica função Psigama dos parapsicólogos, a "menina dos olhos" de quem estuda estes assuntos. A percepção de imagens ou acontecimentos sem os sentidos físicos. Não devemos confundir clarividência com mediunidade de vidência, havendo nesta interferência dos sentidos. Kardec já distinguia "visão" e "aparição". Delanne chama de "mediunidades sensoriais" as de vidência e de audiência.

O exemplo clássico por demais citado de Clarividência foi o célebre caso do incêndio de Estocolmo percebido por Emmanuel Swedenborg. Chovem os exemplos e hoje em dia se realizam experiências estatísticas de capacitação anímica. A própria Telepatia seria uma forma de Clarividência Telepática.

CLARIAUDIÊNCIA: Se a percepção extra-sensorial se fizer em termos de vibração sonora, com vozes, ruídos, sons e não só ou não apenas imagens, teremos logicamente a Clariaudiência.

PREMONIÇÃO E RETROCOGNAÇÃO: Chamamos Cognição o conhecimento paranormal do futuro ou do passado. Até certo ponto, percebe-se que seja a mesma Clarividência, distinta apenas em termos de tempo de realização do evento.

Seria a Premonição a intuição mais acentuada, o pressentimento, uma forma de hiperestesia, a Griptestesia de Richet. Sonhos premonitórios enriquecem a literatura a respeito e o mais citado entre nós é o exemplo ocorrido com Abraão Lincoln, relativamente à sua própria desencarnação. Fala-se muito no dom de profecia.

TRANSPOSIÇÃO DOS SENTIDOS: Pelo toque das mãos em objetos, certos sensitivos poderão indicar-lhes a cor, o gosto, etc. Casos se observaram em que o paciente "vê" pelo nariz, olfata pelo joelho, e assim por diante;

MEMORIZAÇÃO PRÉ-AGÔNICA: Bozzano escreveu "Fenômenos Psíquicos no momento da Morte". Outros tantos estudiosos abordaram o assunto e expuseram o fenômeno da visão cinematográfica dos moribundos, comprovando-se também no caso dos que escapam, por exemplo, do afogamento.

COMPORTAMENTOS DA PERSONALIDADE: Todas as

pertubações que alterem afetividade, percepção, raciocínio, não deixam de ser ocorrências que estão na esfera do psiquismo. A auto-obsidiação, os casos de psicose obsessiva, por exemplo. Quando a alteração da personalidade ocorre encarnando tipos determinados, dão-lhe o nome de Prosopopese. Com isto se tentou enquadrar toda fenomenologia paranormal, especialmente mediúnica, numa generalização tedenciosa.

Vamos esquematizar os principais fenômenos anímicos que ocorrem na esfera do Inconsciente.

PERCEPÇÃO DO DESCONHECIDO: Queremos aqui caracterizar a percepção sensorial extraordinária ocorrida inconscientemente e sobrevinda com o transe hipnótico, o sono, o sonambulismo e mesmo a vigília.

Lombroso nos conta que um certo homem culto, um senhor Hayes procurando solucionar problemas de geometria, fê-lo em relação a três que lhe eram propostos, não conseguindo solucionar um quarto, e que só o conseguiu em sonho... E Geley nos fala da agudeza dos sentidos nessa fase.

AUTOMATISMO PSICOLÓGICO: O automatismo, como o nome indica, ocorre nos estados em que nossos atos são produzidos inconscientemente.

O caso das lembranças à revelia em momentos especiais, por exemplo. A leitura pura e simples do pensamento. Produções científicas, culturais e artísticas com o toque da genialidade. Uma certa sensibilidade pronunciada, hiperestésica, e mesmo o caso dos superdotados.

Um senhor Mery, visitando o Vaticano, passou a falar o latim fluentemente, junto com os seminaristas, o que não lhe era peculiar embora conhecesse o idioma.

Quanto aos superdotados os exemplos são conhecidíssimos. É o caso de Mozart, de Pascal, de Pepito de Ariola, de Gianela de Marco e tantos mais.

REGRESSÃO DE MEMÓRIA: Conseguida experimentalmente para o método de análise psicológica, através do processo de hipnose, a Regressão de Memória se tornou válida para investigação psíquica inclusive das vidas anteriores. Temos um caso célebre, o de Bridey Murphy, descrito por Morey Berstein, embora alguns autores julguem tratar-se de simples caso de criptomnésia.

Ainda as pesquisas do Coronel de Rochas (França) e agora no Brasil com Hermínio Miranda e outros.

EXTERIORIZAÇÃO: A exteriorização da sensibilidade foi estudada por de Rochas como uma radiação ódica, fluídica. É o duplo deslocando-se. Da sensibilidade passa-se à motricidade a mais um passo.

Quanto a sensibilidade, começamos por observar a simples anestesia; ou pelo contrário a hiperestesia; daí ao deslocamento da sensibilidade. O duplo se observa geralmente com o paciente em hipnose, em sono, em transe mediúnico, em doentes espoliados, no êxtase e mesmo em vigília. São exemplos citados os de Antônio de Pádua, Afonso Liguori, Reverendo Benning, o da Professora Emília Sagé, nos autores clássicos. Um caso especial: a autoscopia, ver o próprio "duplo" por um desdobramento esboçado.

MEMÓRIA EXTRACEREBRAL: O reconhecimento dos trabalhos de pesquisa da memória extra-cerebral, isto é, da lembrança de anteriores existencias, justifica a inclusão do termo PSI-THETA, e de THANATUS (morte): lembranças anteriores à morte do corpo anterior, em outras palavras, a sobrevivência.

As citações fluem em todos os livros de autores conhecidos do século passado. Presentemente Banergee (Jaipur, Índia) e Stevenson (EUA), este como livro "Vinte casos sugestivos de Reencarnação", seleção feita de 600 casos de seus arquivos, empolgam os estudiosos.

FENÔMENOS LIGADOS À MEMÓRIA EM GERAL: Já falamos em Regressão de Memória e em Memória Extra-Cerebral. Sem dúvida, a memória tem uma importância capital em nossos estudos. Queremos aqui reunir e resumir os seguintes: AMNÉSIA, esquecimento total ou parcial. Lombroso nos cita casos de esquecimento em gênios, e os romances exploram às vezes fatos semelhantes. A amnésia lacunar (esquecimento do que se passa em certo período) pode interessar-nos no estudo do sonambulismo. CRIPTOMNÉSIA, a memória inconsciente, o conhecimento do que estava esquecido na memória do paciente. O termo tem também a virtude de explicar muitas cousas no terreno do psiquismo... HIPERMNÉSIA, a memória em estado de alerta além do normal. Aumento de capacidade de evocação das lembranças.

PANTOMNÉSIA, termo que nos parece reunir os dois conceitos supra. É expressão um tanto vaga, também porta de saída, algumas vezes, para certa ordem de fenômenos anímicos e espiríticos, como exemplo, a xenoglossia.

FENÔMENOS DE SOMATIZAÇÃO EM GERAL: Sabemos que muitas pertubações orgânicas podem ser o resultado de somatização do psiquismo. Mas não só no terreno patológico vamos encontrar esses fenômenos. Relacionemos então: a Transfiguração Anímica, o Dermografismo, a Estigmatização e a Invulnerabilidade.

É mais conhecida a estigmatização ocorrida com Francisco

de Assis, com Santa Catarina, com Maria Domênica, com os convulsionários de São Medardo e com crentes muçulmanos. A incombustibilidade, aspecto particular de Invulnerabilidade, tem um exemplo citado com Maria Bernadete. Mas também ocorre com o nosso homem simples e cheio de fé, nos folguedos juninos.

A vasta fenomenologia de natureza anímica, estamos sentindo, é realmente assunto palpitante.

CAPÍTULO VI

ÁREA DE CONFLUÊNCIA DOS FENÔMENOS PSÍQUICOS

Elaborada a mente humana na forja arquimilenar da vida irracional, até que atinja o Princípio Inteligente os requisitos de racionalidade, este, através daquela, estará sendo, no rolar dos tempos, a razão de ser ou a causa em si de uma variada ordem de fenômenos em que se exercita em busca de aquisição de valores e afirmações cada vez maiores. Identificando a causa, definiremos a força eletro-magnética como o agente propiciador, proporcionando à mente os fluídos por instrumentação eficiente.

Veículos do pensamento, esses fluidos são subprodutos do próprio fluido cósmico universal, absorvidos pela mente humana da própria atmosfera psíquica. Importa considerar ainda, no que tange aos fenômenos objeto de nosso estudo: uma grande *lei*, a da sintonia, responsável pelo encadeamento dos fenômenos; o *fato*, em si, a ocorrência, encerre ele maiores ou menores ordens de grandeza, corresponda a um ou mais fenômenos; o *fenômeno*, aqui, considerando as modificações ou a movimentação de energias despendidas; o *estado*, ou seja, o conjunto de condições que propiciam a realização do fenômeno. Assim o estado de baixa tensão mental constitui a chamada "passividade", levando ao transe. Em graus sucessivos de amplitude podemos considerar:

a) O fato psicológico habitual, de perto relacionado com os sentidos. O raciocínio, a inteligência, a memória ditam o comportamento da personalidade. Aqui estarão os condicionamentos, as auto-obsidiações, por exemplo.

b) O fato anímico propriamente dito. Há pessoas em que, mais que em outras, a força neuro-magnética está mais fracamente aderida ao vaso físico; ou circunstâncias dessa ordem decorrerão de condições físicas ou morais transitórias, permitindo maior liberdade à alma. Haverá o exercitamento de percepções sensoriais incomuns, - PSE, - ou escapará de todo os sentidos físicos, - PES -, e a palavra animismo terá, aqui, feição própria.

c) O fato espirítico, aquele que se patenteia a presença, como causa, de uma inteligência, posto que desencarnada.

Considerando agora o fenômeno e nos fixando no inabitual, pelo interesse que representa, teremos:

- os fenômenos anímicos
- os espiríticos
- os mistos

Chamaremos mistos aqueles nos quais não é possível dissociar , num mesmo fato, o fenômeno anímico puro ou o espirítico puro. Trata-se de um mero desdobramento da grande divisão de Aksakof em fenômenos anímicos e mediúnicos. Aqui, a causa atuante continuará a pertencer ao mesmo princípio, ora atuando com encarnado, ora com desencarnado. No primeiro, a causa do fenômeno está presente no homem e a ação se processa além dos limites do corpo físico ("atividade extracorpórea do homem vivo"); no outro está ausente (do médium, ou intermediário) pura e simplesmente. Aí está a unidade da causa na diversificação dos efeitos. Sabemos muito bem e reafirma Aksakof, que tudo no Universo se encadeia e tende para a unidade. Mas não ficamos aí. Vamos afirmar, como Bozzano: "Para resolver o grande problema da sobrevivência do Espírito humano desencarnado, o melhor método é o estudo dos poderes do Espírito humano encarnado."

Essa é uma razão forte para o nosso interesse em conhecer os mecanismos em que se desenvolvem os fenômenos psíquicos em geral. Não foi por outra que "O Livro dos Espíritos" (Cap. VIII) nos lembrou: "o sonambulismo é uma luz projetada sobre a psicologia. É ai que se pode estudar a alma, porque é onde ela se mostra a descoberto".

Essa a grande dor manifestada pelo nosso opositor, R. Sudre, revoltando-se contra o fato de se constituir o Animismo na grande fonte de inspiração para o estudo dos fenômenos espiríticos. Não apenas se explicam uns pelos outros os fenômenos anímicos e espiríticos, como se evidencia a área de confluência de diferentes fenômenos numa ordenação de fatos.

Daí tomarmos por base, em um esforço classificatório da fenomelogia, os elementos essenciais que, por bem dizer, caracterizem ou tenha dominância no quadro apreciado.

Na verdade, não podemos focalizar o assunto como se estivéssemos debruçados sobre uma cartografia, a examinar os divisores de águas, as fronteiras teóricas...

Assim, citemos a Psicometria. Genuinamente é um fato anímico porque depende, fundamentalmente, da ampliação das faculdades da alma. Ela nos parece ser a causa do fenômeno em sua base. Se algum Espírito sugere a alguém a procura do psicômetra, essa ação indireta é outra ordem de fatos: a intuição. Ainda mais: se os Espíritos, os seres desencarnados, atuam no fato em si, diretamente, permitindo-o, ampliando-o, desenvolvendo a mente do percipiente, o fenômeno passa a ser anímico-espirítico ou misto. É então a Psicometria Mediúnica. Mas, pela sua essência, a nosso ver, mesmo diante dessa evidência, continuaríamos a colocar a Psicometria como um fenômeno anímico consciente.

Todos conhecemos inúmeros casos de comunicação em que a instrumentalidade mediúnica é utilizada não bem pelos Espíritos desencarnados, mas, antes, por almas (seres encarnados), que assumem transitoriamente as prerrogativas de Espírito, as faculdades que lhe são inerentes. Aí o fenômeno anímico se realiza sob forma mediúnica. A causa não é, ainda aqui, o médium.

Sabemos também que, em todas as vezes em que nos dispusermos a utilizar o magnetismo curador, doando fluidos eletro-magnéticos, embora a força magnética resida no homem, ela é intensificada pelos Espíritos. O desdobramento do sono é, tipicamente, um fenômeno da órbita dos fatos anímicos. Parece pacífico, à primeira vista, que o desdobramento seja anímico. O duplo é formado pelo psicossoma. No entanto, ninguém que tenha estudado "Nos domínios da Mediunidade", deixou de ver o fenômeno ocorrendo no desenvolvimento do trabalho mediúnico, quando o médium desdobrado foi, em Espírito, para realizar missão especial. O sonambulismo, já citado ao ensejo das observações de "O Livro dos Espíritos", é outro exemplo. Sonambulismo é um estado que diz respeito a peculiaridade da alma que se desprende. É conhecida a capacidade clarividente do sonâmbulo. Mas nos lembramos de que certo sonâmbulo se negou a um diagnóstico respondendo que naquela hora o "seu amigo doutor" não está a seu lado.

Dir-me-ão, com acerto, que ainda aí o fato é anímico. A causa atuante, genuinamente, é a alma. Acontece, no entanto, que, por vezes, afastada a alma, a instrumentalidade física é utilizada por um Espírito que se comunica, passando o fato a se constituir na Mediunidade sonambúlica. Haverá a rigor uma "possessão" no sentido estrito da palavra, no bom sentido. Também alinhamos aqui o que denominamos a cota anímica nos fenômenos mediúnicos. Ora, ninguém mais ignora, ou deveria ignorar, o controle do Espírito do médium sobre a comunicação, sobre o comportamento do manifestante e sobre o teor da mensagem. O policiamento é, até, recomendável, dada aqui, a interferência sobre a natureza da mensagem. Médiuns há em que o Espírito comunicante, tomando-lhe o material lingüístico, copia-lhes mesmo certas incorreções de linguagem. Mais ainda: Afirma Bozzano que os próprios Espíritos comunicantes, se acontecer que fiquem imersos na aura dos médiuns, estarão, nesse caso, "em condições análogas às dos pacientes hipnotizados, e se tornam sugestionáveis, sofrendo, em conseqüência, notável diminuição de suas faculdades anímicas."

Talvez que muitos estudiosos não tenham muito presente outro fato, qual seja a influência magnética dos médiuns nos trabalhos de efeitos físicos. Diz Alfred Erny que "enquanto o médium exerce ação sobre o corpo fluídico desdobrado, a forma teleplasmada, por intermédio deste, conserva evidente semelhança com o médium", e acrescenta: "Se a inteligência superior dominar magneticamente o corpo fluídico, no qual por bem dizer se envolve, a semelhança varia e vai depender do poder do desencarnado em reproduzir a forma que tinha". Diremos: em reproduzir a manifestante a forma própria, de vez que pode se tratar de um encarnado... E é, por isso mesmo, que Lombroso afirma, por seu turno, pertencerem a essa ordem de fatos "aparições que se vêem sair do corpo, mãos, braços, e que deram freqüentemente, origem a suspeita de truques".

Não devemos esquecer que a utilização do duplo do médium nas ectoplasmias ou, impropriamente ditas, materializações, ocorre, com freqüência, em 7 entre 12 casos, segundo Erny, e corresponde ao que Ranieri chamou de "superincorporação".

Evidentemente, estamos passando em revista, numa visão muito geral, aspectos conhecidos, mas nem sempre assim focalizados, da fenomenologia psíquica.

CAPÍTULO VII

INTERFERÊNCIA ANÍMICA

Porque tenhamos passado em revista as diferentes manifestações anímicas, anotando ainda existirem aquelas consideradas mistas (anímico-espiríticas conjugadas) é bom referir a que um mesmo indivíduo pode ser possuidor de faculdades diferentes, em maior ou menor grau, quer anímicas, quer espiríticas. Além disso, um mesmo fato paranormal pode envolver diferentes ordens de manifestações a um tempo. Na impede que assim seja.

Pode um certo estado propiciar manifestação anímica e esta evolver para a espirítica. Vamos considerar o sonambulismo, por exemplo. O desprendimento, no transe sonambúlico, é fenômeno anímico. Se o sanambulizado der ensejo a que, por seu intermédio, se manifeste um Espírito, teremos aí a mediunidade sonambúlica.

Dito isto, passemos a outra questão: a das manifestações anímicas sob forma mediúnica. Nesse caso, o comunicando está vivo (encarnado) mas utiliza a escrita direta, a psicografia, a psicofonia... Bozzano nos traz inúmeros exemplos. Cita, inclusive, a interferência telepática que pode ocorrer durante uma recepção psicográfica. Também Aksakof se reporta a estes fatos. É importante conhecermos isso para saber avaliar uma mensagem mediúnica, distinguir estilo, o pensamento do autor espiritual e a referida intercorrência.

Adiante, cabe por em relevo o que chamaremos a Cota Anímica nos trabalhos mediúnicos. Não mais a interferência estranha ao binário homem/Espírito, mas exatamente aquela resultante da própria atividade inconsciente do médium (não a fraude, a mistificação, ocorrência de outra índole). Sabemos que o Espírito do médium exerce uma permanente e indispensável censura, ele é responsável, de forma que a passividade do médium é muito relativa. Essa influenciação, de maior ou menor grau depende do gênero e da natureza da mediunidade. Isso explica as vacilações dos novatos e as dúvidas mesmo, suscitadas pelos próprios intermediários, quanto à veracidade do que se passa com eles ou quanto à legitimidade da mensagem. Lembremos que a sintonia de ondas é muito importante. Transmitiremos de melhor forma idéias com que simpatizamos, opondo resistência àqueloutras. E que não se verifica a comunicação sem dispêndio de energia do médium, ainda que suplementadas pelas dos assistentes. Além disso, o comunicando usa o material lingüístico da mente do médium, há sempre pelo menos o colorido da sua maneira de ser. Isso, sem falarmos da ação extra-corpórea (anímica) por projeção de energia, sobretudo nos fenômenos de efeitos físicos.

Percebe-se que a participação do médium é, assim, intelectiva e física. Esta se faz sentir sobre a mensagem, não propriamente sobre o comunicando; a menos que consideremos a sua ação moralizante, o diálogo mental travado às vezes por alguns médiuns que podem doutrinar diretamente a entidade, numa ação educativa de longo curso naturalmente.

Outra questão distinta, a mais próxima do assunto em pauta, seria aquela da interferência da mediunidade sobre a estrutura física do medianeiro.

Não nos privemos de uma vista geral: as sensações do médium variam em freqüência, intensidade e duração e vão desde aquela de vacuidade de prostração, de cansaço; passando pela sede, náuseas, taquicardia, alterações outras da esfera neuro-vegetativa, até à perda de peso do médium e à redução de altura (nos trabalhos prolongados de efeitos físicos com farta doação de ectoplasma). Crawford cita o aumento de peso do médium no momento, correspondendo à do objeto levitado. Lombroso comprovou um estado "radiante" especial no médium durante suas experimentações. Geley nos fala da força fluídica que, ao exteriorizar-se, carreia até mesmo moléculas orgânicas subtraídas do médium.

Repetindo as afirmações de Akasakof, de Bozzano e outros, implícitas na obra kardequiana, sentimos que o Animismo comprova o Espiritismo como se foram pronvíncias de um mesmo reino. Se a nossa convicção ainda mais se consolida, guardamos uma evidência prática que assoma em nossas preocupações. Endereçamo-la a quantos possam ainda estar endossando conceitos tais que confundem Animismo com mistificação, fraude, embuste.

Não há negar que, por muito tempo, em certos meios, se ouviam afirmações como esta: "Médium, cousa nenhuma! Aquilo é puro Animismo...".

Não que se estivesse fazendo a distinção legítima entre fenômeno da órbita dos fatos anímicos - o que poderia ser - em relação àqueles espiríticos, mas apenas usando de um eufemismo, se assim podemos nos expressar, poupando-se a pronunciar sentença decepcionante, a de mistificador. E há uma grande distância, é o que queremos acentuar, entre uma cousa e outra.

Todo médium novato habitualmente teme passar por tais dificuldades, como se corresse a toda hora o risco de emitir um cheque sem fundos.

Pensemos agora, em contraposição, no laborioso esforço da Espiritualidade para preparar uma equipe mediúnica, sendo o nosso aquele de nos dispormos mental e fisicamente para o trabalho; no montante de energias fluídicas mobilizadas pelos mentores espirituais. E nos percalços inerentes à fenomenologia mediúnica, na interferência de fatores os mais diversos sem que importem diretamente em inautencidade de trabalho. Na decepção que levaremos aos amigos espirituais por não termos colhido o resultado por eles esperado e ainda por se verem incompreendidos e rejeitados, muitas vezes... Ora, se falsos médiuns existem, mistificadores, tanto quanto Espíritos mistificadores existem, agindo muitas vezes com plena consciência do embuste, bons artistas, que representem bem, o que se passará no caso longe estará dos requisitos de um fato anímico propriamente dito. O grande caso é que realmente pode alguém mistificar, consciente ou até mesmo inconscientemente, tanto com relação a um fato mediúnico como a um anímico.

Se, num pretenso transe mediúnico, ocorrer um fenômeno de automatismo psicológico, por exemplo, cumprirá a quem de direito analisá-lo devidamente, conhecidas as suas características, e não será o caso de anatematizar o "sujet" e desacreditar o grupo que o cerca. A cota de interferência anímica inconsciente do Espírito do próprio médium é fato natural, tanto quanto lhe cabe mesmo policiar a mensagem que transmite. Não estamos dispensando ninguém de analisar a mensagem em si, de examinar-lhe a natureza e a substância. Mas deve haver conhecimento de causa e se evitarão necessariamente julgamentos apressados. Pois, até se sabe que muitas dessas mensagens mal captadas porventura, constituir-se-ão em um teste para o estudo, podendo provirem as dificuldades de brechas abertas no próprio grupo, como interferências de pensamentos projetados telepaticamente por encarnados ou por outros desencarnados. Há muito que pensar antes de simplesmente liquidar o assunto, fazendo do "animismo", termo nesse caso muito mal empregado, o bode expiatório de nosso despreparo.

Considerando o Animismo no que tem de autêntico, devemos lembrar, com Bozzano, que "muitas manifestações de ordinário anímicas podem ser na realidade espiríticas, do mesmo modo que muitas manifestações de ordinário espíritas podem, não raro, ser de fato anímicas."

Lapponi estudou com cuidado o Espiritismo e o Hipmotismo para concluir que "as maravilhas de um servem para abrir caminho ao outro e fazer aceitar o Espiritismo com maior confiança."

São posições que se somam, que não digladiam entre si.

CAPÍTULO VIII

DESLIGAMENTO PSÍQUICO. O SONO E O SONHO

De há muito que tinha uma idéia da importância do sono e noções imprecisas do significado do ato de sonhar, embora tudo isso envolto por um halo de superstições. Quanto já se explorou o assunto.

O desenvolvimento do hipnotismo e a obtenção do sono artificial permitiram uma apreciação melhor do problema, passando a interessar à Ciência. O estado patológico relacionado com o sono guiou novas pesquisas psíquicas. Lombroso, por exemplo, não perdeu tempo em alinhar uma fieira de raciocínios a respeito. Se o hipnotismo e o sonambulismo provocado evidenciam manifestações de certa ordem, é natural que estados equivalentes não provocados experimentalmente resultem em manifestações da mesma ordem. Já em 1890 Aksakof dizia que "o Hipnotismo é a cunha que forçará as barreiras materialistas da ciência para fazer penetrar nela o elemento supra-sensível ou metafísico. "Mas, em "O Livro dos Espíritos" (1857) já o previra o Codificador, afirmando: "Para o Espiritismo, o sonambulismo é mais que um fenômeno psicológico, é uma luz projetada sobre a psicologia. É aí que se pode estudar a alma, porque é onde esta se mostra a descoberto."

No capítulo VIII do citado livro, sobre "Emancipação da

Alma" em uma forma simples, despida de qualquer arroubo literário ou complicações está explicado o mecanismo que enfeixa toda a gama de fenômenos ligados ao Animismo.

Teoria do Sonho

O afrouxamento dos laços entre o consciente e o inconsciente, entre a alma e o corpo físico, pode ocorrer com maior ou menor elasticidade e profundidade no sono natural como no induzido e até mesmo em vigília.

No sono, sabe-se, há um momento penumbroso intermediário. Transe é esta fase intermediária entre a vigília e um novo estado, seja de sono, de sonambulismo, de hipnose ou mediúnico. Lapponi considera a existência de um verdadeiro estado de vigilambulismo, um transe mais evidente e duradouro. Entre a vigília e o sono já se propôs o termo "bordelandismo".

O sono é, fisiologicamente, o repouso dos centros nervosos. Interrupção temporária de consciência desperta.

No sono natural distingue-se, no eletroencefalograma, a presença de ondas lentas (repouso) e, em dado momento, a de ondas rápidas, revelando uma atividade psíquica acentuada, em contraste com a aparente profundidade do estado e por isto chamada de fase paradoxal. Ora, se há atividade mental, esta só pode responder por uma forma inabordável, mas real, e esta seria precisamente a do sonho. E tanto isto é verdade que, despertado o paciente, de imediato à fase de ondas rápidas, ele recordará sempre o que sonhou. O esquecimento seria a resultante de um sonho havido mas que retornou às camadas do Inconsciente. Recordamos sempre aqueles que tenhamos espontaneamente pouco antes do despertar natural. Tudo isso se enquadra na tese espírita a respeito da origem do sonho.

Importância do sono

Se considerarmos uma média de seis horas diárias de sono, dormiremos 1/4 do dia; três meses num ano. Um quarto de nossa própria existência... Isso é bastante para que reflitamos sobre a importância do sono no que respeita à atividade psíquica.

Uma noite mal dormida, horas de sono perdidas abalam toda pessoa. A busca de medicações reguladoras do sono, ou indutoras, na prática neuro-psiquiátrica, na restauração de energia e do bem estar aí estão para mostrar a importância do sono.

A idéia de que se trata de necessidade simplesmente de

repouso nos parece excessivamente falha ou pueril sobretudo quando sabemos da atividade registrada no eletroencefalograma. E quantas vezes a criatura acorda cansada, embora de um sonho longo, parecendo-lhe que vem de uma atividade física e mental e encontra por coincidência soluções para suas preocupações anteriores.

Kardec nos fala do sono que liberta a alma parcialmente do corpo e ainda mais precisamente: "Graças ao sono, os Espíritos encarnados estão sempre em relação com o mundo dos Espíritos. Por isso é que os Espíritos superiores assentem, sem grande repugnância, em encarnar entre vós".

A cientista belga Olga Petre-Quadens descobriu, pesquisando gestantes, que o feto sonha, isto é, que os impulsos correspondentes ao sonho na registação do EEG podem ser encontrados no ser que ainda vai nascer... Isso provaria que: a) o futuro ser é, já aí, uma individualidade distinta da mãe; b) possuimos uma memória antes de nascer, já que o sonho é um ato essencialmente de memorização, de relação e não apenas vegetativo; c) há conotações desse fato com as pesquisas da memória extra-cerebral; d) há perfeita coerência com as afirmações do Espiritismo tais como descreve "Missionários da Luz" dando-nos conta do relacionamento mãe-filho em termos de vivência espiritual.

Graus e Estados

Podemos reunir os graus em que o afrouxamento é observado considerando: 1 - Em vigília (ocorrem por vezes telepatia, clarividência, hiperestesia...) 2 - Em semi-adormecimento (há idéias que se avivam, algumas vezes clarividência e clariaudiência). Basta que os sentimentos entrem em torpor para que o Espírito recobre sua liberdade. 3) Em adormecimento e 4) Em sono completo. Nestes ocorrem desdobramento propriamente, premonição, transmissão de pensamento...

Considerando os casos de afrouxamento, diremos que se passa: a) no sono natural ou no induzido, assim no hipnótico; b) no sonambulismo (natural ou provocado); c) nas ações hipnóticas profundas, na catalepsia (inteligência conservada), na letargia (suspensão das forças vitais), no êxtase (forma de sonambulismo mais profundo); d) nas grandes comoções e nos momentos graves; e) na anestesia e nas toxemias; f) nas moléstias consuntivas e extenuantes. Não esquecer que os poetas geniais e os verdadeiros artistas, mesmo em vigília, deixam-se levar para o campo dos sonhos no ato de suas criações...

Tipo de Motivações dos Sonhos

Os sonhos podem ser frutos de: a) preocupações do dia, resto de atividade cerebral; b) indisposição orgânica (gástrica, nervosa, etc.); c) vivência introspectiva (desejos, temores, remorsos etc); d) vivência espiritual. Teremos, então, que os sonhos poderão ser: meramente fisiológicos; simplesmente fantasiosos; criptomnésicos; premonitórios ou retrocognitivos; verdadeira vivência espiritual. Poderemos ter sonhos vagos, inexpressivos, não recordados, incoerentes, como também sonhos expressivos, por vezes simbólicos e até criativos. Supostas incoerências dessas recordações em verdade poderão ser lacunas de recordações incompletas, conforme nos adverte "O Livro dos Espíritos".

As atividades do Espírito durante o sono, recordadas ou não, serão esquematicamente as seguintes: a) viagens no tempo e no espaço b)entrevistas simpáticas ou não c) instruções; d) trabalho no Plano Espiritual, entre encarnados e desencarnados.

Destas abordagens se pode depreender a magnitude do assunto e a vastidão da área de considerações que ele pode abranger.

CAPÍTULO IX

MEMÓRIA E CONHECIMENTO

Memória é a capacidade de recordar impressões registradas, captar e reter as novas; em outras palavras, a de registro das sensações físicas e das percepções psíquicas, permitindo a conservação de certos estados, sua reprodução e localização no tempo. Daí podermos considerar aquela relativa a fatos antigos (evocação) e a de fatos recentes (fixação).

Também podemos distinguir a memória psíquica (também chamada de fixação), que capta os conhecimentos; e a memória orgânica ou inconsciente fisiológico. Esta última, então, responderá pelos instintos, automatismos reflexos, ações automáticas inatas bem como aquelas resultantes do exercício.

A memória é o instrumento da consciência para permitir valer-nos do conhecimento das cousas. Quando usamos certamente um idioma, memorizamos as palavras pensando automaticamente nesse idioma.

A memória é atributo tanto dos animais como do homem. Só que a memória animal de fixação é factual e afetiva, a do homem também qualitativa, associativa, de imaginação (abstrações) e de ordenação.

Para a fixação de uma sensação teremos de considerar: a intensidade dessa sensação, a duração da percepção, a atenção (ligada ao interesse, à emotividade, ou imperativa), a repetição ou freqüência e o processo de associação que se permite.

Convém lembrar que o perispírito, cuja estrutura é, diremos, eletromagnética, está em permanente e intensa vibração, cabendo-lhe a função de mediador plástico, de transmissor das sensações ao Espírito; ainda o de armazenar, registrar, selecionar e conservar aquisições e lembranças. Ele então fixa as sensações que chegam ao sensório. Quando desejamos evocar uma imagem (recordar um fato) exercitamos a memória, procurando dar ao perispírito a movimentação vibratória determinada em busca da faixa em que o fato foi percebido, ou seja, aquela em que ele registrou a mensagem. Muitas vezes chegamos ao ponto de voltar ao lugar de onde saímos pouco antes como a buscar mesmo essa lembrança... É como se colocássemos a agulha de nosso toca discos na exata posição desejada para ouvirmos de novo o som requisitado à lembrança. É de autoria de Delanne a comparação do perispírito com o fonógrafo. O mesmo fazemos, a grosso modo, quando repetimos a lição que importa guardar. Essa evocação ganha automatismo no trabalho profissional, passando mesmo à memória orgânica. Uma evocação circunstancial pode avivar a memória como no caso do automatismo psicológico (lembranças à revelia, em circunstâncias excepcionais). Haverá uma hiperestesia psíquica quando aumentada a capacidade de evocação das lembranças. O Inconsciente, que as guarda, remete ao Consciente informações que enriquecem.

Se o perispírito é o registrador, não esqueçamos que o cérebro é percorrido pelas correntes psíquicas, funcionando como tramsmissor das vibrações, havendo para isso zonas do sensório encarregadas, em correspondência com o perispírito, da necessária sintonia. Podemos então dizer que haverá uma memória auditiva, visual (ou particularmente fisionômica), olfativa, musical, de cálculo, da palavra articulada, da palavra escrita, uma memória motriz, e assim por diante, conforme a área que lhe faz sintonia específica.

Os fenômenos da memória comportam aspectos particulares, a saber: 1 - Registação normal, referente à imagem real, à post-imagem sensorial e mesmo à imagem mnêmica; 2 - Paramnésia (recordação latente); 3 - Hipermnésia (casos ditos de P S E); 4 - Criptomnésia (subsensorial ou subliminar, consciências esquecidas); 5 - Pantomnésia (a nosso ver pessoal, redundância de outros conceitos); 6 - Amnésia (retrógrada ou anterógrada em relação a um fato determinante; total, lacunar ou de estados crepusculares); 7 - Ecmnésia (fixação em idade anterior); 8 - Memória pré-agônica ou cinematográfica; 9 - Memória regressiva experimental (até ao início da vida atual, intra-uterina e anterior à existência atual); 10 - Memória extra-cerebral (rememoração pré-natal espontânea).

Freud conceituou o afloramento de lembranças ao estabelecer as bases da Psicanálise. Jung fez o mesmo ao estatuir as noções de complexos e recalques.

Quando uma ação sensorial não tem o mínimo de intensidade e de duração para merecer a atenção da consciência, poderá ir diretamente ao inconsciente, arquivando-se no perispírito para aflorar de alguma forma, mais tarde. Será o hábito, serão os complexos, reunidos àqueles dados que a Consciência terá arquivado por uma questão de sobrecarga. A criptomnésia procura reunir sob a sua capa as subsensações ou percepções subsensoriais bem como as conscienciais esquecidas. Pois bem, pantomnésia ou memória integral é termo envolvedor, buscando principalmente reunir a criptomnésia e a hipermnésia, salvo melhor juízo.

Quanto à memorização pré-agônicas, já referida na Codificação, está desenvolvida em obras como "A Crise da Morte", "Fenômenos Psíquicos no Momento da Morte" (Bozzano), "A Morte e Seus Mistérios" (Flamarion), "O que é a Morte" (Imbassahy), etc. E recentemente o assunto voltou à baila em virtude dos estudos da Dra. Elizabeth Kobler Ross, psiquiatra que involuntariamente redescobriu as verdades espíritas.

CAPÍTULO X

MEMÓRIA FISIOLÓGICA E PSIQUISMO

Já conceituamos a memória e vimos que poderá distinguir-se em memória de fixação e memória orgânica ou inconsciente fisiológico. Esta última é a que está presente na estratificação dos hábitos e dos costumes da criatura, nos caracteres da espécie, na hereditariedade (código genético) e até na evolução ontogenética dos seres. A tarefa de repetição é o método que transmite os caracteres da espécie, o seu aperfeiçoamento (filogenética) através das mutações e da eclosão de funções superiores. Claparède nos ensinou que "toda a necessidade tende a reproduzir reações (ou situações) anteriormente favoráveis..." Haverá então uma memória orgânica orientadora dessa seleção.

Há certos reflexos da adaptação, aliás, que já estão no inconsciente sem mesmo passar pelo crivo do raciocínio, cumprindo-se sem o comando cerebral. Basta lembrarmo-nos das experiências da rã decapitada. É o arco reflexo que se estabelece.

Sobre o assunto muito poderá ser dito, mas nos interessa realmente estabelecer um conceito importante. Essa memória não é apenas fisiológica, não é apenas biofísica, mas precisamente Psicobiofísica.

Sabemos que o princípio inteligente é o comandante de toda a estrutura perispirítico-somática; que é através do perispírito que se modela a base física do ser. Nada de mais, portanto, esse raciocínio, em princípio: Concluirmos que as informações dos hábitos de uma espécie, por exemplo, são transmitidas de geração pelo que será chamado o psiquismo diretor de cada indivíduo.

Ocorre que as pesquisas já foram feitas, concluindo-se que realmente o próprio psiquismo se plasma num processo de contínua elaboração, tarefa essa do nosso modelador plástico. Essas pesquisas permitiram ao pensador espiritualista Pietro Ubaldi conceituar aquilo que ele chamou de ULTRA FISIOLÓGICA DO PSIQUISMO. Esse nosso contemporâneo estudou o coleóptero Cerambys Miles ("A grande Síntese") e posteriormente o Sphex, outro inseto, o qual pica a sua vítima exatamente onde se fixa o gânglio nervoso. Ele pergunta quem lhe ensinou anatomia e fisiologia. Seus genitores, rudimentarmente ao menos? Imitação? Mas, a essa altura, afirma ele, toda a sua geração desapareceu... O psiquismo é o único fio condutor das informações, já que o adulto desaparece quando as larvas se desenvolvem, não havendo comunicação entre os seres para essa transmissão. É que a larva encerra no seu psiquismo recordações de todas as experiências vividas na qualidade de inseto perfeito. Na histogênese da crisálida o psiquismo emerge em toda a sua independência. Reconstrói em continuidade fisiológica. Acaso seria preferível admitir que as células é que por si mesmas conservam as lembranças, numa síntese racional?

Um assunto revolucionário em termos de conceituação de memória orgânica e aparentemente podendo abalar as nossas convicções a respeito do que até aqui dissemos, foi manchete nas hostes da ciência materialista. Trata-se de uma experiência nova: a da tarnsferência da memória. Efetivamente, se é transferível por transfusão de substância cerebral de um animal para outro, naturalmente que será meramente produto hormonal, como se pretendeu fosse o pensamento. Seria o apogeu do materialismo. Pois bem, o Dr. Geoges Ungar, de Houston, na América do Norte, extraiu-a do cérebro de um rato e transferiu-a a outro e para este outro se transferiu o arquivo da memória... Ou para lá se foi o perispírito diluído no soro; ou o perispírito, registrador da memória, mandou-a para o outro e ficou vazio; ou nada disso existe e as células é que comandam o psiquismo todo... vitória da matéria sobre toda a estrutura do psiquismo superior. Mesmo assim, ficaríamos a pensar quem iria injetar no Sphex o soro da memória, em um por um dos espécimes. Mas nosso confrade Tácito de Souza Lima, de Juiz de Fora, em artigo publicado em Mundo Espírita, teve a felicidade de vir em nosso auxílio, resolvendo com lucidez o problema. Citamo-lo com as nossas homenagens. Explica ele que a única coisa que o Dr. Ungar conseguiu transferir, através do elemento material cerebral, foi o movimento automático, e... com certa duração. Argumenta ele: se o doador continuasse vivo na experiência e ficasse destituído de todo o automatismo, aí o pesquisador poderia pretender que houvesse transferido a memória.

Toda experiência científica é desejada, é válida, mas sempre necessário não trocar o efeito pela causa.

Passando em revista a Memória como uma faculdade da esfera psíquica que nos leva ao conhecimento das coisas, veremos adiante outro recurso que podemos dispor.

CAPÍTULO XI

INTUIÇÃO E CONHECIMENTO

Para Bergson há duas formas de conhecimento: a razão pura, captando a realidade exterior (conhecimento discursivo); e o conhecimento superintelectualizado, através da intuição. Conhecimento é a maneira de penetrar o âmago das cousas. A intuição seria a compreensão rápida de um fato percebido, mas sem o uso de um raciocínio laborioso.

Jacobi considera a existência de uma intuição sensível (apreensão das sensações, chegando, vamos dizer, à hiperestesia) e outra racional (apreensão da realidade em si). Imbassahy, em "Hipóteses em Parapsicologia" cita, distingue a psicológica (consciência de nossas idéias e recordações sob forma intuitiva, clara).

É bom esclarecer que a intuição não exige cultura: há criaturas incultas que têm fortes luzes de intuição.

Outra distinção que pretendemos fazer aqui é quanto à intuição e à inspiração. E esta última seria uma idéia ou pensamento repentino. Sugere a captação dessa idéia diretamente de uma fonte superior. Talvez pudéssemos dizer que a intuição esclarece e que a inspiração impulsiona. Há uma inspiração conceitual e uma inspiração artística.

Kardec em "O Livro dos Médiuns" chama médium intuitivo o que tem intuição do que escreve, para distinguí-lo do mecânico e do semi-mecânico; médium de pressentimentos, o que tem vaga intuição de cousas futuras; e reserva o termo inspirado para aquele que, por vezes, são médiuns sem o saberem, dificilmente distinguindo o que é seu do que lhe é sugerido. É precisamente o caso dos gênios, dos grandes artistas, naturalmente. Sílvio Brito Soares escreveu uma bela obra, "Grandes vultos da Humanidade e o Espíritismo", cheia dos mais empolgantes exemplos disso.

Recordemos alguns textos de "O Livro dos Espíritos":

"Os Homens de gênio tiram suas idéias algumas vezes de seu próprio Espírito, porém de outras muitas lhes são elas sugeridas por Espíritos capazes. Apelam para a inspiração e fazem sem o suspeitarem uma verdadeira evocação."

"Não vos é de grande interesse estabelecer essa distinção. Muitas vezes é útil não saibais fazê-la (trata-se aqui das boas sugestões recebidas, sua fonte). Não o fazendo, obra o homem com mais liberdade."

O pensador ítalo-brasileiro Pietro Ubaldi introduz uma palavra nova em seus estudos a respeito do assunto, e não há nenhum problema em que a aceitemos, como aceitamos citar Psi-Gama, Psi-Kapa e Psi-Theta.

A nova palavra tem sentido específico: É o conceito de NOBRE, que significa corrente de pensamento, ou corrente psíquica. Diz ele que o inspirado participa da corrente psíquica, do grupo espiritual que a emite; digamos: o encarnado participa do conjunto e, assim, o que é dele é ao mesmo tempo seu.

Vamos transcrever trechos de Pietro Ubaldi:

"A inspiração pode vir-nos sob a forma auditiva ou visual conforme as disposições do ambiente, mas a corrente é uma só, embora assuma diferentes formas de vibração".

"Se buscarmos atingir e imergirmos numa corrente de atmosfera rarefeita, a recepção é espontânea e agradável, conservada a lucidez. Manteremos então unidas e relacionadas a consciência normal e a superconsciência para estabelecermos a transmissão do pensamento em ondas, em sintonia."

"A glândula pineal será então o condensador de sintonização da registração noúrica. No cérebro haverá a sintonização e a ressonância."

"Nos momentos de depressão nas forças diretivas dos acontecimentos humanos, o vazio interior, na Terra, atrai por necessidade de equilíbrio uma corrente espiritual, que desce por via inspirativa. Esta é a lei que faz nascerem os heróis, os gênios, os santos, quando urge uma missão redentora."

Ora, se os grandes inspirados nascem com as condições e usam a capacidade que lhes é natural, poderemos todos nós exercitar como uma técnica de sintonização o método de captação noúrica. O exercício nos levaria ao apuro, ampliaria a capacidade.

Será a intuição uma faculdade superior do homem; pela educação, uma percepção hiperestésica habitual.

A mediunidade evidente começou por meios físicos, a seguir desenvolveu-se sob a forma intelectiva; e embora se sirva de recursos eletrônicos, poderá evolver para a existência de mediunidades inspirativas bem mais comuns. Dependerá muito de nós mesmos.

Agora, se atentarmos para os estudos da memória e finalmente aqui da intuição, podemos formar a seguinte correlação:

INCONSCIENTE	CONSCIENTE	SUPERCONSCIENTE
MEMÓRIA		INTUIÇÃO

CAPÍTULO XII

SENSO-PERCEPÇÃO E PES

Sabemos que nos seres primitivos o sistema nervoso é difuso, embora já esteja presente o axônio; toda a ação externa, por irritabilidade, determina uma exitação por condutibilidade, resultando numa reação reflexa - a contratilidade. Nos animais superiores, o sistema nervoso central já está presente, já existem neurônios, já se pode falar em percepção, já se forma o arco reflexo.

No homem evidentemente tudo se completa. Há reflexos psíquicos, relacionados com as atividades fisiológicas e os instintos, e os condicionados (de repetição). Está completamente constituído o complexo Ato psíquico - Ato cognitivo, como veremos.

Definindo sensação todo o fato psíquico como resposta a um estímulo externo, para caracterizá-la devemos então considerar: 1º - o órgão receptor do estímulo, no caso as sedes dos sentidos; 2º - o órgão transmissor da impressão (a rede de inervação); 3º - o órgão onde o efeito se produz, o Sensório.

O Sensório capta as sensações por uma exitação de limiar maior ou menor conforme a tensão maior ou menor (estado de alerta) apreendendo-a com maior ou menor clareza.

As sensações são formas de movimento. Não ignoramos o movimento ondulatório das vibrações luminosas, sonoras e assim por diante. Pois bem, elas alcançam e alteram a natureza do movimento vibratório da força psíquica. As modificações são acentuadas, na dependência da intensidade e da duração, registrando-se no perispírito de maneira consciente, ou então aquém de certo limiar e ficam na faixa do inconsciente. Teremos então, conforme a acuidade, a) sensações subliminares; b) senso-percepção normal; c) percepção sensorial extraordinária.

Num ato psíquico distinguimos: 1 - o estímulo externo; 2 - a excitação ao estímulo; 3 - a impressão que ele determina; 4 - a sensação resultante; 5 - a apresentação dessa sensação; 6 - a persepção da sensação.

Da percepção pura e simples se a considerarmos com atenção passaremos a outro estágio, qual seja, a apercepção, isto é, apercebemo-nos do fato. E a essa altura já estaremos realizando em verdade um Ato cognitivo. Consideraremos aí: I - A informação; II - A registação; III - A idéia, o raciocínio, o pensamento, a vontade; IV - A orientação.

Da informação resultará a identificação. Da sucessão e da contigüidade das imagens recolhidas resultará a interpretação.

A registação e a repetição estarão permitindo o ato da memória. Em tudo estrará presente a Consciência, em sua capacidade de análise e de síntese.

Toda sensação na etapa cognitiva é revestida de uma emotividade, um sentimento afetivo, quer seja a favor, indiferente ou a desfavor.

Há sensações que escapam aos sentidos físicos. Cumpremse etapas do ato psíquico fora da possibilidade de excitação habitual, mas chegam ao Sensório e se tornam cognitivas. São fenômenos naturais tanto quanto as senso-percepções. E isso apenas evidencia que há outros recursos para captar impressões externas além das vias sensoriais. Por isso são chamadas de percepções extra-sensoriais. Evidencia mais o seguinte: que o Sensório é o laboratório das percepções, mas não é o laboratorista.

Em "A Grande Esperança" Richet lembra o seguinte, num anseio de tranqüilizar os sobressaltados com a investigação psíquica: "Que a inteligência receba vibrações desconhecidas isso em nada modifica as leis da percepção sensorial."

Percepção quer dizer ato de recolher. No caso, ato de recolher sensações. Sensações da realidade física ou extra-física e noções da realidade mental. Neste último caso está a capacidade de abstração. No primeiro, teremos que alinhar: a) fatos materiais do mundo físico; b) fatos reais do mundo espiritual; c) formações fluidas do pensamento.

A percepção sensorial inclui, em uma chave geral:- a) a

percepção normal; b) a hiperpercepção; c) a hipopercepção; d) a abolição da percepção; e) os desvios da percepção (alucinação, ilusão, delusão).

Quanto ao conhecimento adquirido por vias sensoriais, podemos reconhecer os casos seguintes: 1 - com pleno conhecimento de causa, aprende e fixa esses conhecimentos; 2 - tem conhecimento de causa no aprendizado mas relega-o ao subconsciente, podendo as lembranças retornar por causa de índole anímica, como no automatismo psicológico; 3 - conhecimentos que chegam à revelia da consciência.

Há no entanto, conhecimentos nunca antes apreendidos. E se não foram pelas vias normais do conhecimento, só se explicarão pelas percepções extra-sensoriais.

CAPÍTULO XIII

CONCEITO DE IMAGEM

Já estudamos anteriormente as percepções sensoriais e extrasensoriais e vimos que toda a sensação é a resposta a um estímulo externo, resultando na representação mental de objeto. Pois bem, essa representação metal é o que chamamos imagem.

Restritamente, seria a imagem perceptiva, isto é, o resultado da percepção direta do objeto. Mas, também já vimos o que seja o processo cognitivo ulterior à percepção. Nesse caso, teremos de reconhecer ainda outras formas de imagens, quais sejam elas: a representativa (fruto da memorização ou da evocação); a fantástica (elaborada graças a união de várias imagens de representação); a onírica (imagens dos sonhos). Podemos descer mais e considerar as imagens em: reais ou perceptivas; post-imagens sensoriais (as que retemos uma fração de tempo após a percepção, graças a que temos a cinematografia); as mnêmicas; as eidéticas (ideações próprias da infância, de selvagens, de enfraquecidos); pareidólicas (fantasias ilusórico-mnêmicas); oníricas; fluídicas; ilusórias; alucinatórias.

Fugindo ao conceito de visão física, a imagem é sempre a lembrança de uma ou mais sensações, simples ou associadas, não obrigatoriamente ópticas. Podemos então considerar as imagens visuais, auditivas, táteis, olfativas, gustativas, motrizes, etc.

Outro assunto importante a considerar é a relatividade grande em termos de percepção normal. Mesmo normal, é o que queremos dizer. Assim, sabemos que a nossa retina (voltando à visão, à imagem óptica) só recebe estímulos entre cerca de 4 mil a 8 mil Angströem; irradiações de comprimento de onda fora desses limites não impressionam a retina. A cor não passa de uma interação de vibrações de diferentes comprimentos de onda, mais longos e mais curtos. Embora vejamos cores e nuanças diversas só há três cores primitivas (vermelho, verde, azul). Se um olho for exposto à luz vermelha e outro à verde teremos em resultado uma sensação subjetiva do amarelo. As idéias de forma, tamanho, continente, podem variar subjetivamente e temos aí as chamadas ilusões de óptica. Uma estimulação elétrica no córtex cerebral atingindo a área occipital onde chegam os tratos ópticos (cisura calcarina) vai determinar fenômenos ópticos não formados, tais como chamas ou luzes, sem passar nada pela retina, sem impressionarem os cones e bastonetes.

Ninguém ignora hoje a existência de radiações energéticas que não ferem diretamente os sentidos e se comprovam em seus efeitos. Os Raios X, os Raios Cósmicos, as radiações de Hertz. E sabemos mais que nas ondas elétro-magnéticas a diferença é de freqüência e não de natureza. Se aumentarmos a freqüência das ondas hertezianas e ainda sintonizarmos devidamente, ouviremos as transmissões. O infra-vermelho é capaz de queimar. O ultra-violeta impressiona a película fotográfica. Animais possuem diferentes índices de acuidade em relação ao homem. Então, não seria verdadeiro dizer-se que todas as vibrações eletro-magnéticas determinem estímulos que necessariamente imponham uma resposta, um registro, uma imagem. Perguntaríamos então, em contrapartida, se ondas eletro-magnéticas ainda não de todo detectadas poderiam, sim ou não, impressionar os sentidos. Com referência, certo, às ondas elétro-magnéticas do pensamento, força ÓBICA, força psíquica, como queiram. Pensamento esse capaz, diz-nos André Luiz, de auto-excitação, auto-exteriorização e plasticização. É a força sutil e inexaurível do Espírito, diz ele.

A Imagem Fluídica

O trabalho mental de grupar, ordenar e conectar imagens, ou mais exatamente as idéias que elas sugerem, dá ao homem capacidade de abastração, de comparação, de inventiva. Para isso, usa ele os instrumentos conscienciais da memória, do racicínio, da imaginação.

Chamam-se imagens consecutivas aquelas de representação persistentes. Essas revivescências, em casos especiais, constituem fato paranormal (caso particular de hiperestesia). Bozzano cita exemplos de pintores que guardam com precisão absoluta fisionomias que irão retratar. Dada a persistência dessas imagens (diferentes das lembranças, que são imagens atenuadas). Bozzano define-as como projeções exteriorizadas do pensamento. Para ele o pensamento é uma força capaz de, valendo-se, como substrato, da matéria cósmica universal, dar consistência semi-corpórea ao objeto por ele formado. Constituir-se-á então uma imagem fluídica propriamente. O objeto tem uma existência aparente (ele aparece); trata-se de uma formação, não de uma criação; é efêmero, quer resulte de uma intenção deliberada ou de um pensamento inconsciente. Diz "A Gênese" que o fluído cósmico universal é veículo do pensamento como o ar é do som.

Visões e Aparições

Kardec chama de visões as manifestações que se dão Espírito a Espírito, sobretudo durante o sono. Os quadros que, como Espíritos, descortinamos diretamente. Se delas tomamos conhecimento, se delas nos recordamos, uma cousa é certa, de alguma forma elas chegaram à nossa Consciência. Aparições, se estamos em vigília, algo vaporosas ou por vezes dando todo o aspecto de corporeidade e mesmo tangibilidade. Fala-nos das modificações que as tornam perceptíveis à vista, operadas no perispírito (um adensamento). Da necessidade absoluta de combinação fluídica. Na permissão para que a aparição se faça. Serão imagens objetivas espiríticas, também necessariamente fluídicas. O pensamento formador é o do Espírito que deseja comunicar-se. Esse pensamento formador poderá utilizar o laboratório do mundo invisível de que nos fala o "O Livro dos Médiuns", o fluído cósmico universal e plasmar objetos ao mesmo tempo. O raciocínio é o mesmo.

A diferença que nos parece existir em relação ao caso da ectoplasmia é o seguinte: as imagens, embora efêmeras, serão reais, perceptivas, graças ao pensamento formador do Espírito manifestante. Mas dispensam ao observador da materialização qualquer estado ou faculdade anímica ou espirítica, qualquer pessoa presente pode ver. Não confundir aqui com o conceito de médium de aparição, isto é, aquele que empresta fluídos capazes de fazer ver a outrem, ocorrendo um efeito físico mesmo sem as condições experimentais (o médium de cabina).

Em todos estes casos há formação de imagem óptica, auditiva, táctil, etc; o fato de ser efêmera a imagem não tira a autenticidade do fenômeno.

Chama-se epifanismo aparecimento de pessoas ou objetos (o inverso, afanismo). Se os objetos não são apenas formados mas ocorrer aportes, eles podem permanecer por tempo indefinido.

Sem conhecimentos básicos não se pode compreender ou discutir certos assuntos. É o que estaremos buscando.

CAPÍTULO XIV

ALUCINAÇÃO E REALIDADE OBJETIVA

Define-se alucinação, em Psicopatologia, como a extra-projeção de uma imagem interna. Seria realmente interna? Seria sempre, em todos os casos, apenas uma imagem interna?

Ora, Bozzano, em "Pensamento e Vontade", coloca sempre o objeto fora, como projeção exteriorizada do pensamento. Já vimos isso ao estudar o conceito de Imagem.

Diríamos que podemos ter (1) alucinações espontâneas voluntárias, voltando ao caso dos pintores capazes de memorizar ("ver") o modelo e continuar pintando-o sem a presença física do objeto; ainda o de alguns escritores que confabulam até com seus personagens de ficção, e são citados Balzac e Dickens; (2) alucinações experimentais, hipnóticas, post-hipnóticas, na catalepsia, etc; (3) alucinações patológicas, estudadas pela Neuro-Psiquiatria.

Podem estas últimas resultar de Causas físicas (estados infecciosos com elevação de temperatura; delírio das toxemias pelo álcool ou outras drogas, criadoras de dependências; por traumatismos, lesões, tumores e suas seqüelas) e Causas morais (impressão súbita, imprevista, como dramas e catástrofes; insulamento, estados vivenciais de remorso, de temor, de terror...)

Convenhamos que certas doenças orgânicas, facilitando a liberdade do Espírito, podem também facilitar desdobramentos e aparições, visões espíritas. E sobretudo não esqueçamos que as causas físicas e morais das perturbações em geral prendem-se necessariamente a compromissos de passado culposo e muito embora sejam de natureza a interessar à Neuro-Psiquiatria, realmente, não fogem à lei de causalidade e não afastam a possibilidade de se associarem essas perturbações ao assédio de seres vingativos em processo espíritico que lhes agravam o problema. Causas físicas podem estar ligadas a circunstâncias genéticas, hereditárias, congênitas, endocrino-metabólicas, etc, lembrando os reflexos cármicos na constituição física do novo corpo.

As alucinações, conforme a área afetada, podem ser ditas: sensoriais, cenestésicas (relativas aos órgãos do corpo, torções, descargas elétricas, etc) e motoras (leveza, sensação de volitar...). As sensoriais podem ser: visuais, auditivas, olfativas (cheiro de substâncias voláteis), gustativas, tácteis, neuro-vestibulares. As cenestésicas não se devem confundir com o fenômeno anímico de "autoscopia". Há, ainda, a pseudoalucinação dos amputados.

Chamam-se extra-campinas aquelas em que o objeto estará projetado fora do campo físico de percepção. Tanto poderemos estar diante de um fato destes nas interpretações delirantes (patológicas, como na esquisofrenia) como nos casos nada patológicos, na aparente alucinação, percepção extra-sensorial, como são os casos de clarividência. Pois que não se pode considerar patológica a "visão" de indivíduos normais que corresponda a uma realidade objetiva comprovada; apenas porque não houve percepção direta. Aliás, essas aparentes alucinações constituem o que Richet prefere chamar de "alucinações verídicas". Serão os casos em que há aparições apercebidas pela pessoa (não necessariamente por outras, o que também ocorre), não como projeção exterior de imagens subjetivas, como se pretendeu, mas objetivas, sejam: a) de seres espirituais; b) de formações elementares. Em semidesprendimento, a criatura verá as imagens resultantes das impressões que ele colheu (seres espirituais, paisagens que descortina, sejam projeções óbicas ou de pensamento). Poderíamos talvez considerar então o mundo físico, o mundo espiritual, e o mundo mental.

Kardec, em "O Livro dos Médiuns", abre capítulo especial sobre o assunto, quando menciona simples alucinações, resultantes até mesmo do medo, em que se pretende ter visto o que não existe; os erros decorrentes de ilusões visuais, de escotomas, de "moscas" amauróticas, etc, e de outro lado as aparições verdadeiras, como preferimos chamar. Em verdade, uma distinção é preciso fazer-se: quando um objeto existe com todos os requisitos físicos de permanência e nitidez e é percebido, mas a sua impressão modifica-se por erro de interpretação, estará havendo o que se chama ilusão. Muitas alterações outras podem ocorrer no que se refere à percepção, como as aberrações perceptivas (em relação a cores) ou o desaparecimento da percepção conservadas embora as vias de condução de estímulos (agnosia). E com relação a estas vias, poderemos ter ainda a hiperestesia, a hipoestesia, a analgesia, sem conotações parapsicológicas... Agora, sim: experiências desenvolvidas no terreno do sonambulismo, da hipnose, conseguem realizar (experimentalmente, aqui) alterações perceptivas nessa área de considerações. Sente-se então que estamos na faixa dos fenômenos anímicos.

Aparições Verdadeiras

Quanto às aparições verdadeiras (visões e aparições, como menciona Kardec) tentou-se rotular tudo de alucinação. Todo médium seria um alucinado, um visionário. Até para isso tiveram alguns estudiosos anti-espíritas de fazer toda a sorte de concessões. Assim, para Hartmann, no caso dos médiuns de efeitos físicos, possuiriam eles não a faculdade mediúnica mas a de produzir alucinações nos assistentes, tendo essas realidade objetiva e consistência material, como projeção do seu próprio organismo. O paradoxo é evidente por definição. Poderia ser tudo, mas não alucinação. Ao invés de ectoplasmia, pretendeu-se que os médiuns teriam capacidade de autosonambulismo, sugerindo-se alucinações do tipo onírico. As imagens poderiam formar-se da consciência sonambulica do médium ou dos assistentes. No primeiro caso, ele as transmitiria aos assistentes, e elas persistiriam automáticas até mesmo fora do campo visual do pretenso alucinado. Alucinação com vida própria e até vontade própria. O médium seria a um tempo o magnetizador, em que pese a passividade do seu papel. O produto da alucinação teria lucidez, discernimento, "eu" distinto; agiria, falaria, movimentar-se-ia e também se formariam cousas inanimadas. Participariam os assistentes todos juntos das mesmas cenas oníricas. Sonho igual coletivo, ou pelo menos com impressões concordantes. Elas deixariam sinais físicos duráveis (moldagens, marcas, escritos coerentes, aportos, etc) e poderiam ser fotografadas. Seria o caso de perguntarmos diante desta obstinação onde estaria afinal o fantasioso. Ora, desde que a fotografia possa registrá-las (extra-projeção objetiva) já não se pode desconsiderá-las, são mesmo aparições verdadeiras.

Para Delanne, as aparições simples dos Espíritos (aqui a vidência mediúnica), exigindo, como se sabe, sintonia fluídica, formar-se-ão graças a dois processos: à diminuição de ondulações luminosas perispirituais (adensamento) por parte do comunicando; ao aumento do poder de captação da retina (acumularia mais fluido nervoso e os cones e bastonetes que a formam absorviriam raios em uma freqüência mais ampla. Abstração feita de estimulação do nervo óptico, lembraríamos também a possibilidade de atuação eletro-magnética, por parte do Espírito, diretamente sobre a cisura calcarina, impressionando diretamente o sensório. Já desenvolvemos este assunto nas páginas anteriores.

A vastidão do assunto sobre o problema da alucinação propriamente dita e das impropriamente chamadas ainda alucinações verdadeiras (ou aparições verdadeiras, desde que a adjetivação sobrepuja ao conceito do substantivo) nos sugere parar por aqui mesmo. Vá o leitor mais longe, se o desejar. E saberá, com Alfredo Erny (Psiquismo Experimental) que também Myers, ao contrário de Richet, não denomina as aparições de "alucinações" ou verá em Gibier (O Espiritismo):

"- A hipótese da alucinação individual ou coletiva fica reduzida a nada pelo registro dos fenômenos por meio de aparelhos gráficos e da fotografia, bem como por traços permanentes (escrita, impressões, etc)." E, conclusivo:

"- Estamos disso cientificamente certos".

CAPÍTULO XV

SISTEMAS DE SINALIZAÇÃO

Todos nós influenciamos o nosso próximo e somos por nossa vez afetados, da mesma forma, por seu campo de influenciação, não resta a menor dúvida. Uns mais, outros menos. Reconhecemos em certas pessoas aquilo que muitos chamam, com propriedade, o seu magnetismo pessoal.

De alguma forma, o aprendizado, os hábitos, os costumes, as tradições nós as recebemos e comunicamos de geração em geração pelo mecanismo da repetição, sugerindo a sua imitação. Isso, a bem dizer, até os animais, nossos irmãos inferiores, o fazem.

Toda a sugestão é, em última análise, um aspecto particular da comunicação.

Tudo quanto nos cerca e que nos impressiona constitui aquilo que poderemos chamar "a realidade". Pois, partindo daí, Pavlov estabeleceu os seus sistemas de sinalização da realidade. O primeiro sistema é aquele que nos comunica alguma cousa por si mesma. É o sistema direto. Qualquer animal, ou mesmo uma criancinha, começa aprendendo antes ainda de se estabelecerem em definitivo os condicionamentos, porque correlaciona as percepções que vai tendo. Nós, que já estudamos a imagem, no sentido extensivo do termo, entenderemos porque podemos chamar a este sistema de sistema direto ou da IMAGEM.

O segundo sistema de sinalização da realidade é a linguagem. Esta é que ao homem pertence quase que exclusivamente, ou na plenitude dos recursos. Linguagem mímica, falada, escrita. Manifestação simbólica do pensamento. A palavra substitui a cousa, sugerindo a realidade através dos recursos da imaginação. A mente forma a imagem que a palavra sugere. É, como teremos já estudado, a imagem representativa. Quer dizer, o segundo sistema leva ao primeiro. Exemplificando: O odor nos traz à mente o objeto capaz de exalá-lo. A palavra também o fará. Naturalmente, se já temos formado o primeiro sistema, sem o que nenhuma idéia se formará. Se ignoramos o idioma, a palavra não exercerá essa função por si mesma. Doutra forma, estaremos captando a idéia transmitida mente a mente, qualquer que seja a linguagem em que a imagem se forme no campo mental do operador.

Ainda recentemente nos vem a notícia de que o nosso irmão Divaldo Franco, falando na Itália, em português, se fez entender pelo auditório italiano como se ele estivesse lhes falando no idioma peninsular.

Quando, através do médium se comunica um Espírito acostumado a raciocinar em idioma diferente, a menos que se trate do que se convencionou chamar xenoglossia, o comum é transmitir o seu pensamento em ideogramas que se projetam na mente do médium.

Na faculdade anímica de telepatia ocorrem também transmissões independentes da palavra manifestada. Emissão e captação independentes muitas vezes do segundo sistema. Poderíamos chamar a isso, por nossa conta, apenas aproveitando o pensamento de Pavlov, de terceiro sistema de sinalização da realidade.

Recapitulando, teríamos:

1º Sistema, direto - a Imagem

2º Sistema, manifesto - a Linguagem

3º Sistema, mental - o Óbico

Todos os sistemas de sinalização comunica-nos algo. E essa comunicação encerra em si uma influência projetada sobre nós, sugerindo-nos mais ou menos intensamente um estado de espírito, um raciocínio, uma conduta. Cria muitas vezes e especializa uma forma de reagir, ativa ou passivamente, ao estímulo recebido.

"A sugestão - diz Emmanuel em "Pensamento e Vida" - é força mental pura e simples, carreando a idéia por imagem viva, não é boa e nem má, senão pela aplicação que se lhe der".

O reflexo condiciona-se pela repetição, acolhendo a sugestão ensinada. É, por exemplo, assim, que paramos no sinal luminoso quando dirigimos veículo. A dependência é fruto de um condicionamento vicioso, até porque é bem mais fácil em geral a muitos de nós, ainda, infelizmente, acolher sugestões negativas, por vezes insensivelmente. A magia nada mais é que o manuseio de forças de poderosas mentes encarnadas ou desencarnadas, gerando uma seqüência de sucessos.

Feliz exemplificação colhemos na palavra de Alberto Seabra inserta em "Vozes do Grande Além":

"O impulso automático do braço que levanta a lâmina homicida pode ser perfeitamente igual em movimento ao daquele que ergue o livro enobrecedor. A atitude mental é que faz a diferença."

Ainda mais sério: esclarecem os nossos amigos espirituais que, emitindo uma idéia, passamos a refletir as que se lhe assemelham. Por isso mesmo, em "Pensamento e Vida", Emmanuel nos diz:

-"Os censores do procedimento alheio geralmente acabam praticando as mesmas ações que condenam no próximo, porquanto, interessados em descer às minúncias do mal, absorvem-lhe inconscientemente as emanações, surpreendendo-se um dia dominados pelas forças que o representam".

Em "Evolução em dois mundos" é André Luiz quem nos diz:

-"Inteligências nobres aprisionadas a cultos estranhos padecem a intromissão de idéias que lhe dominam a mente, através de palavras ou símbolos mágicos, e fogem ao estudo, em processos de fanatismo, arredadas do progresso."

Já que estamos na era dita da comunicação e que as sugestões aí estão sempre a nos solicitar as atenções, vamos voltar ao assunto mais detidamente.

CAPÍTULO XVI

SUGESTÃO E LIGAÇÃO MENTAL

Sugestão é a insinuação de uma idéia, a inspiração de um desejo, de uma determinação. Toda a sugestão se faz sentir sobre o pensamento, sobre os sentimentos e sobre a vontade, de tal forma que a pessoa fica, de certo modo, diminuida em sua espontaneidade.

Poderemos partir de considerar o que ocorre em nossos estados dalma sob a influência de fatores naturais. Não deixa de haver uma sugestão natural espontânea, conforme as condições do clima, da região, do meio físico na personalidade, na maneira de ser das pessoas. Quem já não percebeu a diferença que ocorre em nosso íntimo nos dias radiosos em que a natureza explende em beleza, em contraste com os dias chuvosos. Certo poeta desencarnado (Valado Rosas) nos diz que "há soluços de dor na ventania". É como ele traduz as sugestões que se recebe durante esse espetáculo natural.

Ninguém ignora a influência do meio físico no contraste que existe entre o nosso nordestino ("antes de tudo um forte") e o temperamento alegre e jovial do gaúcho.

Dito isto de passagem, detenhamo-nos na sugestão que alguém dirige a outrem. É, naturalmente, a sugestão dirigida. Incluiremos aqui as sugestões simples, a indução mental e a sugestão hipnótica.

A mais simples forma de sugestão é muitas vezes aquela que nos leva a imitar atos, gestos de uma pessoa, a seguir um conselho despretencioso, a acolher uma sugestão dada sem ênfase especial, mas que encontra franca receptividade. Lembra-nos certa campanha de televisão em que, num trânsito atravancado, o cidadão tenso ameniza o semblante e se relaxa diante de uma criança que lhe sorri e acena de um outro carro, à frente do seu.

Já a indução é a palavra tirada ao domínio da eletrônica: produção de corrente elétrica pela influência de uma outra corrente ou de um magneto, graças à variação de fluxo. Ora, pensamento é força eletro-magnética. Nossas emoções, nossos pensamentos e atos são elementos da indução. Influenciamos o próximo e somos por ele influenciados num potencial maior ou menor. Diz-nos André Luiz em "Evolução em dois Mundos" que "é pelo fluido mental com qualidades magnéticas de indução que o progresso se faz notavelmente acelerado."

Há quem consiga, por indução mental, impor-se ao próximo. Certo experimentador ditou toda uma carta, que foi ecrita pelo mecanismo do automatismo psicográfico.

Merece destaque especial a sugestão hipnótica, da qual a indução poderá ser considerada fase importante. A sugestão hipnótica ultrapassa os limites da indução, com os francos recursos do magnetismo. Poderemos considerar, conforme o grau, o pequeno e o grande hipnotismo; ou considerar a ação intra-hipnótica ou pós-hipnótica. Ou ainda, quanto aos fins, experimental ou terapêutica.

A sugestão dirigida, em relação ao campo que deverá abranger, poderá ser individual ou coletiva. Neste último caso estão as lideranças políticas sociais, religiosas, que se fazem pela aceitação das idéias dominantes. A História está cheia de exemplos, como o dos Enciclopedistas, sobretudo Rousseau, Voltaire (século XVIII), Engels, Marx, mais modernos. Os convulsionários são exemplos de sugestão que fizeram época. As Artes, como a Arte Cênica, a Cinematografia, e agora a televisão, as músicas típicas constituem sugestões e verdadeiras mensagens que transmitem a linguagem e as motivações de sua época. Já se observou alguém cantarolando ou assobiando porque ouve outro cantar? O simples bocejo é uma mostra do poder contagiante, do chamado contágio psíquico.

Podemos distinguir ainda a auto-sugestão e a hétero-sugestão.

A auto-sugestão pode ser fruto de estímulos externos, desde que formemos os seus elementos de moto-próprio, pelo trabalho mental de associação.

Hétero-Sugestão Hipnótica

Numa hétero-sugestão hipnótica temos sempre formado o binômio:

OPERADOR - PACIENTE

Encarnado ou desencarnado, o operador terá ascendência sobre o pasciente, uma aptidão especial e poderá ser treinado para isso. Quanto ao segundo termo do binômio, o encarnado (ou eventualmente o desencarnado) tem geralmente predisposição para tanto. São os sugestionáveis normais, ou os histéricos, oligofrênicos, dementes, catatônicos, etc. Registram-se estados propiciadores: nas excitabilidades extremas, como no fragor de um combate; na catalepsia; na letargia; no sonambulismo e no transe mediúnico (ação magnética do comunicante).

"O médium, - diz André Luiz em "Evolução em Dois Mundos" - embora guardando o cortex cerebral anestesiado pela ação magnética do comunicante, lhe recebe os ideogramas e os transmite com as palavras que lhe são próprias."

Contudo, observa Alfredo Erny ("O Psiquismo Experimental") que "a menor oposição magnética ou uma vontade formalmente contrária podem deter a corrente fluídica e pertubar ou retardar o fenômeno."

Anotemos por outro lado que, em "Animismo ou Espiritismo?", o grande pesquisador Ernesto Bozzano anota um fato importante: "Os Espíritos que se comunicam, quando se acham imersos na aura dos médiuns, ficam em condições análogas às dos pacientes hipnóticos e se tornam, em conseqüência, sugestionáveis sofrendo notável diminuição suas faculdades mnemônicas. "Por isso poderemos sentir que a passividade do médium, embora um aspecto evidente, é um tanto relativa...

A recepção pelo sujeito da sugestão heterógena pode darse: a) por simples adesão, ou adesão espontânea; b) pelo domínio da vontade alheia; c) pela vontade própria, passando pela reflexão. Chama-se diapsiquia a transmissão do estado psicológico de uma consciência a outra; empatia a aceitação total do pensamento alheio e das emoções que o acompanham.

Importam no relacionamento psíquico: a) as condições de receptividade do paciente; b) o prestígio e a credibilidade do operador; c) a técnica (recurso e persuasão, de domínio; a persistência; a forma de agir (por vezes a imposição intempestiva pelo inesperado); d) o momento ou a oportunidade que se crie.

Toda a sugestão pode ser encarada como uma forma ou um aspecto particular da comunicação, sendo óbvio o estabelecimento da ligação mental, como temos visto. Toda sugestão desenvolve estímulos e produz efeitos.

Quanto aos estímulos, poderemos considerar aqueles fisiológicos, fisio-patológicos e psíquicos. Esses estímulos respondem pelos efeitos quer sobre a conduta, quer os de ordem somática. Poderemos, se nos estendermos bem mais em nossas considerações, chegar aos efeitos da ideoplastia e das somatizações. Mas podemos citar também a terapia de apoio e o magnetismo curador. Todas as curas fluídicas são variedades de magnetismo, ocorrendo: a) pelo fluido do magnetizador; b) pelo fluido dos Espíritos, sem intermediários; c) associados.

Porque a sugestão influi na conduta, os desajustamentos e os ajustamentos da conduta podem ser fruto de sugestões. É o caso das obsidiações. É o caso também, inversamente, do trabalho dos evangelizadores, catequistas, doutrinadores em geral.

César Lombroso, autoridade indiscutível, reune em "Hipnotismo e Mediunidade" um sem número de casos de fenômenos hipnóticos, mostrando efeitos físicos e psíquicos em abundância.

Por agora fiquemos com a ponderação de Bozzano na mesma obra supra citada: "A tua alma se assemelha a uma chapa sensível, que recebe impressões e pensamentos. Pode dar-se não te apercebas da existência dessas impressões e desses pensamentos, porque não tens meio de revelar a chapa...".

CAPÍTULO XVII

IMPORTÂNCIA DA MENTE NA EXTERIORIZAÇÃO DA SENSIBILIDADE

Estamos lendo em tradução vernácula de Júlio Abreu Filho a obra "Projeção do Corpo Astral", de Sylvan Muldoon e Hereward Carrington. Como "Projeção" os autores querem caracterizar os casos que conhecemos como de desdobramento e ninguém ignora que "corpo astral" é o mesmo que perispírito, corpo sutil, modelador plástico, corpo bioplasmático, etc, e aqui o nome pouco importa.

Os autores falam de um estado catalético atribuido ao próprio corpo astral, como ocorre com o corpo físico; nas experiências que apresentam, isso acontece por excelência na fase inicial de desdobramento. A certa altura, Muldoon, que é o próprio percipiente de seus relatos, cita um fato que de certo modo o surpreende: transferência dos sentidos tácteis. Conclui que, quanto ao tato, há exatamente o que ocorre com a visão. E sabe dar a justa ênfase à função exercida pelo cordão fluídico. Acha curioso que o toque no corpo astral seja sentido na mesma parte correspondente do corpo físico e vice-versa. Muldoon cita o próprio Carrington em outra obra: "...depois que o corpo astral se achava afastado, piquei... com uma agulha; e posto a picada tivesse sido dada a algumas polegadas da superfície do corpo material, o sensitivo o sentiu, como se tivesse sido no corpo material".

Assim aconteceu - recorda ele - como nas experiências de Rochas e outros: picando o corpo sutil, a picada repercurtiu no outro; e vice-versa... Os autores preferem chamar a isso de repercussão da sensibilidade e recordam que a escola francesa dá-lhe o nome de exteriorização (da sensibilidade e da motricidade).

Apreciamos a sinceridade de Muldoon quando declara:

"O fato de eu não compreender como pode a agulha realmente entrar em contato com o corpo astral, que é não material, de modo algum desabona aquelas afirmações".

A esta altura intervém o nosso confrade, o tradutor, que faz preciosa observação: "O autor não compreende o fenômeno por ainda estar dentro da velha concepção de matéria - extensão impenetrável. Quer se considere o assunto do ponto de vista espírita, ocultista ou teosofista, forçoso é admitir que (a matéria) existe em outros estados. Assim, o perispírito ou corpo astral é matéria. Será sutil, quintessenciada, ou como a queiramos chamar - mas não deixa de ser matéria."

Procede, não há menor dúvida, é ponto pacífico, a observação de nosso culto confrade. Todavia, ousamos pensar que talvez ela não responda por inteiro à indagação implícita e que está sendo suscitada. Senão, vejamos: a matéria quintessenciada é penetrável, não há como contestar. Mas também é profundamente elástica e moldável. Não poderia fugir ao contato, porquanto indesejável? Nenhum reflexo instintivo seria capaz de agir? Ora o senhor Muldoon nos dá conta ele mesmo de que fez enfiar agulhas numa táboa a algumas polegadas de onde dormiria e procurou "projetar-se" através delas, dizendo-nos que passou por tudo sem a menor sensação. Entende, não sem razão, que o problema da sensibilidade deva ser levado à conta da hipnose. Pode a sua experiência ser acoimada de falha e ele próprio é o primeiro a admitir que possa estar errado, no que testemunha isenção de ânimo. Pensemos então um pouco mais a respeito do assunto.

Se sugerirmos a uma pessoa hipnotizada que sentirá a picada de uma agulha, não é certo que a sentirá, mesmo que não disponhamos fisicamente da mesma? Pois sentirá frio ou calor consoante a sugestão que lhe endereçarmos... Agora, pelo contrário, se picarmos realmente o hipnotizado antes lhe sugerindo a insensibilidade, tal não ocorrerá? Não vence o "duplo" distâncias e obstáculos, sejam quais forem, do ponto de vista físico? Teremos de reconhecer, com a validade plena das experiências clássicas, que o desdobramento perispiritual importa seja considerado com a problemática da exteriorização (ou da repercussão) realmente, mas que haja antes de mais nada uma como que transferência psíquica, isto é, que o próprio psiquismo, algo consciencial (ou pelo menos subconsciencial), presente aos fatos, comande sensações, subordinando-se à intenção, como há de comandar a motricidade. Seria isso o dado que estaria faltando?!

Cícero Marcos Teixeira, em "Desobsessão", analisando com profundidade de sumo interesse quanto ao corpo fluídico, nos diz:

"As células perispirituais são por natureza extremamente sensíveis e obedecem aos impulsos automáticos da mente, cuja função é a de ser o centro gerador do pensamento contínuo na espécie humana".

O senhor Muldoon lembra que a maioria das experiências francesas foi conduzida por meio de hipnotismo. Mas não se julga capacitado para afirmar que, em condições normais, o "fantasma" reagiria da mesma maneira... Pensamos nós que muitas vezes seja assim, sob regime de alguma indução, especialmente ao se sugestionar naturalmente... É o que deve acontecer com muitos Espíritos desencarnados que não sabem ainda de seu verdadeiro estado, sofrendo todas as sensações físicas, encontrando todos os empecilhos inerentes ao condicionamento de criaturas ainda encarnadas.

CAPÍTULO XVIII

FOTOGRAFIA TRANSCENDENTAL

Porque já tivéssemos estudado o processo de formação da imagem, conceituando a imagem fluídica, discutindo o problema das aparições verdadeiras, estudando o poder da sugestão mental, a força do pensamento e da vontade, parece-nos que temos condições de considerar agora a fotografia transcendental.

Ora, as aparições, desde que a fotografia possa registrá-las, já não podem ser relegadas ao plano das alucinações. A máquina fotográfica, operando por leis físicas conhecidas, não poderá se tornar alucinada. Daí mesmo a avidez com que os nossos gratuitos opositores se aferraram em desmenti-las, generalizando a afirmativa de fraude, único jeito de sustentar a negativa.

É transcendental toda a fotografia que fixa imagem constituida de substância etérea, transformada pela força mental do ser encarnado ou de uma inteligência desencarnada; uma ideoplástica ou a formação ectoplasmática. Essa força mental exteriorizável já não é mais negada nem pelos ferrenhos materialistas, é a força nervosa de Hartmann, a força ectênica de Thury, a força óbica de Baraduc, a força psíquica de nosso grande Aksakof; ela é responsável tanto por efeitos plásticos como cinéticos. Que o digam os parapsicologistas das diversas escolas.

Diz-nos Bozzano que "a fração exteriorizada da energia mental tem a propriedade de atrair no meio etérico substâncias análogas, cedidas pelo experimentador, que a vestem e a enformam, obedecendo às vezes a vontade subconsciente, tornando-se mais ou menos visível, plástica, tangível e fotografável.

Compreende-se que, para a fotografia mental, não chega o fenômeno à condensação ectoplasmática necessariamente. Há então um gradiente fenomênico dentro da mesma órbita factual.

Ocorre também que, na expectação de um experimento, por vezes chega-se a um sucesso diferente do esperado. Vamos esclarecer: a uma fotografia espirítica desejada se soma a de uma formação mental não aguardada, ou esta se substitui pela fotografia mental do experimentador; ou vice-versa. Doutra feita, uma fotografia mental consciente (deliberada) se associa àquela formada com base no subconsciente; e assim por diante. Quer isso dizer, e é importante anotar, que o sucesso não fica jungido à vontade do experimentador. Certo Espírito, que prometera aparecer em dada exposição, foi substituído nessa hora. Revelada a chapa, apareceu outra imagem e isso criou dúvida quanto a autencidade do recado mediúnico. Veio no entanto a explicação. A substituição se dera para comprovar que aquele caso não se tratava de simples fotografia do pensamento, criada graças à expectativa, nascida da promessa.

Os processos fotográficos são múltiplos. Os de formação da imagem também. No caso dos efeitos luminosos, a movimentação do ectoplasma é registrada por série de exposições, de 30 em 30 segundos.

Registremos também o dispêndio energético do médium que se presta ao trabalho da fotografia transcendental. Como não poderia deixar de ser.

Os experimentadores tiveram sempre que realizar séries sucessivas de sessões experimentais, numa seqüência de exposições, inúmeras delas nulas, outras pouco nítidas, para um êxito expressivo, mas bem pouco numeroso, em geral. As obtidas fortuitamente, estas sim, dão melhores resultados.

Histórico das Fotografias

As primeiras experiências feitas da fotografia transcendental de que temos notícia datam de 1861 e vem dos EE UU (Boston ou de N. York, divergem os relatos). Devêmo-las ao trabalho de Willian Munler e lhe custou um processo penal por pretensa falsificação, do qual se saiu vitorioso. Terá sido o primeiro processo a esse respeito instaurado. Quando das primeiras notícias chegadas à Europa a respeito das fotografias espectrais, Kardec registra em Revue Spirite o seu zelo no trato dos assuntos espíritas, nestes termos: "Aconselhamos acolhê-la(s) com prudente reserva, antes de atribuir aos Espíritos todos os fenômenos insólitos que não se podem explicar". Diria mais tarde, como lemos em "Obras Póstumas": "A teoria das criações fluídicas, e por conseguinte, de fotografias do pensamento, é uma conquista do moderno Espiritismo e pode doravante considerar-se como firmada, em princípio..." Pois, a essa altura, outras experimentações davam conta da seriedade do assunto.

Crookes, em 1873, na Inglaterra, obtém 40 fotografias. Por essa época, John Beattie, de Bristol, obtém enorme êxito. Em 1875, em França, instala-se o segundo processo de que temos notícia, bem rumoroso, com Edouard Buguet, o médium americano Firman e Pierre Leymarie indigitados e que foi relatado em um livro, "Le Proces des Spirites", recentemente traduzido por Hermínio Miranda.

Delanne comenta sobre ele que houve 140 testemunhas nesse processo; que Buguet era médium sincero quando começou o trabalho, antes de se desviar do caminho reto. Leymarie foi condenado antes no objetivo de opróbrio à Doutrina. Cumpriu pena, o que não aconteceu aos outros.

Apegou-se o juiz na declação de Leymarie de que não usava métodos sobrenaturais. Estribava-se ele no entanto na afirmação básica de que o fenomelogia espírita não apela para o sobrenatural. Ora, para o juiz o processo natural seria sinônimo de fraude. Quanto a Buguet, que realmente já fraudava, foi-lhe fácil afirmar que tudo era fraude, esperando indultar-se com isso; pesaria menos fraudar que afirmar o insólito... Depois que o Presidente da Sociedade Espírita cumpriu a pena, decidiu Buguet retratar-se e reconhecer a sua honorabilidade, as razões porque mentiu no Tribunal e as "forças ocultas" que o induziram a tal.

Citam-se porém, a perder de vista, na obtenção de fotografias espectrais, nomes como os de Rochas, Crawford, Byard, Thomas Hater, Badet, Bullet Pomar, Caithness, Sullivan, Leuchtemberg, Wittgenstein, Devolluet, Turck, Imoda, Reeves, Slater, Guppy, Reimers, Russell, Damiani, Tompson, Tommy, Jay Hartman (de Ohio, não o contendor de Aksakof), etc., etc.

Ochorowicz tem curiosas experiências, inclusive o caso de um certo Espírito familiar aos experimentadores que enfocou a máquina fotográfica, dispensou o magnésio em voga na época e teria dispensado mesmo a presença do médium. Outro caso foi o de um clarão visto substituindo o magnésio; e o Espírito recomendou que revelassem a chapa...

Em nosso país há experiências, como as publicadas por Ranieri em "Materializações Luminosas".

Aksakof, Lombroso e Bozzano abrem páginas em seus livros sobre o assunto.

Classificação das Fotografias

Estudos de Taylor e Rochas citados por Lombroso em "Espiritismo e Mediunidade" apresentam os seguintes casos de fotografias transcendentais:

1- Retratos de entidades invisíveis;

2- Flores, escritos, coroas, estrelas, luzes, imagens, estas estranhas ao pensamento do médium e do operador;

3- Reproduções de estátuas, pinturas, desenhos resultantes de imagens mentais (fotografias do pensamento);

4- Imagens de formas visíveis (ectoplasmia);

5- Reprodução de duplo (viventes);

6- Casos em que só os médiuns e clarividentes distinguem na fotografia a imagem focada.

Comenta Lombroso quanto ao duplo: "Talvez pertençam a essa ordem de fatos aparições incompletas que se creem sair do corpo (mãos, braços, etc) e que deram tão freqüentemente origem a suspeitas de truque". E lembra: "O duplo se parece com o médium e dá suspeita de ação dolosa quando estamos diante de mais um fenômeno explicável."

Classificações das Fotografias Transcendentais

As primeiras fotografias espectrais foram achados curiosos, entre outros, de Willian Munler, que as levou a sério e partiu para a fase de experimentação. Ora, "casuais"muitas delas são obtidas, naturalmente interferindo na exposição feita por objetivos comuns. Dessa forma, poderíamos traçar um outro tipo de classificação além da que nos dá o estudo criterioso de Rochas e Taylor. Mas não fecharíamos a chave antes de considerar uma outra ocorrência. Esta colhemos em Delanne, dando por sua vez como citado por Jobard (1858).

Certo cidadão, o senhor Badet, tinha o hábito de ficar muitas horas à janela de sua casa. Desencarnado, causou estranheza aos vizinhos a sua suposta aparição constante no mesmo local. Foi feita a verificação de que a sua fisionomia impregnava-se na vidraça, retratando-o nela. Desde que se trate de um fenômeno de impregnação fluídica, é tipicamente uma fotografia transcendental.

Poderemos então considerar, quanto à ocorrência, nesse caso, as fotografias: a) por interferência (achados) b) por impregnação (imagens consecutivas); e c) experimentais (objetivo de estudo).

Considerando as imagens obtidas, poderemos ter: 1- de pessoas; 2- de cousas; 3- desenhos; 4- abstratas; (simbolicamente traduzindo concepções, desejos, sentimentos); 5- energias vibratórias ("Kirliangrafias"), se bem que todas elas em última análise encerrem em verdade essas energias, mas aqui considerando-as em si mesmas. A "aura", como é conhecida, a aura dos santos, das pessoas em meditação, emanações energéticas do perispírito.

Quanto aos objetos, às cousas, ao inanimado, sabemos que os fluidos aglomeram-se, combinam-se, dispersam-se, tomando aparências, propriedades e cores conforme os pensamentos que os formam. Quem tenha o hábito do cachimbo não apenas tem a boca torta, como nos ensina o velho provérbio, mas a capacidade e a força mental suficiente para formá-lo.

Se teimarmos em estabelecer uma nova chave, quanto à natureza das imagens obtidas, poderemos encontrar: 1- fotografias de formas espirituais visíveis (por ectoplasmia); 2- fotografias de aparições verdadeiras (condensação fluídica menos acentuada). Ambas são igualmente aparições luminosas. 3- Retratos formados por meios fluídicos, através de montagens como que trazidas, quadros que se formam e são fixados fotograficamente; 4- ideoplastia fotográfica. 5- fotografia de duplo (pessoas vivas, fotografado o perispírito em fase de desprendimento, bicorporeidade); 6- fotografia da aura, isto é, das emanações energéticas perispirituais, como já vimos.

Lombroso distingue muito bem as aparições luminosas, em que se vão formando pequeninos glóbulos luminosos quais vapores que se aglomeram, conformando rosto, cabeça, etc. e os retratos fluídicos resultantes da montagem, feitos a retalho, como que se foram gessiformes. Estes ele considera aportos.

Quanto à ideoplastia fotográfica, tanto pode referir-se à idéia dos encarnados quanto dos desencarnados. A força plasticizante é a mesma. Tanto pode tratar-se de um pensamento consciente, deliberado, como uma sugestão inconsciente. É evidente que, em todos os casos, a vontade, a sugestão mental, a forma-pensamento estão presentes. Essas criações fluídicas são as mesmas que ocorrem na visão do copo, por exemplo.

Os letreiros luminosos em tecidos ectoplásmicos e com assinaturas são uma particularidade interessante de apreciar, sobretudo considerando-se a linguagem escrita um sistema de sinalização criado pela nossa mente.

Características das Aparições Luminosas

Características experimentais foram observadas no caso das aparições luminosas, que buscaremos resumir:

1- As imagens sobressaem imediatamente na revelação, muito antes das normais, dada a energia particular que as produzem;

2- O médium é capaz de ver e descrever as imagens que estão sendo fotografadas. Os Espíritos dão a orientação técnica e dizem da oportunidade da exposição.

3- As imagens se desenvolvem sucessivamente em série. De vapor luminoso que se vai condensando às formas mal definidas e àquelas já formadas.

4- Apresentam transparência, apesar da nitidez. São formadas de vapores fluídicos que se condensam;

5- Têm luz própria, isto é, são luminosas por si mesmas. Não projetam sombra. Só se observam sombras quando as aparições são envoltas em panos existentes no gabinete da pesquisa;

6- Vêem-se às vezes o médium e os assistentes junto à aparição. Por vezes, a matéria etérea encobre os assistentes.

Cita-se um caso ocorrido com o Sr. Willians, em que depois do banho de revelação e fixação, a imagem, que era de um homem, desapareceu do negativo sem uma razão plausível.

Escotografias

No estudo das ideoplastias fotográficas, que incluimos acima, cumpre ainda fazer uma distinção. Até aqui temos falado das fotografias daguerreotípicas, isto é, daquelas em que se usa a máquina fotográfica, ao tratar dos achados e das experimentais. Nelas há uma impressão luminosa da imagem que se projeta na câmara da máquina (não confundir com aparições luminosas; referimo-nos aqui à luminosidade do raio que penetra pela objetiva da máquina, impressionando a chapa).

Há, entanto, também, experiências com impressão na obscuridade, sem máquina fotográfica, por projeção mental, e que são chamadas por isso de fotografias escotográficas ou escotografias. Neste último caso, as imagens obtidas em geral, não passam de desenhos, de formas geométricas mentalizadas, no mesmo caminho de muitas experiências de transmissão telepática (ao invés de o percipiente captar o desenho, forma-o e impressiona a película fotográfica).

Todas as comprovações fotográficas servem para avaliarmos o poder da mente, a objetividade das formações fluídicas, a conexão perfeita entre os fatos da natureza anímica e os Espíritos. Ressaltemos a seriedade e o empenho de tantos pesquizadores e mais uma vez o zelo do nosso Codificador ao encarar os aspectos fenomênicos com o mesmo senso desapaixonado da primeira hora.

CAPÍTULO XIX

COMUNICAÇÃO MEDIÚNICA ENTRE VIVOS

Partindo de considerar animismo a atividade extra-corpórea do homem, isto é, a ação do homem vivo além dos limites do corpo; sabendo-se que no mediunismo a causa do fenômeno está fora do médium, de que é nescessariamente o intermediário, daí a origem do termo, temos de considerar que a causa aludida, numa e noutra circunstância, é sempre o Princípio Inteligente, na condição de alma ou na de Espírito.

Manifestações anímicas podem produzir efeitos mentais ou físicos (Psi Gama e Psi Kapa, para os parapsicologistas modernos) tanto quanto os mediúnicos. Esta a grande divisão a que não puderam fugir todos os estudiosos do assunto. E não se ignora que um mesmo fato possa reunir ao mesmo tempo aspectos intelectivos e físicos, como sejam movimentação, aparecimento de imagens, tangibilidades (corporeidade).

Onde situar a comunicação de vivos

Vamos conceituar agora, em termos de manifestação anímica (manifestação de uma alma) que ela pode processar-se sob forma direta (alma-alma) ou ainda sob forma mediúnica. Neste caso está claro que o médium vai ser intermediário da alma em fase de relativa emancipação, gozando transitoriamente, de certo modo, das prerrogativas de Espírito.

Abre-se então, aqui, o capítulo das comunicações mediúnicas entre os chamados "vivos".

Aksakof conceitua bem o problema em "Animismo e Espiritismo" mas é Bozzano que o retoma reunindo mais de uma dúzia de pesquisadores de absoluta seriedade, como Geley, Stead, Myers, Hyslop, Lodge, etc, sendo de notar que os fatos não param por aí. Em "Comunicações Mediúnicas entre vivos" (temos a tradução de Klors Werneck) ele considera duas categorias, a primeira, das mensagens experimentais no mesmo aposento; a segunda, a distância. Neste último grupo enumera perto de 40 casos, assim distribuídos: - mensagens inconscientes por pessoas em sono; - idem, por pessoas em vigília; - mensagens por expressa vontade do médium; - mensagens por expressa vontade do agente; - casos dos moribundos; - casos em que se evidencia o auxílio de um Espírito.

O mais comum dos casos parece ser, pensamos, a manifestação do moribundo, justamente porque os laços fluídicos estão nessa face se desfazendo, devolvendo gradativamente ao Espírito a liberdade de que ele irá gozar em termos de limitação imposta ao homem vivo.

Há sem dúvida, um documentário valioso estabelecendo não só a exatidão dos fatos em si, a sua correspondência natural com a fenomenologia mediunica propriamente dita, uma e outra das circunstâncias se confirmando mutuamente e se completando como aspectos de uma mesma verdade, e também evidenciando o que seriam leis e condições a estes pertinentes.

Leis e condições dos fenômenos

De início, sabe-se que a manifestação dos Vivos não é comum a todos os médiuns. Do comunicando exige que tenha o que se poderia chamar "condições transitórias de desencarnado."

Os autores erigem em lei a da "relação psíquica", partindo de que entre os atuantes (no mínimo com algum dos assistentes ao trabalho) deva necessariamente haver elos de relacionamento (conhecer a pessoa, ter afinidade de sentimentos, de ideais, alguma simpatia) que representarão o elemento de contato psíquico.

Verificaram existir, distintamente dos fenômenos anímicos, como o da transmissão do pensamento, uma "conversação" entre as personalidades subconscientes do comunicante e do médium, a qual este último traz à consciência para que se expresse como manifestação. Daí, muitas vezes, as surpresas do comunicante, ao ser informado do teor das revelações, de que porventura, em muitos casos, não tomara conhecimento. É que a personalidade subconsciente pensa e age independentemente do cérebro; é mais sutil e eficaz.

Esclarecem ainda que é acionado o automatismo motor do médium, seja na psicografia, na vidência, e assim por diante.

Na vidência, indiferentemente, o "fantasma" do vivo ora dá a aparência de estar junto ao médium, ora o médium se sente projetado ao sítio do manifestante, variando tão só as condições perceptivas. Desde que haja conversação, diálogo, no caso, afastam a hipótese de simples clarividência telepática do sensitivo.

Inúmeras qualificações mediúnicas podem ensejar a manifestação do encarnado, entre elas a escrita automática, a tiptologia, a psicofonia, a psicografia, a vidência e a ectoplasmia. Como vimos, há casos em que se realiza por intervenção manifesta ou auxílio direto do desencarnado.

Kardec nos fala particularmente sobre a aparição dos Espíritos de vivos a médiuns videntes naturais os quais vêem expontaneamente vultos de pessoas comprovadamente encarnadas, como o caso de certo cidadão que viu aquela que se dizia sua noiva um ano antes de se encontrarem efetivamente e com quem se casaria. Adquirindo tangibilidade a aparição, estaremos diante do fenômeno de bicorporiedade. São os exemplos conhecidos de Antônio de Pádua e Afonso de Liguori. Também o de Alfred Firman, fotografado aliás por Buguet, conforme nos relata o livro sobre o "Processo dos Espíritos".

Algumas mensagens registram erros de captação e não propriamente de informação. Seriam interpolações de elementos oníricos, sonambúlicos, auto-sugestivos, quê os nossos opositores gostariam viesse explicar a totalidade dos fenômenos... Fruto essas circunstâncias da quebra de sintonia da onda mental, com dispersão do fluído mediúnico.

Vamos entender também que o manifestante revela subconscientemente muitas vezes, impressões suas e que poderão não ser exatas, porque não lhe é dada a oniciência.

Justo consideramos exuberante quantidade de confirmações, na absoluta maioria das pesquisas feitas.

Condições do manifestante e do médium

O manifestante pode encontrar-se no mesmo aposento da

experimentação ou a uma distância bem maior, considerável mesmo, em relação ao médium.

Se ele deseja a experiência, sua mensagem, originariamente telepática, produzindo efeitos sob forma mediúnica, dir-se-á telepático-mediúnica, desde que a referida mensagem não seja simplesmente captada pela mente receptora (transmissão de pensamento) mas o seja pela instrumentação mediúnica, vamos dizer, psicografia mecânica, sem a participação do consciente do médium.

O mais viável e comum é achar-se o comunicante em estado de emancipação, como no sono. Frizemos que o psiquismo independente é o memso no fenômeno anímico e no espirítico. Aí o subconsciente - o Espírito, senhor de suas faculdades - age como no sonho, indo ter ao subconsciente daquele que irá receber a mensagem.

A sensação que por vezes experimenta é qual a deslocação no sono magnético; há relatos de sensação de leveza e bem estar. Quando o duplo realmente se desloca o grau de densidade parece diminuir na razão do afastamento do organismo, é o que supõe Aksakof. O envoltório perispirítico é menos transparente nos "vivos" informaram os Espíritos.

Alguns casos pesquisados em que as pessoas estariam em vigília, dando mensagens subconscientes, nos permitem lembrar a possibilidade de emancipações rápidas ou de sonambulismo vígil.

Podemos considerar os fenômenos em questão por evocação ou espontâneos; com bilocação ou sem ela; com diálogo expressivo ou sem ele; representar um conteúdo completo ou constituir simples interferência em mensagens mediúnicas outras.

Certo experimentador ditou toda uma carta psicograficamente. Entre Boston e Nova York certa experiência se realizou provocando-se o mesmo fenômeno nas duas cidades de forma tal que a troca de comunicados evidenciou curiosa série de confirmações. Interessante observar que nas transmissões, as "entrevistas" sendo subconscientes, a "linguagem" é mental, não articulada (por ideogramas) mas para que chegue ao registro consciente do médium, deixa-lhe a noção de percepção auditiva, tem ele a impressão de conversar de viva voz, quando seja o caso.

Florence Marryat, sendo ela própria médium e experimentadora, cita o caso de entidade desencarnada que levou à sessão a alma do irmão quando este dormia. Ele forneceu a uma amiga o seu novo endereço exato, de que ela se serviu para escrever-lhe. Admirado de receber correspondência inesperada, respondeu a carta, reproduzindo, sem nenhuma deliberação consciente, os termos de sua mensagem subconsciente dada por via mediúnica. Ora, se a carta já estivesse a caminho poderia rotular-se, aqui, de fato anímico (leitura do texto desconhecido) o ocorrido na sessão. Se bem que se revestisse de certa importância, pois a própria distância é relevante nesse tipo de experimentação anímica.

Há também entre os chamados vivos manifestações assinaladas entre aquelas de efeitos físicos ou "teleplásticas" na classificação de Aksakof, com desdobramentos e visualizações de braços, de tronco, de corpo inteiro do "duplo". Recentemente foi o que ocorreu em Caratinga, M.G., quando por ectoplasmia e assistido por Emmanuel, que também se materializara, surgiu diante dos presentes à sessão nosso irmão Francisco Cândido Xavier, conversando com todos muito rapidamente porque o seu corpo físico estava em breve repouso em Uberaba.

Todas essas comprovações trazem à luz a perfeita integração fenomênica em todo o vasto campo dos fatos psíquicos.

Mais que isto: Mostram a verdade de que o corpo físico é o grande amortecedor dos recursos do Espírito. De que as provações de cerceamento do veículo físico não atingem o Espírito. Kardec nos traz em "Revue Spirite", 1860 (temos a tradução da Edicel), entre outros curiosos e instrutivos exemplos, o da surda-muda de nascença que, evocada, expressou-se em idioma que não era o de sua pátria e confessou ouvir os ruídos que se faziam. Ranieri, em "Forças Libertadoras", nos traz o episódio de Danilo, um irmãozinho excepcional que apresentava debilidade física e mental e que, enquanto dormia no salão, deu vigorosa mensagem, pelo médium, no gabinete mediúnico, narrando as razões de seu drama.

Evocação de Vivos

No capítulo XXV, que trata das evocações, "O Livro dos Médiuns" inclue a evocação de pessoas vivas, distinguindo duas hipóteses:

- o evocado é, com toda certeza, encarnado;
- o evocado é tido por desencarnado, mas já retornou à vida física.

O primeiro caso é mais evidente. O segundo, teoricamente possível; dizemos teoricamente possível por não estarmos trazendo um fato comprabatório anotado devidamente, dentro das pesquisas feitas. Neste caso, poderá responder, e o fará com a personalidade mediante a qual foi chamado, importando muito aí o seu grau evolutivo. Mas, na fase de transição à vida corporal é impossível ao Espírito acorrer à evocação.

A evocação, uma vez formulada, não é necessariamente atendida, pode muitas vezes não o ser. Entre outras condições a satisfazer, é preciso que o corpo permita que, no momento dado, o perispírito se desprenda.

A vontade enérgica do evocador, aliada ao maior relacionamento psíquico, pode predispor a que a criatura adormeça. Há mesmo recomendação de não se evocarem crianças, velhos enfermos ou doentes graves, isto é, cuidar em que não haja problemas com o corpo muito enfraquecido. Poderá aumentar-lhe os sofrimentos, é o que nos informa o texto citado.

Não esquecer que a evocação é o exercício de poderosa força de atração magnética comandada pela mente, dirija-se ela à criaturas encarnadas ou desencarnadas.

Erros e Acertos nas informações dos Vivos

Aos pesquisadores interessa muito, como seria de esperar-se, o aspecto da identificação pessoal (sobretudo quando há distância) bem como a exatidão dos comemorativos que cercam a experimentação, todos perspicazes em apurar e avaliar devidamente os erros verificados que, longe de infirmarem, comportariam uma explicação em cada caso, com vistas de elucidar, naturalmente por analogia, outros tantos erros, os das mensagens mediúnicas propriamente ditas. São os casos, por exemplo, de ingerências estranhas, muitas aqui detectadas, daí o interesse da pesquisa. E puderam sê-lo porque o manifestante, informado, a tanto de bom grado se prestou sempre.

CAPÍTULO XX

AÇÃO EXTRA-CORPÓREA DO HOMEM VIVO

Aksakof reuniu em quatro grandes grupos os efeitos da ação extra corpórea do homem vivo:

1- Efeitos psíquicos;
2- Efeitos físicos de movimento - Telecinesia;
3- Efeitos físicos de aparição - Telefania;
4- Efeitos físicos de corporeidade - Teleplastia.

Isso nos permite simplificar para:

I- Efeitos Pisíquicos (1)
II- Efeitos Físicos (2,3,4)

Kardec, com relação aos fenômenos mediúnicos, considerou-os:

I- Fenômenos intelectivos
II- Fenômenos físicos

Richet nos dirá dos que estudou:

I- Fenômenos Subjetivos
II- Fenômenos Objetivos

A Parapsicologia modernamente nos fala em:

I- Efeitos psíquicos (Psi Gama)
II- Efeitos físicos (Psi Kapa)

Parece, pois, não haver como fugir à grande chave geral.

Além disso, é bom fixarmos certos pontos que se nos afiguram incontroversos, senão, vejamos: Uma aparição que transmita uma mensagem não representa apenas um fenômeno telefânico se soubermos identificar a um tempo o efeito psíquico que se somou àquele: sua mensagem transmite algo de intelecto a intelecto. Efeitos físicos e psíquicos, no caso, dentro de um só acontecimento.

Nada impede, a esta altura, que qualquer destes efeitos se desenvolva, no âmbito da fenomenologia anímica, conjuntamente com ação de entidades desencarnadas. Estaremos diante de um fenômeno anímico-espirítico ou misto.

Dito isto, façamos considerações agora sobre os efeitos físicos (2,3,4).

Ao se exteriorizar a força anímica a ponto de ser capaz de determinar ação extra-corpórea de movimento, burlando aparentemente a lei da Inércia, há, por definição, uma exteriorização, a que Bret chama de Metergia; não será bem o que Myers chama de Telergia, que se refere aos casos de Telepatia, que não estamos no momento estudando. Já que falamos em Bret, ele vai mais além, pois considera, conforme o Dicionário de Teixeira de Paula, a Metacinesia (movimentos), a Ectoplasmia (para ele Metideogenia) e ainda - é interessante notar - Metabiose (5), efeitos orgânicos ou biológicos, que não vimos em Aksakof.

Gibier nos diz, em "Análise das Cousas" que "o menor grau de hipnose é já um começo de desdobramento que, a princípio, é de alguma sorte todo interno". Dá como exemplo a anestesia de pele e mucosas num primeiro estágio de hipo-magnetismo. Depois chega a vez da expansão para constituir-se o "sentido único". É já exteriorização da sensibilidade, estudada por Lombroso, Rochas e Morselli em várias experimentações. Temos aí a Telestesia. Ora, a Telestesia não implica propriamente numa determinada ação, isto é, em algo como na motricidade, que é objetiva. É antes o efeito em si do próprio desdobramento, a sensação extra-corpórea, subjetiva. No caso, o homem não está exercendo uma ação extra-corpórea determinada mas antes sofrendo a decorrência de processo.

Mas, de igual forma, pela hipnose se consegue dos pacientes que a sensibilidade (sensação) e a motricidade (ação) se prolonguem além do corpo. Quer no sono magnético, no hipnótico ou no mediúnico é possível acontecer isso.

De Rochas fez uma experiência clássica em que verificou que num primeiro tempo (de hipnose) formavam-se camadas concêntricas de 3 a 4 centímetros em torno do corpo separadas por intervalos de 6 a 7 centímetros, o que se prolongava até 2 a 3 metros. Notou que daí em diante a sensibilidade passava a se fazer sentir em dois polos equidistantes, à direita e à esquerda do "sujet" quando este já se encontrava em letargia. Prosseguindo na experimentação, esses polos se reuniram compondo o fantasma ódico, sendo aí então a sede das sensações.

Bozzano formula a seguinte seqüenciação dos fenômenos em causa:

a) Sensibilidade exteriorizada, a partir da conhecida sensação de integridade dos membros amputados:

b) Desdobramento esboçado (o paciente pode ver o seu próprio fantasma desdobrado adiante);

c) Completa-se a exteriorização do corpo perispirítico de tal forma que o ser, desdobrado por inteiro, vê o seu próprio corpo em estado letárgico. O psiquismo transferiu-se.

d) o "duplo" passa a ser visto por outrem (Telefania) dotado dessa faculdade adequada;

e) o "duplo" adquire tangibilidade e corporeidade, podendo ser visto por todos (Teleplastia);

A designação de "duplo" só se justifica quando a aparição é de vivo. Nesse caso teremos a considerar:

A - Um corpo real, com vida orgânica;

B - Um corpo aparente, com vida anímica.

Dizemos que há bilocação quando reconhecemos que o desdobramento atingiu esse grau, isto é, quando "o duplo" é percebido a maior ou menor distância. São os casos ditos de ubiqüidade. Poderíamos talvez dizer, considerando o fenômeno puro, que o desdobramento é subjetivo e a bilocação objetiva.

Será útil lembrar que "aura" e "duplo" não são a mesma cousa: "aura" é a onda vibratória fluídica exteriorizada do campo anímico: "duplo", pelo que vimos, o corpo perispirítico exteriorizado, símile do corpo somático. Isto terá ficado claro quando estudamos a imagem fluídica e a fotografia transcendental, mas é bom repisar.

CAPÍTULO XXI

DESDOBRAMENTO PSÍQUICO E "SUPER-INCORPORAÇÃO"

No vasto e palpitante campo de investigações em que a alma, emancipando-se parcialmente dos grilhões do cativeiro físico, revela as condições de independência e sua identidade como Espírito imortal, existe uma série imensa de manifestações que se especificam para a sistematização do estudo, variando, como temos visto até aqui, circunstâncias e graus dos estados de desdobramento psíquico. Dir-se-á que o desdobramento guarda, fenomenicamente falando, pequena distância do desprendimento. E não precisaríamos ir muito longe, se nos lembrássemos, a respeito, do que nos diz "O Livro dos Espíritos" com relação ao estado mais simples e até fisiológico, como é o sono:

"Quando dorme, o homem se acha por algum tempo no estado em que fica permanentemente depois que morre".

Que dizermos, então, de sonambulismo, do êxtase?...

Se procuramos seguir as pegadas de Aksakof, de Bozzano e de outros pesquisadores, poderemos erigir em "leis" as seguintes conclusões acerca tanto da exteriorização da sensibilidade, da motricidade como, afinal, do psiquismo do homem vivo:

1 - A ação física e psíquica do homem vivo não fica limitada à periferia do corpo;

2 - A sensibilidade pode ser separada do sistema nervoso, já que a sua sede é efetivamente do perispírito; ele é que transmite as sensações ao Espírito, sendo o corpo a sede dos sentidos diferenciados:

3 - A motricidade pode independer do sistema muscular por via de exteriorização da força psíquica;

4- A vontade, inerente ao Espírito, atuando no domínio da subconsciência, por alguns chamada o psiquismo inconsciente, é capaz de desintegrar transportar e reintegrar substâncias; converter porções orgânicas na substância amorfa primitiva e reorganizar por agregação celular membros ou partes do organismo;

5 - A densidade do corpo fluídico habitualmente diminui na razão do seu afastamento do organismo que ele representa;

6 - As aparições dos chamados "mortos" aos vivos devem fazer-se da mesma forma porque o fazem os vivos quando desdobrados (Santo Agostinho);

7 - Pode o corpo fluídico desdobrado ("duplo") servir a uma inteligência que por seu intermédio se manifeste.

Ora, têm sido registrados "duplos" nos casos de: magnetizados (estudados por Durville); sono (por Hyslop); transe mediúnico (por Crookes); na hipnose, no sonambulismo, na tóxico-narcose, na catalepsia, na neuropatias (citações de Lombroso); nos místicos, nos gênios, nos santos; nos agonizantes (rica citação de inúmeros autores). Há, ainda, um caso especial pelas suas peculiaridades, em pessoa aparentemente em estado normal, que se tornou clássico e é citação obrigatória, conhecido que se fez por todos os estudiosos e que é mencionado por Kardec em "Obras Póstumas": o da professora Emille Sagée.

Vimos acima que o corpo fluídico desdobrado pode servir a uma inteligência a cujo comando de certo modo venha a estar, passando virtualmente à condição de intermediário e quem diz intermediário está considerando a natureza mediúnica.

Podemos citar, ampliando esse conceito, a explicação de Alfred Erny, por sua vez evocando Blackett, e que é esta: a influência magnética do médium, dos Espíritos responsáveis pelo trabalho ou dos assistentes faz- se sentir sempre. E ele mesmo nos explica: Enquanto o médium exerce ação sobre o corpo fluídico desdobrado, a forma teleplástica conserva certa semelhança com o médium. Se uma inteligência superior dominar magneticamente o corpo fluídico do médium, na qual por bem dizer se envolve, a semelhança varia na dependência do poder do comunicante desencarnado de reproduzir a forma que tinha na Terra. Seria uma como que transfiguração, se assim quiséssemos entender. Mas também - é bom lembrar - pode um encarnado, por seu turno desprendido, ser o comunicante e o processamento não variaria.

Então, numa experiência de teleplastia poderíamos ter pelo menos as seguintes hipóteses:

a) o ser materializado é simplesmente o "duplo" do paciente em transe mediúnico;

b) o ser inteligente (em geral desencarnado) utiliza fundamentalmente o corpo fluídico do médium em desdobramento;

c) o ser corporifica diretamente graças aos elementos ectoplásmico cedidos pelos médiuns e assistentes e aqui não está incluida a utilização do "duplo".

Erny considera que sete vezes em doze o fenômeno da ectoplasmia se dá através do corpo fluídico desdobrado do médium. É o que Ranieri chama de "superincorporação".

São citadas manifestações em que aparecem juntos o "duplo" corporificado e outras formas teleplasmadas. Daí se infere que temos de considerar com Bozzano e Erny, que muitas vezes formas incompletas corporificadas e identificadas com o médium são tidas por ação consciente e fraudulenta, lançando a dúvida, o descrédito, por desconhecimento dos fatos, em muitos trabalhos honestos e de penoso esforço.

Diz mesmo Erny que o corpo fluídico de Espíritos mais elevados não poderia tornar-se visível senão utilizando o "duplo" de médiuns.

Mais uma vez se deduz por estas considerações que o estudo do animismo - de onde havemos partido - nos leva a entender melhor e a legitimar o fato mediúnico. Em outras palavras-: O animismo explica o Espiritismo.

CAPÍTULO XXII

FENÔMENOS DO SONO E PERCEPÇÃO SENSORIAL EXTRAORDINÁRIA

Estamos na era dos códigos, dos logotipos e das siglas. A somação de conhecimentos e a rapidez da comunicação o exigem. Breve estaremos voltando à escrita ideográfica... Se procurarmos representar graficamente os conjuntos de fenômenos do âmbito do psiquismo poderemos ter:

1 2 3

A B

O primeiro círculo representará o conjunto de fenômenos psíquicos considerados normais; o segundo, os anímicos paranormais; o terceiro abrangerá os mediúnicos ou espiríticos. Notamos duas interferências. O subconjunto comum às categorias 2 e 3 (B) representará em nosso esquema os fenômenos mistos (aqueles que se verificam tanto fatos de ordem anímica como espirítica a um tempo. Bozzano nos diz que "todo o fenômeno anímico pode ser encarado como espírita em circunstâncias especiais". Agora consideramos a faixa comum (1.2) ou (A). É a área limítrofe ou fronteiriça entre os fenômenos que consideramos normais, habituais e aqueles que saem dessa faixa sem deixar de pertencer à mesma ordenação de fatos. Não são ainda extra-sensoriais, por bem dizer. São do próprio sensório. Reune então, é fácil concluir, os fenômenos em que há aquilo que chamamos de Percepção Sensorial Extraordinária. É o que se diz abreviadamente P S E em contraposição à sigla P E S ou E S P, americanizando. Aí englobaremos a memória do esquecido ou criptomnésia, a percepção do desconhecido, enfim, aqueles ditos inconscientes mas requisitados pelo sensório. A simples transmissão do pensamento; uma gama de fenômenos relacionados à memória; a falsa xenoglossia; e especialmente o sonho. Em todos estes, um certo grau de hiperestesia, acentuando-se a capacidade normal de percepção em diversos sentidos. Porisso, senso-percepção extraordinária.

Ora, a hiperestesia poderia ser tida à primeira vista como a chave de toda a fenomenologia em questão. Isso, se ela tivesse as prerrogativas de causa bastante. Considerando, porém, o conjunto todo, ou melhor, a soma dos conjuntos, somos levados a verificar a necessidade de uma causa que satisfaça à plenitude das observações. Bem, vamos encontrar essa causa, em última análise, sediada exatamente na alma, correspondendo aos atributos de maior atividade, à faculdade de liberar-se relativamente ante as limitações da estrutura física, o que nos permite uma conceituação uniforme para toda a vasta fenomenologia. E isso é um requisito importante ao nosso raciocínio. O afrouxamento dos laços do corpo é então o que leva o Inconsciente, o Ser Subconsciente como quer Geley, o Espírito a exercer decisiva função em todas as oportunidades favoráveis. Será evidentemente "sensitivo" aquele em que esse fato possa ocorrer mais vezes e mais acentuadamente, por estar a individualidade eterna, por suas conexões nêuricas, mais fracamente aderida à estrutura fisiológica. Mas é preciso não esquecer que todos nós normalmente sonhamos. E há quem se refira ao fato de terem sido os sonhos que primeiro indicaram ao homem a existência de um ser não físico. Inclusive em se considerando mesmo alguns sonhos conduzidos dentro de algumas patologias nervosas. E, transportando-nos para o sono artificial, abriu ele, amplas, as portas à compreensão do fenômeno.

O Sono e o Sonho

Embora já tenhamos abordado o assunto do sono e do sonho (Desligamento Psíquico - O sono e o sonho, capítulo VIII) será útil retomá-lo, para as considerações que se seguem.

Lombroso identifica o que ocorre em geral no sono, por ele aprofundadamente estudado, enumerando: a) hiperestesia; como dissemos acima; ou seja, maior agudeza dos sentidos; b) maior sugestionalidade; c) memória mais compreensiva; d) memória de fatos desapercebidos ou esquecidos; e) atividades da vida atual, preocupações.

Podem-se acrescentar as atividades do inconsciente passado, vindo de camadas mais profundas.

Ao sonho presidem atos de memorização e de relacionamentos factuais. A exteriorização e atividade do Psiquismo Superior, mais ou menos acentuada, já que a atividade que diminui é a dos centros nervosos.

Na hipnose há produção de estado semelhante (não absolutamente idêntico) ao sono natural, há alteração psico-física por mecanismo de estreitamento da consciência, bloqueando-se a entrada de estímulos exteriores, mas o próprio EEG mostrará que faltam as qualidades do sono normal.

No sono natural é comum voltarem à tela consciencial fatos gravados e porventura arquivados no chamado Inconsciente, entre estes os clichês mentais fruto de nossas sintonias, sejam relacionadas ao ideal superior, ou a fatos triviais ou ainda àqueles de vibrações mais inferiores. E não devemos esquecer que ele é rico em simbolismo, dando ensejo a certas interpretações, tantas vezes empíricas.

Entre os fenômenos que são observados pelos pesquisadores no estado de sono estão exemplos de fatos simples que passaram esquecidos ou desapercebidos, e que pela hiperestesia, pelo avivamento da memória, voltaram à tela consciencial. Lombroso cita uma série de observações suas. Delboeuf conta que um sonho envolvia três personagens e só mais tarde foi verificado que seus nomes faziam parte de um manucristo que o sonhador tinha lido muito tempo antes e de que se esquecera. Brockelbank perdera uma faquinha e seis meses depois sonhou que a havia deixado num bolso, encontrando-a. Bickford Smith localizou em sonho o alfinete de gravata que deixara dentro de um livro em sua biblioteca. Senhoritas Crellin, Flora e Simons acharam em sonho jóias que davam como perdidas. Herber achou, indicada pelo sonho, uma carta de certa importância que se perdera. E assim por diante. Poderá parecer coisa sem maior importância tudo isso, jóias, faquinhas, mas o importante é a análise do fato em si. São rotulados esses exemplos de criptomnésia e sentimos que até aqui não é necessário trazermos à baila a possibilidade de interferência da alguma personalidade estranha...

O avivamento da percepção - memória mais compreensiva - reúne citações como a de certo senhor Hayes, que tentava resolver problemas de geometria e que esbarrara em um deles. Em sonho, vê a figura geométrica que representa a solução do caso. Desperto, resolveu-o sem dificuldade. O Dr. Frederick Grant Banting estudava as funções do pâncreas e somente em sonho relacionou a insulina ao diabetes. Assim, o grande médico canadense soluciona um dos graves problemas dantes insolúvel. É uma citação de Imbassay (Hipóteses em Parapscologia. Davey refaz em sonho cálculos contábeis e descobre o erro que procurava (citação de Lombroso). Friedrich Kekulé, químico, estudando o benzeno, sonha com a figura de um hexágono formado por cobras (altamente simbólico), prediz a estrutura molecular do benzeno, depois plenamente confirmada, e que vem a ser um passo avançado no estudo da Química. Citação de Laurence Cherry, em "Seleções".

A exteriorização da sensibilidade em sonho é citada por Lombroso no caso, especialmente, da senhorita Masons, que vê, no escuro, objetos e a tranca da porta no quarto em que dormia.

Fatos completamente ignorados farão parte dos exemplos citados como sonhos premonitórios, inclusive os de previsão de morte. As fantasias dos sonhos são, no dizer de Imbassahy, os esconderijos da alma. A senhorita Corleton sonhou com uma amiga já desencarnada que veio avisá-la da própria partida, o que com efeito ocorreu. Uma irmã de Arabela Barret fez com esta o mesmo. Um certo senhor Peterson, se não descobriu a própria morte, pelo menos o autor de um desfalque, de suas preocupações. Isso tudo para não irmos mais longe e focalizar o que conta a história de José do Egito com seus célebres sonhos premonitórios.

Por vezes a voz humana em sonho assume o comando dos fatos premonitórios acordando a pessoa numa ação imperativa. E o velho inspetor de uma ferrovia ouviu por três vezes a recomendação: "Olha a ponte!". Na terceira inspeção é que deu com o perigo que pôde evitar. O capitão Brighton ouviu sonhando: "Estás para afundar" e só verificou o risco iminente com a reiteração da advertência. Pôde salvar o navio e a vida. São todos exemplos de Lombroso em "Hipnotismo e Mediunidade". Cenas à distância ou clarividência, em sonho, é o que ele nos conta da senhorita Loganson, dos EUA, que vê o assassínio do irmão e depois, diligenciando, tem a exata noção de todas as circunstâncias.

Teria sido em sonho que José de Nazareth recebera a recomendação de se dirigir com Maria e Jesus para o Egito.

Recentemente "Jornal Espírita" (fevereiro 78) publicou interessante relato sobre a providencial ação concreta de um percipiente desdobrado em sono natural.

De tudo isso se infere a existência como fenômenos anímicos decorrentes do estado de sono natural, daqueles que dizem respeito ao desdobramento, à exteriorização. E fica comprovado, pelos dados acima, que também ocorre a ação de outra personalidade, embora que não obrigatoriamente na totalidade dos exemplos. Essa influência poderá ocorrer: a) durante o sono; b) ao despertar; c) num estado intermediário, penumbroso, ou até em vigília mesmo, no que seria um como que sonho, por momentânea diminuição da atividade, de alerta. Lembra a referência muito comum de quem diz que estava "no mundo da Lua"... Sempre um afrouxamento dos laços entre o Psiquismo superior e o cerebral.

CAPÍTULO XXIII

PROCESSOS E ESTADOS DE LIBERTAÇÃO DA ALMA

Temos vistos seguidamente alguns fenômenos anímicos e a ação magnética que se faz sentir no âmbito desses fenômenos. Extrapolamos, por vezes, à área contígua, da fenomenologia mediúnica, e não há como fugir a tal. Consideraremos agora os estados e os processos conducentes à realização dos mesmos. Já havíamos, de início de nossas notas, procurado fixar certos conceitos, como o de "estado". Assim, dá-se o nome de transe ao estado da criatura decorrente de baixa tensão psíquica, intermediário entre outros mais definidos: transe sonambúlico, transe hipnótico, transe mediúnico...

Aliás, transe mediúnco é muitas vezes tido como sinônimo de "incorporação". Vamos além: Estado de vigília é aquele em que a consciência está desperta. Entre a vigília e o sono temos um período penumbroso chamado por alguns de bordelandismo. Há quem identifique em certos pacientes um estado de vigília de algum modo relativo, em que se observam certos automatismos semelhantes ao sonambulismo, porisso chamado de vigilambulismo. E assim por diante. Estes diferentes estados em que uma pessoa se encontre ou mesmo busque encontrar-se, não são eles que, por si mesmos, produzam propriamente fenômenos. Facultam ou criam condições para que estes ocorram.

Há estados que propiciam o processo de libertação da alma. Dir-se-á de libertação do Psiquismo Superior, do Subconsciente. Emancipação da alma, como prefere dizer Kardec (Cap. VIII de "O Livro dos Espíritos"). Para Gustavo Geley, em "O Ser Subconsciente", a síntese psíquica é realizada graças à harmonização de dois psiquismos, um inferior, cerebral, outro superior, independente. No próprio sono haveria a registrar-se uma descentralização, exaltando-se o superior. Na consciência normal, a colaboração dos dois psiquismos. A atividade mais ou menos liberada do superior traduz-se por manifestação de lucidez. Falhas na direção desses psiquismos resultariam em subpersonalidades e automatismos. Já que tocamos no sono novamente, digamos agora que Gibier chama de pseudo-sono os estados especiais que se lhe assemelham, em que estejam presentes: uma força anímica, a do operador; a atitude (elemento condicionante por excelência); a palavra ou o comando mental. E o mesmo Gibier chama a isso de Hipno-magnetismo.

Antes de situar o hipno-magnetismo é justo recapitular o estudo das sugestões dirigidas. Na vida comum, exercemos e sofremos influências sugestivas de toda ordem, em vários graus, variando as condições de adesão, em vários graus, variando as condições de adesão ou de passividade às sugestões recebidas. André Luiz nos fala em "Mecanismos da Mediunidade" na hipnose vulgar, em que o paciente é capaz de plasmar formas-pensamento que lhe sejam sugeridas, as quais reagem determinando efeitos. Produzem-se oscilações mentais que entram em sintonia com as ondas de força de magnetizador e voltam com as sugestões a ele endereçadas.

Quem acompanhou a seqüenciação histórica desde Mésmer até Braid lembra-se de que o magnetismo animal, condenado pela ciência da época, fato que tem reflexos até hoje, seguiu-se à descoberta do Hipnotismo. Este é considerado a rigor apenas um dos aspectos do magnetismo, um ramo especializado desde, naturalmente relacionado ao chamado "sono nervoso". Embora na ação hipnótica se faça uso de drogas ditas hipnogógicas (clorofórmio, éter, cloral, cocaína, morfina, LSD etc) muitos hipnotizadores como Richet, Rochas usam o processo de passes magnéticos. Ora, magnetizar significa utilizar fluídos magnéticos. Talvez se considerem indiferentemente os dois processos, daí a alternativa empregada por Gibier, de chamar hipno-magnetismo. Bué diz mesmo francamente que "quem acredita magnetizar hipnotiza; quem julga hipnotizar magnetiza" (Magnetismo Espiritual, Michaelus, FEB). As explicações mecanicistas das escolas materialistas não fazem referências ao fluído. Lapponi não considera existir nenhum fluído magnético. Haveria só estímulos físicos e psíquicos. Também para Bernhein a hipótese é a da sugestão simplesmente. Mais lógico seria entendermos que o relacionamento se passa como num circuito elétrico, a passividade se processando por mecanismo de circuito fechado, por meio do campo magnético formado entre agente e paciente. Anotemos que, mesmo sem intenção deliberada, o operador é capaz de influenciar em maior ou menor escala um indivíduo passível. Ele obedece a uma ordem mesmo mental, sem palavra articulada ou mediante atitudes ou gestos condicionantes. Pode até haver uma ocorrência espontânea, consciente ou inconsciente, por parte do "sujet" e o mesmo Geley nos conta que ensinou aos seus pacientes um meio de resistir ao sono magnético contra a vontade.

Os processos citados, de hipno-magnetismo, levam, temos insistido, à liberação de uma energia psíquica; à libertação do psiquismo superior, a emancipação da alma, a um certo estado em que se verifica o desdobramento. Para Geley "o menor grau de hipnose é já um início de desdobramento. Este mesmo autor, merecedor de nossas citações freqüentes neste estudo, nos diz que o pseudo-sono hipnótico, em gradação de profundidade, compreende: 1- Fascinação; 2- Catalepsia; 3- Sonambulismo; 4- Letargia; 5- Sonambulismo lúcido; 6- Êxtase; 7- Desdobramento propriamente dito ou desdobramento completo. Este desdobramento se manifestaria por um estado de êxtase falante ou pela morte aparente. Compreende-se que estamos no limiar do desprendimento ou seja, da morte física... Pierre Janet enumera: 1- Catalepsia; 2- Catalepsia letárgica; 3- Catalapsia sonambúlica; 4- Letargia cataléptica; 5- Letargia; 6- Letargia sonambúlica; 7- Sonambulismo. Rochas, Charcot e Lappooni citam basicamente: 1- Letargia; 2- Catalepsia; 3- Sonambulismo.

CAPÍTULO XXIV

FENÔMENOS FÍSICOS E PSÍQUICOS NOS HIPNOTIZADOS

Se partirmos de considerar os estados de libertação da alma, fixemos que indivíduos normais podem ser objeto dos processos que resultam nesses estados, até porque o sono natural é o germe de todo esse processamento. Mas não é justo desconhecer que são predisponentes certas condições patológicas, como as intoxicações, a histéria, a oligofrenia, e assim outros, o que motivou o enquadramento apressado de todo o paciente relacionado com tais estados na área da psicopatologia, do que se faz modernamente a necessária revisão conceitual.Coincidem as disposições físicas que facilitam ao Espírito desprender-se mais facilmente.

Já anotamos que, simplificadamente, os estados de libertação por hipnose incluem a letargia, a catalepsia e o sonambulismo. Ora, o sonambulismo, por exemplo, obtido artificialmente por Puységuir, é semelhante ao quadro do sonambulismo natural, é o que mais se aproxima deste. Então diremos que esse estados podem sobrevir naturalmente ou serem provocados.

Estaremos no chamado pequeno hipnotismo se em qualquer destes três estados referidos. E no grande hipnotismo se as manifestações se somam ou se sucedem, atingindo uma forma ulterior mais completa. Nas pessoas sujeitas espontaneamente ao pequeno hipnotismo será mais fácil suscitar artificialmente outros estados, passando então ao grande hipnotismo, principalmente com os sonâmbulos, talvez por mais numerosos. Por que tenhamos mencionado já automatismos, lembremos que Richet fala em hemi-sonambulismo e para justificá-lo reúne fenômenos automáticos sem alteração de consciência (automatismo parcial). Percebe-se que não se trata exatamente do que ele denomina vigilambulismo.

Para Chambard as ações desencadeantes dos estímulos, na hipnotização, seriam ditas: a) físicas, como a eletricidade; b) senso - riais (ações bruscas, rápidas); c) mecânicas (choque violento no corpo); d) psíquicas (impressões morais); e) finalmente, tóxicas.

Uma descarga elétrica, a movimentação rápida da cabeça, o ruído ou abalo súbito, uma impressão luminosa forte podem resultar num estado de catalepsia. Batidas de relógio, vibrações de um diapazão, compressão do globo ocular, fixação do olhar em convergência podem resultar em letargia. Tóxicos podem resultar em letargia ou sonambulismo. Ações simultâneas farão surgir as manifestações que se fizerem mais fortes.

Guiemo-nos por Lapponi (O Hipnotismo e o Espiritismo) e anotemos mais:

LETARGIA - Siguinifica sono mórbido. Para alguns, a primeira fase da hipnose, enquanto Lapponi nos diz que se pode iniciar por quaisquer dos estados. Para Liébault possui quatro graus, para Lapponi, dois (vulgar e lúcida). Charcot ensina a distinguir a verdadeira da simulada: como há o exagero dos reflexos tendiosos e hiper-excitabilidade neuro-muscular nesse caso, excitando-se um nervo determinado contraem-se exatamente os músculos movimentados pelo referido nervo. Se assim não se der há simulação. Desperta-se o letárgico soprando-lhe a face. Às histéricas, comprime-se-lhe o abdomem à altura dos ovários. Uma pressão no alto da testa fá-lo mudar de estado para o sonambulismo. Se lhe abrirmos as palpebras, fazendo sobre os olhos projetar luz viva, pasasará à catalepsia. Se o fizermos a só uma das pálpebras e a um dos olhos, teremos a hemi-catalepsia letárgica. Isso mostra bem a proximidade absoluta desses estados entre si.

CATALEPSIA - Permite reconhecerem-se pelo menos três graus: simples, facinação e extática.

No primeiro caso, olhos abertos e fixos, paciente impassível, reflexos musculares mínimos. Membros na posição em que se os puser. As faculdades psíquicas persistem. São impressionáveis, pelos gestos principalmente. No segundo caso, o paciente reproduz automaticamente ações, mas uma débil consciência persiste. No terceiro, a atividade passiva subsiste ainda (atos mecânicos), mas a consciência, a memória, a imaginação se acham exacerbadas. Moderada flexibilidade dos membros, embora rígidos. Também o cataléptico será despertado soprando-o. Também aqui poderá passar ao sonambulismo, bastando uma fricção no alto da testa. Se lhe abaixarmos as pálpebras, passaremos o paciente ao estado de letargia. Se o fizermos a uma apenas, haverá hemi-catalepsia letárgica. Há quem relacione a catalepsia com o faquirismo, chamando-a de faquirismo ocidental.

SONAMBULISMO - É o sono magnético. Paciente com olhos fechados ou semi-cerrados, parecendo dormir normalmente. Respiração e circulação mais ou menos normais. Membros relaxados. Não há excitabilidade neuro-muscular. Não se lembrará em vigília do que ocorreu na fase sonambúlica. Esquecerá do que for mandado esquecer (nem verá o que for mandado não ver...). É, pois, suscetível de obedecer à sugestão hipnótica (intra-hipnótica e post-hipnótica). Parece, contudo, possuir um certo grau de vontade que não se encontra no automatismo da catalepsia. "Vê", sente, entende idéias que lhe sejam projetadas à mente. Há transposições dos sentidos (efeito evidente do desprendimento). Há casos de substituição da personalidade (ou simples representação?) ou mesmo de desdobramento da personalidade.

Ochorovicz considera no sonambulismo o sono profundo e o sono lúcido, Bué distingue: a) a fase em que o paciente dorme e não fala; b) em que fala e nada vê, concentrado em si mesmo; c) em que sente a presença do magnetizador e em que surge a clarividência.

Estamos trazendo uma simples visão panorâmica e pretendemos continuar a tarefa de recordar os fenômenos que ocorrem com os hipnotizados.

CAPÍTULO XXV

PSEUDO-SONO HIPNÓTICO: UM CAMPO DE PESQUISAS

Se considerarmos de um modo geral os diversos estados do pseudo-sono hipnótico, vejamos em resumo aspectos particulares que eles apresentam para seguir adiante em novos raciocínios:

a) alheiamento aos estímulos externos por mecanismo de bloqueio psíquico, salvo em relação ao hipnotizador ou por sua vontade;

b) inteligência mais ou menos obscurecida (a inteligência, como a entendemos normalmente);

c) conhecimento paranormal; leitura do pensamento, leitura de texto, clarividência...

d) memória avivada, sobretudo a memória temporal com vistas à ação post-hipnótica;

e) amnésia lacunar com relação aos comemorativos da fase. Recordação crepuscular em alguns casos. O descumprimento de alguma ordem recebida, inda que por motivo relevante (efeito post-hipnótico) impõe pelo menos uma vaga inquietude;

f) vontade nem sempre abolida de todo. Permanece a censura, de certo modo, caracterizando-se pelo repúdio ao que seja amoral, podendo em alguns casos despertar;

g) estratificação do caráter, não obstante as alterações da

personalidade (lembrança do estado verdadeiro);

h) superposição das sugestões recebidas (alegria/tristeza; tétrico/cômico);

i) caracterização da escrita (ora infantil, ora vigorosa, certinha ou mal talhada e assim por diante);

j) transposição dos sentidos;

Lombroso cita em "Espiritismo e Mediunidade" curiosas experiências em que estes aspectos são considerados com riqueza de exemplos. Quanto ao item "g" de nossa enumeração, é curioso destacar o caso do cavalheiro a quem o hipnotizador tentou dar personalidade feminina, mandando que se dirigisse ao "esposo" e que respondeu: "Quero desposar minha mulher!". A outro, que servisse uma xícara de café, e que respondeu: "Dirija-se a minha mulher...". A outrem, a quem induziu a crer que era Napoleão e, dando-lhe a seguir uma ordem: "Se um imperador deve obedecer, demito-me!".

Percebemos de um todo que as cousas não se passam sem obediência a umas certas condições. É imprescindivel que, pelo menos em processos mais adiantados, a onda mental do hipnotizador se case com a do hipnotizado, no que se refere a tendências e opiniões. A continuidade do exercício facilitará as operações por via do condicionamento de reflexos, permitindo mesmo adesão de moto-próprio, anulando inibições. Dir-se-á que haja uma como que invasão de nova personalidade, com a qual o paciente se identifique. Descreve André Luiz que o toque excitante do hipnotizador lança uma idéia-tipo. As mentes respondem em sintonia, mas segundo reflexos peculiares, criando suas formas-pensamento de acordo com a sua própria imaginação. Se forem fracos os recursos imaginativos, por solicitação embora, esses recursos serão escassos para a elaboração em vista. Assim é que os indivíduos incultos, sob a sugestão hipnótica, permanecem vulgares.

Mesmo sem esgotar um assunto tão palpitante, vejamos outras observações agora relacionadas à esfera física, tão mais objetivas:

a) alterações da sensibilidade táctil, auditiva, visual, dolorífica ou anestésica (não é pelos sentidos físicos que ouvem ou vêem...);

b) o pulso se altera, embora pouco;

c) aumento de temperatura sem causa especial;

d) força muscular: irrelevante, às pesquisas feitas;

e) funções da vida vegetativa, glândulas de secreção, esfíncteres e o quadro hemático sujeitos a alterações;

f) sensíveis alterações para-fisiológicas;

Façamos um destaque para o caso destas últimas. Foram observadas por influência indireta, isto é, ao contato com frascos hermeticamente fechados que continham determinadas substâncias, desconhecidas do "sujet", respostas curiosas, a saber: com cantárida, erotismo, com álcool, embriaguês; com morfina, sonolência e mesmo alucinação; com valeriana, excitação, imitação; com cloral, acalmia; com água de louro cerejo, convulsões, êxtase religioso; com brometo e amoníaco, sedação; com jaborandi, salivação, sudorese; com quinina, boca amarga, zumbidos; com impecacuanha, náuseas, regurgitações. Com a certeza de ausência de contato direto e de conhecimento de causa por vias normais, podem-se formular então hipóteses, que seriam:

1ª) auto-sugestão pela leitura do pensamento por parte do hipnotizado e adesão à vontade do experimentador, face à sua natural expectativa;

2ª) ainda auto-sugestão, mas por um mecanismo diferente, qual seja, captando qual a substância do frasco paranormalmente e uma vez estabelecida relação com esta, sofrer as conseqüências de suas propriedades farmacológicas;

3ª) sugestão partida do operador dentro do seu natural relacionamento, uma ordem mental;

4ª) a substância guardada no frasco exalaria, não obstante tão bem vedado o frasco, algum fluído próprio que a identifique ao percipiente ensejando os efeitos que lhe correspondam habitualmente.

Mais simples que com a ingestão de substância normalmente ou com os casos supra-citados de contato psíquico indireto por essas substâncias, será por força o de se registrarem alterações, sem nenhum fármaco, por simples sugestão hipnótica. Liébault cita casos de vesicações, flictenas e serosidade quer produzidas ou impedidas de ocorrer sobre a pele do hipnotizado por mera sugestão. Este, Bernheim e outros professores produziram queimaduras e vesicações e a seguir o efeito inverso. Substâncias que causariam esses transtornos, em contato direto com a pele dos pacientes quando estes nada sentiram, ao comando mental sugestivo do hipnotizador. Indagaríamos até que ponto se identificam esses fatos com o caso dos estigmatizados. Ora, a auto-sugestão, a auto-hpnose aí estão para que, correlacionando tudo, todos estes dados, reduzamos todos esses aspectos a uma expressão unitária, olhando de cima, num conjunto harmônico, as faculdades anímicas numa unidade de vistas.

Ao mesmo tempo percebemos os caminhos que se abrem aos recursos da chamada hipnoterapia, a partir dos mesmos recursos que já se desenvolvem para a cura espiritual. André Luiz nos informa que as oscilações mentais da ação regenerativa, no caso, são do próprio paciente, quando o agente apenas manipula os recursos de sua influenciação.

Em artigo do JAMB, nº 880, o diretor da Comissão Científica do VI Congresso Pan-Americano de Hipnologia e Medicina Psicossomática e V Brasileiro de Hipnologia, realizados em 1978, o colega Antônio Montera - RJ, propõe a utilização de pacientes hipniatrizados como instrumento auxiliar de diagnósticos clínicos. Busca uma integração entre Hipniatria e Psicanálise. Seriam revividas as pesquisas de Rochas quanto à regressão de memória por via de hipnose. E muitas cousas mais. Teríamos novos exemplos semelhantes ao de Edgard Cayce e naturalmente os favores resultantes dessa conquista, valiosa para a Ciência.

CAPÍTULO XXVI

SONAMBULISMO E ÊXTASE

Como temos visto, muitos são os estados e muitas as manifestações em que se pode definir o maior ou menor grau de emancipação da alma, importando também em que se registre o desdobramento maior ou menor do perispírito. Diremos, se nos ativermos a uma chave geral, que isso tanto pode a rigor ocorrer em vigília (em circunstâncias todo especiais, aparentemente normais), no sono natural a que todos somos sujeitos ou finalmente no que estamos chamando, como Geley, de pseudo-sono hipnótico. Quanto a este último, vimos de passagem as classificações de Janet, Geley, Charcot, Lapponi e Albert de Rochas.

Concluimos, porém, que nada substitui a simplicidade e a clareza meredianas com que "O Livro dos Espíritos" expõe o assunto, permitindo aquela visão unitária que deve ser buscada sempre. O sono seria um sonambulismo incompleto ou imperfeito, posto que normal, natural. Logo, o sonambulismo, um sono mais profundo. O êxtase, o aprofundamento do próprio sonambulismo. A vista dupla (designação à época) uma faculdade da alma em tudo semelhante, podendo dispensar o sono. A letargia e a catalepsia da mesma natureza essencial, traduzindo estados de emancipação ou libertação transitória da alma.

Delanne diz que a alma vela enquanto o corpo dorme. Aprofundando-se o sono, por circunstâncias que podem estar na órbita dos fatos psicopatológicos ou bem no limiar entre estes e os chamados paranormais, o certo é que a independência da alma é mais completa e com isso há maior amplitude de suas faculdades. Não é demais repetirmos que Kardec vê no sonambulismo uma luz projetada sobre a psicologia. "É aí - diz ele - que se pode estudar a alma, porque é onde ele se mostra a descoberto".

Literalmente, sonambulismo seria a capacidade de caminhar dormindo; mas o termo se especializou. Há casos em que o paciente como que sonha alto, aparentemente conversando com a pessoa ideal do sonho. Temos a observar os seguintes fatos:

1 - disposição de deambular;

2 - perda de lembrança do que se passa nessa fase;

3 - "visão" sem olhos. Lombroso cita o caso de um padre sonâmbulo que preparava habitualmente o sermão quando nesse estado. Interpuseram obstáculo à vista e ele continuou a fazer o trabalho e mesmo até a corrigir o que escrevia, tudo automaticamente;

4 - discernimento. É o caso citado do farmacêutico que dosava as receitas quando nesse estado. Formulada propositadamente uma receita errada, com dose excessiva de estriquinina, ao tomá-la em mãos, monologou: "Não preparo esta poção. O doutor errou a dosagem". Não era, pois, um mero autômato como algures se pensou. O automatismo existe, mas sem prejuízo na capacidade de discernir.

Voltando ao problema da visão sem olhos, Debay admitia a hipótese, pouco lisonjeira para ele próprio, da existência de ramificações do nervo óptico por todo o corpo, sem embaraço de não existirem logicamente câmaras ópticas, tão especializadas como soem ser as da visão do corpo físico. Também houve quem pensasse numa atuação dos corpos à distância sobre o sonâmbulo. Este estaria num estado de excitação do sistema nervoso, super-excitado por uma idéia fixa, capaz então de sentir emanações dos corpos em sua vizinhança qual como é capaz de captar os pensamentos dos circunstantes. A cousa não é tão complicada assim e embora ele faça eco dos pensamentos porventura encontrados na mente dos que se lhe aproximam, longe estaria de ser apenas um instrumento que os refletisse. Quando ele revela o que não sabemos, o que nenhum dos presentes poderia estar pensando, fica de certo modo comprovada a independência do Espírito. Tal essa independência, por vezes há os que falam na terceira pessoa com relação a eles próprios.

Sonambulismo artificial

Partiu Puységur do Sonambulismo natural e conseguiu magnéticamente o mesmo estado, ou o que mais se aproxima dele. Du Potet e Deleuze foram dedicados estudiosos do assunto. Resumamos algumas observações sobre pacientes nesse estado hipnótico:

1) Insensibilidade da pele (volta a sentir, cessada a hipnose, as conseqüências dolorosas dos danos causados);

2) Insensibilidade à aspiração de amoníaco e drogas equivalentes;

3) Insensibilidade auditiva, exceto para o magnetizador ou à sua ordem;

4) Leitura do pensamento;

5) Transposição dos sentidos (pacientes em maior ou menor lucidez, capazes de "visão" às vezes incompletas, que "lêem" pelo epigástrio ou "ouvem" pela palma da mão e assim por diante);

6) "Visão" à distância (clarividência);

7) Premonição.

Há algumas considerações que precisam ser feitas a respeito de tudo isso. Assim, os pacientes, por seu corpo fluídico, na verdade não estão em plenitude de desembaraço do corpo físico; não estão em condições que lhes permitam verem com clareza e saberem tudo, antes ocorre que não vêem tudo e se enganam por vezes. Não podem informar o que não lhes seja permitido, como também os Espíritos não podem. Não precisam da palavra articulada para o diálogo com o Plano Espiritual, comunicando-se com os Espíritos diretamente. Usam muitas vezes o conhecimento próprio, que dormita no Espírito, isto é, recordam-se do que sabem, embora imperfeitamente, por influência da matéria. "Vêem" fora do corpo, embora julguem tantas vezes precisar do corpo físico para isso. Nesse caso, a "visão" estará onde é maior a atividade vital-cérebro, epigástrio...

A lucidez sonambúlica se desenvolve pelo exercício. Como o sonâmbulo age por si mesmo (É o Espírito que se desprende com o perispírito), ainda que tenha, como habitualmente, contato com outros Espíritos, que o assistem, é ele que vê e dispõe ele próprio de seu aparelhamento físico, enquanto que o médium é instrumento de outrem. A menos que ocorra outra hipótese, que o aparelhamento seja usado, como na mediunidade, por outro Espírito, sendo o paciente sonâmbulo. É o caso então da mediunidade sonambúlica.

Um percipiente poderia, ou por cansaço ou por interesses escusos, fingir lucidez, como alguém poderia simular o transe mediúnico. Mas não enganaria por muito tempo.

O sonâmbulo natural pode desenvolver uma capacidade grande de imaginação espontânea. Já o hipnotizado é suscentível às sugeridas pelo hipnotizador. Daí as experiências de substituição de personalidade.

Êxtase

No êxtase a alma é mais independente que no sonambulismo. É um sonambulismo mais apurado. Há privação de sensibilidade, ficando os pacientes imóveis. Há exaltação da mente. Às vezes há mais exaltação do que lucidez, aquela prejudicando mesmo esta, com tendência franca à fascinação. Perda de noção de espaço, tempo e realidade. Dir-se-á que o sono e o sonambulismo nos mantém nos ambientes terrestres enquanto o êxtase nos transporta a mundos distantes, com sensações inefáveis. O paciente declara por vezes estar no gozo da beatitude celeste e há uma expressão clássica dizendo que "está com um pé no limiar da Eternidade". Eis quando se deixa levar por suas idéias fantasiosas ou mesmo pode tornar-se joguete de Espíritos mistificadores, conquanto exprima-se em linguagem moldada aos próprios preconceitos. Difícil lhe será distinguir o real do imaginário quando vê e compreende o que seria a felicidade dos que habitam outros planos de vida.

Plotino (207/270), da escola neo-platônica, panteista, declara que a alma em êxtase unia-se à Divindade.

Pode ocorrer um êxtase natural por ação de agentes externos somada a uma alta sensibilidade nervosa, uma certa tendência. Também a heroina, o LSD podem levar a isso.

O sonâmbulo, vítima de certas doenças, com uma febre muito alta, pode ser levado ao êxtase.

Foram extáticos os místicos como Teresa de Jesus e João da Cruz. A tendência mística terá ensejado em muito a caracterização do estado, prelibando a vida ascencional que os aguardaria em Espírito, quando livres.

No êxtase há risco de ruptura dos laços da matéria. O transbordamento do entusiasmo, na convivência da alma emancipada com as regiões ignotas onde descortina a felicidade ambiente, pode levar à ruptura, sendo necessário advertir sempre, em casos de riscos, que o desrespeito às regras, antecipando o desprendimento, é razão bastante para que o Espírito se prive das benesses que antegoze.

CAPÍTULO XXVII

LETARGIA E CATALEPSIA

Temos considerado os diversos estados que importam na condição de realtiva liberdade da alma, diante dos quais se tornam possíveis determinados fenômenos. Este vão da própria vigília aos mais profundos afastamentos da alma. Vimos o que se passa no aprofundamento do sono, que deve guardar um certo relacionamento com o desprendimento mediúnico. Estudamos o pseudo-sono hipnótico, fixando-nos nos três estados mais característicos, a letargia, a catalepsia e o sonambulismo. Naturalmente, nestes casos, enumeram-se requisitos - e talvez pudéssemos dizer pré-requisitos - para chegarmos a quaisquer deles. Citam-se, por exemplos, certas condições higieno-dietéticas favorecedoras. Importam a decorrência de tempo, a continuidade, a paciência, o exercício constante e metodizado; um ambiente físico e psicológico propício; a palavra, o gesto, algo sugestionante, para que se faça estabelecer um relacionamento psíquico cada vez mais franco. Esse relacionamento irá a ponto de permitir até mesmo uma ação à distância. As primeiras experimentações darão escassos resultados. Educar-se-á o hipnotizador no comando de sua própria força psíquica. E policiará ao máximo seus próprios sentimentos, em termos de elevada ética.

Variam então as técnicas bem como as condições do paciente. A fadiga, a confiança, a inércia, a fixação de um ponto distante reduzindo o eixo ocular; o contato pessoal, desviada a atenção como por exemplo pelas batidas de um relógio, pela vibração do diapazão; a presença de um imã; tudo isso pode ensejar uma letargia, segundo Lapponi. Já uma impressão luminosa forte, um ruído súbito, violento, um abalo inesperado, uma descarga elétrica, a elevação térmica, podem começar uma catalepsia. Tóxicos dão ensejo ora a letargia, ora a sonambulismo, segundo as mesmas fontes.

Letárgico é aquele cujo sono tem todas as características de morbidez. Há uma vitalidade latente, mas que ainda não foi aniquilada. Na prática, não há como confudí-lo com o cataléptico, cujo automatismo lembraria antes um "homem-máquina", com controle remoto. Em ambos, a alma se encontra emancipada, mas ligada ao carro fisiológico. Em todos estes estados há desdobramento do corpo perispirítico.

Esse afastamento de perispírito é considerado a razão bastante para que se explique a insensibilidade do paciente. Já estudamos aqui o desdobramento, a exteriorização motora e sobretudo a sensitiva. O fluído perispiritual, em se retirando da superfície corpórea, importaria nessa insensibilade. É bom lembrar também o que nos diz Allan Kardec em "A Gênese", aventando outra hipótese:

"Poder-se-ia também admitir que, em certas circunstâncias, no próprio fluído perispiritual uma modificação molecular se opere, que lhe tire temporariamente a propriedade de transmissão".

Diremos, nesse caso, que o comando da mente poderá estabelecer condições tais. (Ver Cap XVII).

Num interessante trabalho, abordando o assunto, Muldoon e Carrington acham que a consciência da criatura só intervém após o primeiro instante do desdobramento, não registra esse instante como também o exato momento do despertar, mesmo quando se trate de desdobramento que eles chamam de consciente. Falam-nos eles, desenvolvendo extenso raciocínio, no desdobramento consciente, no semi-consciente e no inconsciente. Para esses pesquisadores o desdobramento, que eles preferem chamar de projeção astral, pode ocorrer com o perispírito não movente, isto é, com o corpo perispiritual rígido e sem recordação de percurso desse afastamento; ocorreria isso por excelência na fase inicial do desdobramento. Eles chamam essa fase de catalepsia astral; e em contrapartida chamam a fase subseqüente, aquela movente, de sonambulismo astral.

Ora, normalmente, pelo comando da vontade ou porventura por um influxo determinante, mesmo que estranho (algo magnético, naturalmente) a alma e seu envoltório fluídico são compelidos ao volver ao corpo.

Nesse rol se incluirão os casos de morte aparente e a casuística elevada tem dado muito o que pensar. Os que retornam tem podido narrar essas viagens ao Mundo Espiritual e, se são elas coincidentes entre si, em nada ficam a dever ao que nos informa os Espíritos, autenticando com isso as mensagens mediúnicas. Virão a exame as modernas experiências de cunho científico, como as de Elizabeth Kobler Ross, que tem ocupado as páginas de revistas. Vamos, porém, levar os leitores aos curiosos exemplos de letargia e de catalepsia que encontram em saudosa revista, que já não se edita mais em Paris, aquela fundada pelo próprio Codificador do Espiritismo.

Em 1958 a Revista Espírita citava o caso de letargia extática ocorrida nos EUA. Uma senhora de Baltimore voltara da letargia e contou que viajara orientada por uma filhinha desencarnada; gozara as delícias do Céu - diria ela - mas voltara para despedir-se. Com efeito, desprendeu-se a seguir. A mesma revista em edição de 1863 conta-nos o caso de um doutor Cardon. Retornou da *viagem* inspirado, despediu-se cheio de fé, que antes não evidenciava. E desligou-se de vez. Por evocação, veio explicar que durante o sono letárgico pôde situar-se sem maiores dificuldades; com o desligamento passou pela perturbação. Curioso: no primeiro momento citado (preso à matéria) houve lucidez. Ao desprender-se teve embaraços. E procurou explicar-se: "- Muitas vezes fizestes a evocação de um encarnado e recebestes respostas reais. Eu estava nessa situação. Pude ver o infinito da grandeza divina e dela dar conta. Eu era o intérprete de um outro mundo..."

Quanto à catalepsia, a revista de 1866 cita o caso da cataléptica de Suábia, jovem camponesa iletrada que nesse estado gozava de extraordinária lucidez. Em edição do ano seguinte registra o caso dos árabes argelinos, que visitaram Paris em espetáculos incríveis de fenomenologia anímica, sobretudo a invulnerabilidade, graças ao estado cataléptico que apresentavam.

Se quizermos ir mais longe, teremos as páginas do Novo Testamento com os exemplos citados da filha de Jairo ("-Esta menina não está morta, mas dorme"); aquele do filho único de uma viúva da cidade de Nain("- Levanta-te, eu te ordeno!). Ora, Jesus mesmo dissera que não veio destruir a Lei; logo, o que com estas criaturas se passou também ocorreu com o seu amigo Lázaro, o irmão de Marta e Maria de Betânia. Lemos em "A Gênese" que "quando as últimas moléculas do corpo fluídico se tem destacado, ou quando já chegado a um estado irreparável, impossível se torna o regresso": e em "O Livro dos Espíritos": "Desde que um homem, aparentemente morto, volve à vida, é que não era completa a morte".

O assunto comportaria digressões e sérias incursões em termos de caracterização do fenômeno da morte, tese palpitante em torno da qual a Ciência acadêmica ainda se bate. Esta, que é ainda incapaz de fornecer-nos uma definição satisfatória da própria vida...

CAPÍTULO XXVIII

FENÔMENOS ANÍMICOS EM NEUROPATAS

Como ponto de partida para o estudo de hoje, fixemos bem a noção de que todos os fenômenos relacionados com a alma são anímicos por definição de termos. Assim os que constituem as manifestações da personalidade - normais e habituais - como os anormais - da esfera psico-patológica - e naturalmente, aqueles paranormais, objeto de pesquisas de quantos já os não podem negar nem furtar-se a distingui-los. Diremos que são os fenômenos anímicos propriamente ditos. Antecipa Geley que "todos os fatos obscuros de uma e de outra (da psicologia anormal e da paranormal) são como elos de uma mesma cadeia".

É preciso não nos esquecermos de colocar nisto tudo um adendo para lembrar as associações, as áreas de confluência e mais, que há a interferência dos Espíritos. Lembrar, assim, que há a auto e a hétero-obsessão e neste último caso teremos passado da fenomenologia anímica pura e simples para a anímico-espírita ou mista.

É neuropata todo aquele que apresenta certa ordem de desajustes espelhando-se por alguma patologia dominante na esfera do psiquismo.

E ninguém ignora que, em sua função plasmadora e reguladora, o perispírito é altamente sensível ao comando da força mental ou mento-psíquica, regulando-se pela Lei da Causalidade as deficiências de toda ordem, quer expressando-se no comportamento psíquico quer através de deficiências físicas ou de ambas. Teremos então os deficientes físicos, mentais, mistos ou - mais grave ainda - os deficientes físicos com transtornos de franca neuropatia. Se procurarmos causas atuais, encontraremos as que são ditas genéticas, hereditárias, congênitas, tóxico-infecciosas, endocrino-metabólicas e mesmos acidentais.No entanto, a verdadeira origem do desiquilíbrio, a causa mais remota é aquela que terá ditado à mente a formação de uma estrutura somato-psíquica hábil, preparando-se para os ajustes com os gravames relacionados aos débitos e com os créditos adquiridos, ou sejam os méritos e os deméritos. É então o passado que se faz cada vez mais presente e atuante em cada novo ser, assim como se gravam na cera as vibrações mais sutis que se transformarão na melodia harmoniosa ou desarmônica, na rítmica dos nossos impulsos e no curso de nossas tendências inatas.

Cada deficiência ou cada passageiro desajuste reflete o que fomos, o que devemos à Lei, quer sejam o que já trazemos selando a nossa contextura cerebral quer venham a ser adquiridas, incluindo-se os comemorativos traumáticos, infecciosos, toxêmicos; os fatores sociais ou educacionais causadores de impactos.

O campo vibratório eletro-magnético, repositório das forças criadoras da mente, gênese primeira do pensamento, da vontade, fornece ao perispírito o mapa arquitetural do que seremos contingentemente em cada encarnação. Eis que se torna possível vislumbrarem os estudiosos certa independência do princípio pensante com relação à base orgânica da estrutura neuro-cerebral, em que deve assestar-se para o comando supremo da organiazação humana como um todo. Colhemos em Imbassahy uma afirmação muito a propósito, de Nicolas Pende, segundo a qual "as funções mais elevadas do Espírito, consciência e vontade, não estão subordinadas nem à forma nem à fisiologia do corpo, mas apenas coordenadas por ele" ("A ciência moderna da Personalidade Humana"). Daí vermos que a gênese primeira dos conflitos vão desaguar nas causas mais atuais, de superfície. E a Psicanálise, valiosa embora, será incompleta enquanto não buscar no pretérito remoto, no Inconsciente Passado, as outras vidas...

Partindo daí, considerando agora as neuropatias em geral e em particular a histeria, acompanhemos o raciocínio de Geley: a alma, representada pelo que ele chama de "ser subconsciente", preenche defeituosamente esse seu papel diretor e centralizador, utilizando desigualmente os seus recursos orgânicos, assim os sentidos. Como a falha é da direção central (na histeria, por exemplo) e não propriamente orgânica, não havendo esse substrato, não há por sua vez alterações fixas que reflitam o quadro. Defeituosamente conduzido pela força diretora, pelo comando mental, os desajustamentos surgem e flutuam ao capricho das sugestões dominantes. Teremos anestesias, hiperestesias, contraturas, paralisias inconscientes, que mudam entre si e não param em um lugar. E até passam muitas vezes de um paciente a outro... Ora o problema é de motricidade, ora de sensibilidade. Ora são excitações, ora depressões ou até perversões de sensibilidade e mesmo incoerências. Basicamente há problemas funcionais sem lesões orgânicas que lhes correspondam ou que retratem a extensão do quadro. Henrique Roxo, citando Babinski, distinguindo o histerismo (ou ptiatismo) do nervosismo puro e simples, declara mais que "o termo caberá somente para o que for criado pela sugestão e removível pela persuasão".

Acentuando o aspecto de desajustamento entre a estrutura psíquica e a engrenagem física, Geley nos lembra os casos de inadaptação por inconformar-se o Psiquismo de categoria mais elevada com uma organização cerebral deficitária, criando o que chama de "neuropatas superiores", encontrando-os nos gênios, nos filósofos, nos escritores, nos místicos, nos sábios, nos artistas que apresentam qualidades e reações contraditórias, e que constiui ponto de contato com os "neuropatas inferiores".

Estabelecida a conceituação de independência e, porque não, de certa interdependência dos dois sistemas - o Psiquismo superior e o cerebral -, teremos agora mais facilidade de aceitar, nos casos de alterações de personalidade, as seguintes hipóteses: a)Pseudopersonalidade da própria subconsciência inferior, fruto de sugestões ou auto-sujestões, alimentadas pela imaginação (uma espécie de representação); b) Manifestações fragmentárias do ser subconsciente. O Psiquismo Superior, o Espírito, de certo modo exteriorizado, apresentando concomitamente deslocamentos de sensibilidade; c) manifestações de uma das personalidades anteriores do "sujet"; d) manifestações de uma personalidade estranha (um Espírito) constituindo-se então em canal mediúnico.

Podem então conviver situações diversas, como dissemos antes.

Lombroso cita inúmeros casos de pacientes neuropatas nos quais observou a presença de fenômenos tipicamente de natureza paranormal, sobretudo transposição de sentidos, transmissão de pensamento e profetismo (premonição).

Ora, se os fenômenos de ordem paranormal ocorrem em

neuropatas - também com estes ocorrem - longe estará de significar essa circunstância que todo o "sujet" deva ser tido por neuropata, o que seria uma dedução descabida de lógica. Mas, verdadeiro será admitir que, entre estes e aqueles um dado, pelo menos, é comum. Poderemos talvez dizer que seja a faculdade dissociativa entre os psiquismos, ou seja, a capacidade de o Espírito libertar-se, de certo modo, dos liames físicos. Será por isso que Sollier, citado por Lombroso, nos fala da hipótese do "sono local" para justificar as manifestações da alma buscando alheiamento à realidade consciencial. Com isso se aproximam o mecanismo da "ausências" do das exteriorizações paranormais...

Observando pacientes em crise, Lombroso cita inúmeros casos de sua clínica e da observação de ilustres colegas, seus contemporâneos, a maioria desses casos em jovens e do sexo feminino.

Muitas eram pessoas que, entrando em sonambulismo, apresentavam transposições dos sentidos, comprovadamente não se constituindo em simulações banais (visão pelo lóbulo da orelha, olfato pela prega do queixo ou dorso do pé) e que, passando a catalepsia, apresentavam clarividência e premonição.

Casos outros ilustrados por Pétetin, quando observou em oito neuropatas em crise cataléptica transposição dos sentidos (epigástrio, dedos dos pés e das mãos). Outro, o caso de uma parética que, submetida à magnetização, entrava em letargia e passava a ouvir pelo cotovelo.

A transmissão do pensamento em neuropatas submetidos à hipnose foi comprovada exuberantemente. Num teste em 20 pessoas, sendo 12 neuropatas, foram estes que acertaram mais e com maior rapidez. Numa mostragem de pacientes histéricas submetidas umas à hipnose e outros não hipnotizados, o índice de acertos em testes foi considerado notável: 15 em 20 hipnotizados; 13 em 31 não hipnotizados. São dados colhidos por Lombroso no acervo de Ochorowics. Pôde Rochas afirmar que a trasmissão de pensamento é máxima nos hipnotizados.

O Dr. Pagliani cita o caso de uma senhora que era sonâmbula sujeita a crises catalépticas e que nesse estado adivinhava o pensamento das pessoas, em qualquer idioma em que fosse formulado, mas o curioso é que o fazia pela olfação.

Finalmente são citados histéricos e epilépticos que, tanto na crise (seria uma crise epiléptica?) como em sonho fizeram premonições que se cumpriram.

Porquanto o poder do Espírito sobreleva ao da matéria por intermédio da qual se manifeste, é de se compreender que as faculdades da alma não são mesmo e jamais poderão ser tidas como mero produto das energias do campo físico.

CAPÍTULO XXIX

ESTADOS ANÍMICOS E FENÔMENOS MEDIÚNICOS

Por estarmos estudando com mais atenção aspectos do Animismo temos insistido no exame das questões a ele atinentes em particular. Havemos, contudo, afirmado sucessivamente que não existe uma linha demarcatória, definitiva, entre os fenômenos anímicos e os espiríticos ou mediúnicos. Num mesmo fato podem, até, coexistirem. Dessa forma, todo o médium é, potencialmente, um sensitivo. Talvez possamos dizer: forçosamente. Já nos referimos à questão de interferência do médium (interferência anímica) durante o trabalho mediúnico. Podemos agora dilatar conceitos a partir de reconhecer o que estamos qualificando de estados propiciadores ou predisponentes, estados que resultam, em última análise, de processos anímicos, os quais, por interferirem na constituição física levam ao intercâmbio com o plano extra-físico.

Ora, a mediunidade tem por terreno em que se assenta - não nos espantemos - a própria organização física, em suas estruturas neuro-cerebrais, dado o estreito relacionamento com a perispirítica. André Luiz nos afirma, em "Mecanismos da Mediunidade", que os desencarnados "influenciam os mecanismos do cérebro para formação de certos fenômenos, como acontece aos musicistas que tangem as cordas do piano na produção da melodia". Ele mesmo nos fala, nessa obra, em "desarticulação" de forças anímicas, em "dissociação" dessas forças para explicar a índole do fenômeno e ainda: "- Sem obstáculos reconhecemos que a mediunidade ou capacidade de sintonia está em todas as criaturas, porque todas as criaturas são dotadas de campo magnético particular, campo esse, porém, que é sempre mais pronunciado naquelas que estejam temporariamente em regime de descompensação vibratória"; e ainda que "cada instrumento, nesse caso revelar-se-á em determinado grau de passividade". Cerviño, em sua obra "Além do Inconsciente", nos diz que "o transe mediúnico, embora intimamente ligado ao hipnótico, tem fisionomia própria e merece estudo à parte". Coteja-o com a hipnose, mas tem cuidado de não misturar as cousas. Também nos fala em "dissociação" e em "desconexão"... Essa dissociação seria a chave do exercício da função medianeira.

Estamos sentindo, portanto, que não é despresível a possibilidade de se tentar uma visão geral das condições e dos processos propiciadores dos fenômenos que temos visto - os anímicos - também presentes em relação àqueloutros, os espiríticos.

Charles Richet via no transe mediúnico uma espécie de hemisonambulismo, justificando com isso a parte atuante do médium. Voltando a Cerviño, processar-se-ia uma hétero-sugestão telepática, não obstante partida de um mundo extra-físico.

Consideremos o estado sonambúlico. Com ele vem a clarividência. Estamos, em princípio, em terreno anímico. Atendemos: não é a ação magnética exercida que desenvolve a alma, dando-lhe maior amplitude de visão geral das cousas. Apenas faculta a sua emancipação e dessa forma torna ostensiva a capacidade que lhe é inerente. Nem é, em absoluto, o sonambulismo, como sabemos, indispensável às manifestações de lucidez. Esta pode ocorrer em outras condições, até mesmo em vigília. Mas há limites a essa faculdade da alma e o que ela não tem de si mesma, por si não revelará. Suprem-na, como é sabido, outras inteligências. E aí começa o outro lado da "estória"... Estaremos pisando a área comum anímico-espirítica.

Adiante, diríamos com Kardec, em "O Livro dos Médiuns", que o "Espírito que se comunica com um médium comum também o pode fazer com um sonâmbulo; dá-se mesmo que, muitas vezes, o estado de emancipação da alma facilita essa comunicação".

André Luiz nos dá, em "Nos Domínios da Mediunidade", um belo exemplo de desdobramento mediúnico. Eis quando nos diz que, para um afastamento além do ambiente, o corpo físico absorve certas faixas de força ao perispirítico, quais sejam, emanações neuro-psíquicas que pertencem mais ao soma e que aliviam a carga do perispírito, ao tempo em que garante ao corpo físico a energia indispensável enquanto durar o afastamento. Ademais, por ação magnética, poderemos restituir ao corpo físico os elementos do fluído vital indispensável para manter os órgãos em funcionamento. Até mesmo revigorar laços presentes a se desfazerem (ver resposta à perg. 424 de "O Livro dos Espíritos").

Quando o Dr. Gully examinava com W.Crookes a sua douta equipe de investigadores os fenômenos de ectoplasmia ocorridos com Miss Cook, perguntou certa feita a Katie King que fazia ela quando desaparecia. Respondeu-lhe o Espírito: "- Entro no médium para restituir-lhe a vitalidade que lhe tomei". Quis ainda saber o que desapareceria primeiro, o vestuário ou o corpo. "- Naturalmente, o corpo. O poder vital volta ao médium e o vestuário ao seus elementos constitutivos."

Isso nos faz recordar, de certo modo, a afirmação de André Jackson Davis segundo a qual, na desencarnação, rotos os laços, uma parte do fluído vital volta ao corpo material, espalhando-se por todo o organismo, o que impede a imediata dissolução do corpo físico.

Teremos visto, ainda que de passagem, que o fluído vital é elemento indispensável ao processo mediúnico.

Passemos às novas considerações, retornando a Miss Cook como exemplo de médium de ectoplasmia devidamente comprovada e tiremos de muitas das descrições que dela foram feitas estes pequenos trechos tomados a Marriat e Erny (O Psiquismo Experimental): "Desde que Miss Cook se achava em letargia uma forma feminina levantava a cortina..." - "Quando Katie desapareceu, o Sr. Coleman pôde ver Miss Cook em letargia na sua cadeira..."; "Bodisco obteve fotografias em que se vêem o médium em letargia e a forma materializada não longe do médium". Lombroso cita palavras de Duglas Home: - "No letargo, os Espíritos se apoderam de mim, mudam meu todo, meus gestos e até meu corpo pode estender-se de oito polegadas".

Se restassem dúvidas, estas desapareceriam no tocante ao que se verifica, isto é, que o estado de letargia (condição para certos fenômenos anímicos) é freqüente nos fenômenos mediúnicos de ectoplasmia. Naqueles pelo menos mais evidentes, mais eloqüentes. Não é, todavia, indispensável. Assim é que, apreciando sessões ocorridas em Nova York, sendo médium uma certa senhora Underhill e pesquisador Dale Owen, diz Erny: - "O que é curioso nestas aparições é que elas se deram com o médium acordado e não em letargia, como é quase sempre necessário para as materializações completas."

Também com Miss Cook isso ocorria, pelo que se lê de Florence Marry-at: "- Em uma fotografia que ainda possuo, Katie parece o duplo de Miss Cook e entretanto esta também olhava quando se tirou a fotografia." Digno de nota o fato: ocorria superincorporação e mesmo assim o médium estava algo desperto, fitando a fornmação teleplástica a que dava ensejo.

As citações de casos considerados clássicos de sonambulismo, de letergia, como porta para a ocorrência mediúnica, não os distancia de certas realidades práticas, que vale considerar. Vem a pelo a advertência de Bezerra de Menezes através de Ivone Pereira em "Recordações da Mediunidade".

"A catalepsia e a letargia poderão ser exploradas pela mistificação e pela obsessão de inimigos e perseguidores invisíveis, degenerando, então em um estado mórbido do chamado perispírito, tendência viciosa das vibrações perispirituais para o aniquilamento"... "vício que, se a tempo não for corrigido, poderá acarretar conseqüências imprevisíveis."

E esclarece mais:

"Um envolvido poderá, senhor de sí, entrar em transe cataléptico ou letárgico, alçar-se ao Espaço, colaborar com o bem, Homens comuns ou inferiores, com entidades inferiores. Nesse caso, o transe trará feição de enfermidade grave.

Evidentemente, são observações oportunas. A atuação de seres incorpóreos no processo obsessivo levam-nos também a enquadrar nos capítulos da fenomenologia mediúnica os casos citados aqui de ocorrência de estados de catalepsia ou de letargia. Nem poderia ser de outra forma.

CAPÍTULO XXX

DA INFLUÊNCIA E DA AÇÃO DOS MÉDIUNS

Considerada como vem sendo a participação anímica na produção do fenômeno mediúnico, sem desdouro ou desvalia deste, antes reconhecida a magnitude de sua importância, podemos analisar sem paixão a influência do médium, sua presença, sua ação no desenvolvimento do processo mediúnico. Pensar-se que só o Espírito manifestante atue e importe num trabalho desta natureza seria tão errado como atribuir tudo ao médium, fosse por ilusão ou por fraude.

Deveremos saber que o médium pode, sobretudo nas primeiras fases de desenvolvimento da faculdade, captar certos pensamentos; involuntariamente refletir no trabalho estados ou preocupações pessoais; interpretar erroneamente sensações internas e subjetivas; sintonizar fontes enganadoras tidas por fidedignas ou de origem terreal aceitas por espirituais; ser presa de obsessões; afastados os mensageiros espirituais, manipular os próprios pensamentos suplementando-os sem má-fé. Tudo isso se constituirá em motivo para estudo da mediunidade e não para desacreditá-la. Nem se poderia aceitar a tese, desmascarada por experiências sérias e imparciais, de que fosse o médium, por exteriorização de imagens de seu subconsciente ou pela projeção mental dos assistentes, que faria materializar a forma pura e simplesmente, haja vista a plena identificação em milhares de experiências, fugindo por completo à hipótese de personificação de tipos: as manifestações contrárias à convicção e a vontade do médium, ao sentimento e ao caráter do médium e dos presentes, hostis mesmo, e aquelas acima do conhecimento do medianeiro e totalmente inesperadas. Nem a exteriorização poderia explicar forças superiores à do médium, transportes à distância e assim por diante...

Um ponto de referência nem sempre bem fixado no estudo da mediunidade é o de que a faculdade se radica no organismo. Ela em si independe, como fenômeno, do estágio moral e intelectual do médium. O mesmo não diríamos de seu uso, o que é um outro problema. Da mesma forma, a exteriorização dos princípios anímicos, como no-lo afirma André Luiz ("Mecanismos da Mediunidade") "nada tem a ver, em absoluto, com o aperfeiçoamento moral". Esclarece "O Livro dos Médiuns" que "um médium imperfeito pode, algumas vezes, obter boas cousas, porque, se dispõe de uma bela faculdade, não é raro que os bons Espíritos se sirvam dele, à falta de outro, em circunstâncias especiais; porém isso só acontece momentaneamente porquanto desde que o Espíritos encontrem um que mais lhes convenha, dão preferência a este". Há então aí a diferença feita entre a condição do médium (imperfeito, no caso) e a de sua faculdade (dada aqui por excelente). Acrescenta a mesma obra (Cap.XIV) que o ascendente moral do médium "permite-lhe dominar as situações e as presenças inferiores". E complementa: "Para isso é preciso que o médium passe do médium natural a médium voluntário. Ao invés de opor óbices ao fenômeno, o que se tem a fazer é concitar o médium a produzí-los à sua vontade, impondo-se ao Espírito". Prossegue a mesma obra: "A par das aptdões do Espírito há a do médium, que é, para o primeiro, instrumento mais ou menos cômodo, mais ou menos flexível e no qual descobre ele qualidades particulares que não podemos apreciar. O Espírito preferirá um outro, conforme o gênero de comunicação que queira transmitir. E conclusivo: "Cumpre se estude a natureza do médium como se estuda a do Espírito".

O Cap.XIV de "O Livro dos Médiuns", como se sabe, considera os médiuns, quanto a seus efeitos, em médiuns de efeitos físicos e de efeitos intelectuais; os primeiros em médiuns facultativos e médiuns involuntários. Os facultativos têm consciência de seu estado e de seu poder; podem eles prever o gênero de menifestações que terão curso, embora não possam produzí-las por espontânea vontade e nem dependa deles o caráter da comunicação em si, mas o gênero da manifestação. Falando de Eusápia, Lombroso conta que "antes da sessão e às vezes no decorrer dela, pode prever o que se fará, se bem que depois não se recorde de que obteve ou não o que prometeu". Já Home pretendia não exercer influência sobre os fenômenos e, se os desejava realizar, não obtinha êxito. D'Esperance alegava: "Quando o fantasma aparece experimento dificuldade em encontrar meus pensamentos e minhas forças; estou como que em sonho e não posso mover-me".

Os médiuns involuntários, como ocorre até mesmo com crianças, nenhuma consciência, em princípio, têm de poder que possuem, que lhes advém da abundante emissão de fluido vital. Vale registrar a observação de André Luiz em "Mecanismo da Mediunidade" segundo a qual "um médium, ainda mesmo nas mais altas situações de amnésia cerebral, do ponto de vista fisiológico, não está inconsciente de todo, na faixa da realidade espiritual".

Médiuns intelectuais são aqueles de quem os Espíritos se servem dos materiais existentes no seu cérebro. Vale ainda aqui lembrar que o conceito de médium incorreto usado por Kardec não diz respeito à sua condição moral mas à incorreção no desempenho da faculdade, insuficiente capacidade de produção do fenômeno. A falta de conhecimentos pode afetar (não sempre) a produção intelectual (o médium pode ter sido culto em outra encarnação e valer-se de conhecimentos desse passado).

Lombroso anota que "médiuns adquirem no transe energias musculares e intelectuais que não têm antes e que só raras vezes se podem explicar pela transmissão do pensamento dos presentes, pela telepatia e que exigem, pois, uma explicação especial, qual a da ajuda dos Espíritos". Mas se reconhece muitas vezes o esgotamento físico dos médiuns, logo a participação do esforço de seu organismo. Ochorowicz descobriu médiuns capazes de atrair com os dedos objetos como se fossem imãs. Essa força psíquica, nêurica, ódica, ectênica ou como se queira chamar, casa-se ao esforço dos Espíritos atuantes.

Erny lembra em "O Psiquismo Experimental", que, durante trabalhos de efeitos físicos, se for escassa a força psíquica do médium, o seu corpo psíquico exterioriza-se, condensa-se e pode transformar-se à vontade, ligado embora mais estreitamente ao corpo físico; quando o médium é mais poderoso, o corpo psíquico, desdobrado mais inteiramente, serve de invólucro ao desencarnado e ele pode inclusive desenvolver certas atividades. Em resumo: conforme a força psíquica do médium, a forma se condensa de um modo mais ou menos preciso e material. Wallace acentua que "as aparições e as materializações não são evidentemente senão modalidades ligeiramente diferentes do mesmo fenômeno". E Erny, que o transcreve na obra aqui já citada, também afirma: "Uma forma materializada não é, provavelmente, mais que um fantasma condensado, passando do estado fluídico para o semi-material...". E por estudarmos a influência do médium é justo não olvidar um outro tipo de influência decisiva e para isso ouçamos, citado também por Erny, a palavra de Brackett: "Bons resultados jamais se obtém sem levar em conta a influência mais ou menos hipnótica do Espírito-guia quer sobre o médium quer sobre os manifestantes."

O estado em que o médium se encontra durante o transe, agindo num sinergismo de forças, tem de ser levado em conta no que respeita ao conceito que dele façamos em certas circunstâncias e, se é louvável todo o cuidado de observação, não será justo nenhum julgamento apressado. Lombroso nos relata da médium de sua maior admiração: "Muitos são os truques que Eusápia fazia em estado de transe, inconscientemente, e fora disto, por exemplo, liberando uma das mãos para mover objetos ou levantar a perna da mesa com o pé". Médium por demais testada, reconhecidamente capaz, tentaria antes por si mesma, a impulso irresistível, o que a seguir era obtido pela força fluídica. É de crer-se que se submetia a uma vontade dominante que agia sobre o conjunto de que ela própria fazia parte, para logo passar adiante o comando da ação. Cerviño, na obra "Além do Inconsciente", admite que "é possível, inclusive, que um fenômeno inicialmente neuro-muscular ultrapasse os limites fisiológicos e se converta em extramotor de modo que se torna muito difícil dizer onde termina a psicopraxia e começa a psicocinesia.

Devemos reconhecer de nossa parte, antes que o façam criteriosos observadores, que o assunto aqui tratado é por demais profundo para que o seja em singelas abordagens.

CAPÍTULO XXXI

DAS EXPERIÊNCIAS REALIZADAS COM OS MÉDIUNS

Quando se fala do estoicismo com que se houveram muitos médiuns por servirem à causa do esclarecimento de verdades a que o fenômeno medianímico naturalmente se presta, levando-os ao sacrifício, nem sempre se tem uma idéia completa do que se quer dizer. Pensa-se - e com razão - de início, na abnegação, sujeitando seus afazeres ao primado das tarefas mediúnicas, vivendo à margem do mundo, à disposição dos Espíritos e dos experimentadores, tendo uma única circunstância gratificante, a de se sentirem instrumentos valiosos - e estamos do lado sério, da pesquisa séria, sem detrimento ainda da contingência de serem olhados pela sociedade como seres à parte... Se penetrarmos mais um pouco na questão verificaremos que o problema é bem maior. Imaginemos criaturas simples, ou simples criaturas, diremos melhor, sendo examinadas duarante uma vida inteira para curiosas averiguações por métodos engenhosos e até certo ponto arbitrários; ao sabor de pesquisas as mais diversas, inclusive aquelas que apurariam possíveis fraudes, truques, reações - o que afeta a esfera da sua credibilidade, experiências inesperadas, diante de fenômenos insólitos, e consentidas por um objetivo nada individual ou imediatista, a não ser comprovar-lhe o caráter involuntário e com isso pelo menos a seriedade das manifestações. Eram cordas, algemas, choques elétricos, balanças, instrumental eletrônico sofisticado, exames físicos que tocavam às raias do pudor pessoal, ainda mais quando se tratava da mulher médium.

Schrenck-Notzing foi dos primeiros a estudar Eusápia em Roma, Carqueiranne, Milão e Nápoles e sempre com investigações severas, muito severas por vezes, até obter a certeza dos fenômenos. Depois estudou Martha (Eva) Bérand, com a colaboração de Juliette Bisson. Ainda estudou Stanislawa e Willy publicando "Les Phénomènes Psysiques de la Médiumité".

Do próprio Duglas Home, respeitado embora, nos diz Gibier em "O Espiritismo": "O pobre Home era submetido a provas bem ofensivas; seguravam-lhe os pés e as mãos, não tinha o direito de fazer um movimento sem que muitos pares de olhos desconfiados se fixassem nele".

Experiências fisiológicas por vezes penosas foram levadas a efeito, inclusive com certo risco calculado; quando não fosse o deliberado intuito nesse sentido de prejudicar, qual o caso Volckman - Guppy narrado para nós por Imbassahy em "Hipóteses em Parapsicologia". Lombroso cita o dano sofrido por D'Esperance, quase mortal, quando alguém tentou abusar do Espírito Iolanda, totalmente materializado ("Hipnotismo e Mediunidade"). Sabe-se que, exposta à luz em pleno trabalho de ectoplasmia, foi ela acometida de paralisia por muitos anos. Ranieri, em "Forças Libertadoras", relata a desmaterialização parcial involuntária, acidental, sofrida pelo médium Fábio Machado, a exigir o socorro do Plano Espíritual Maior, por quebra de vigilância.

Justifiquemos, contudo, com esses preliminares, a necessidade dos experimentos quando conduzidos com sabedoria e propósitos sérios já que, segundo Erasto, em "O Livro dos Médiuns", "é melhor repelir dez verdades do que admitir uma única falsidade, uma teoria errônea". Certos pontos básicos puderam ser assentados, já pelo contexto da Codificação já pela avaliação experimental, no que respeita à mediunidade. Seu desconhecimento induz, volta e meia a dúvidas ou citações descabidas, a conceitos falhos, com prejuizo para os próprios médiuns. Seria de reler-se, por exemplo, o que se contém no item 190 de "O Livro dos Médiuns": "O mal é que muitos médiuns confundem a experiência, fruto do estudo, com a aptidão, produto da organização física."

Ora, se dissermos que a mediunidade depende muito da organização física, que ela se processa tendo uma base fisiológica, parecerá de pronto a muitos que dissemos uma heresia tal que viesse dar na tese da prosopopese-metagnomia de Sudre... Nada disso. Estudando o assunto na sua objetividade e singeleza, Kardec nos diz que, independentemente do gênero de manifestação, há médiuns que, quanto à organização física, podem ser ditos: calmos; velozes (superabundância de fluidos, uma forma fatigante); ou convulsivos, onde a causa primária está na organização física, embora a natureza dos Espíritos deva importar somando condições. Porisso mesmo que seja orgânica, aconselha que o médium se especialize num tipo de gênero que melhor se adapte às suas condições. Adverte que é, em suma, a refratariedade da matéria que se opõe ao desenvolvimento da mediunidade na maior parte daqueles que não são médiuns. Estudou os inconvenientes do exercício da mediunidade com senso de lucidez sem desconhecer os problemas da fadiga, dispêndio de energias afetando a organização física (Cap.XVIII). Vamos ainda transcrever estas afirmações: "Médiuns a que chamarei sensitivos-dotados no mais alto grau das faculdades mediúnicas de expansão e penetrabilidade porque o sistema nervoso, facilmente excitável, de tais médiuns lhes permite, por meio de certas vibrações, projetar abundantemente, em torno de si, o fluido animalizado que lhe é próprio". Partimos daqui de reconhecer que os Espíritos agem combinando uma parte do fluido universal que lhes é dado manipular por ação da vontade, com o fluido, próprio para os efeitos desejados, que o médium emite (referências sobretudo a fenômenos telecinéticos e teleplásticos).

Outra questão, na mesma ordem de pensamentos: à primeira impressão, a informação de que, na mediunidade vidente, é a alma que vê, por isso vê mesmo com os olhos fechados, pode levar a conclusões apressadas que pretendessem dispensar o contributo fisiológico. Voltemos às transcrições de "O Livro dos Médiuns":

"- De que depende para o homem a faculdade de ver os Espíritos em estado de vigília?"

"- Depende da organização física. Reside na maior ou menor facilidade que tem o fluido de combinar com o do Espírito. Esse invólucro semi-material é o intermediário por meio do qual eles atuam sobre os vossos sentidos". Há, pois, uma combinação de fluidos, na dependência das condições físicas da criatura, que a tornam médium vidente. E adiante:

"- Não basta que o Espírito queira mostrar-se, é preciso encontre a necessária aptidão na pessoa". Não apenas que o médium queira ver, naturalmente, já que haverá uma como que "condensação" perispirítica que o torna tangível e visível, uma espécie de mudança de estado que sensibilize o médium." Um adensamento...

Passando em revista estes assuntos para fixar pontos conceituais, vejamos agora algumas conclusões de pesquisas sobre condições fisiológicas do médium.

Está, por exemplo, positivado que o peso do corpo do médium sofre variações durante certos trabalhos, durante o transe.

Indaga-se: Tem a "estrutura psíquica", o fluido ódico, que é semi-material, ponderabilidade? O ectoplasma tem peso? As variações de peso dos médiuns resultariam dessa estrutura semi-material ou simplesmente do esforço desprendido para vencer-se a gravidade, anulá-la, para vencer a inércia? A indagação não é bem nossa. Ela vem, em outras palavras, de Crawford, escrevendo a obra "Mecânica Psíquica". Sobre suas pesquisas vamos falar um pouco.

Com efeito, pesou ele médiuns inúmeras vezes em várias circunstâncias diferentes. Fez a pesagem de um médium cujo o corpo perispirítico ter-se-ia desdobrado. Anotara que diminuira de peso na ordem de 3,6 kg. Pouco a pouco tornava-se praticamente normal, posto que ainda desdobrado. Admite, assim, que, de início, o desdobramento arrastaria matéria mais grosseira, que a seguir retorna ao médium, deixando a forma psíquica mais pura.

Isso parece-nos ter alguma relação com o que dissemos ("Estados anímicos e fenômenos mediúnicos") aludindo a que o corpo físico, em havendo desdobramento mediúnico, absorve certas faixas de forças ao perispírito, restituição indispensável para manter os órgãos em funcionamento.

Parecendo indicar que o fantasma materializado - para usar as expressões correntes - deve formar-se a expensas do corpo somático do médium, que cederia uma certa quantidade de matéria, este perde, nos momentos do transe, gradualmente, o peso correspondente, sofrendo variações de até 2 kg. Não esquecer que haveria evidentemente desmaterialização parcial do corpo do médium... Verificou também que os assistentes perdem peso, aferido antes e após as sessões.

Nos casos de levitação de objetos, Crawford pesou Kathleen em rigorosas condições técnicas, inúmeras vezes, em experiências exaustivas, tanto quanto Lombroso fez com Eusápia. Nesses casos, o peso do corpo do médium é aumentado correspondentemente: a mesa fica leve, o médium mais pesado. Na levitação ao contato das mãos sobre a mesa há perda temporária de peso, que pode subsistir por algum tempo.

Durante as sessões de voz direta, também o peso do médium diminuiu.

Nos raps, a força causadora da pancada depende da diminuição do peso do médium e é proporcional a ela; uma perda lenta, temporária, regularmente recuperada. Um golpe no chão exigiu 9 kg, recuperados em 6 a 7 segundos.

A senhorita Goligher durante a levitação teve o pulso acelerado (de 72 passou a 110 e até 126). Clarões fotográficos afetam-na: tremeu violentamente durante dez minutos, certa ocasião.

Relata W. Crookes que examinou o Espírito Katie (pulso regular) ao passo que a médium Cook alcançava 90 min. As pulsações e os batimentos cardíacos eram mais regulares na corporificação mediúnica que na médium... Essa diversificação é importante em termos de independência das individualidades. Se bem que Lombroso assinale que os Espíritos transmitem, durante o transe, algumas características peculiares, assim o canhotismo em Eusápia e a incombustibilidade em Home.

Crookes pensa que a influência procede em última análise do sistema nervoso, pela maior ou menor abundância do fluido vital, cuja intensidade permitiria a Home operar em plena Luz do dia.

Crawford experimentou a levitação utilizando écran fluoroscópio e não conseguiu evidenciar nenhum fluorescência. Nega também fosforescência em suas pesquisas. Lombroso, pelo contrário, registrou fluorescência a partir do abdome de D'Esperance. Anotou névoas fosforecentes flutuando sobre a cabeça e sobre a mesa, atribuindo-lhe importância na impressão da chapa fotográfica. Cita os globos luminosos com diversos médiuns. Por isso, fala num estado radiante dos médiuns em presença dos Espíritos. A matéria radiante dos comunicantes, assinalando a de que são providos os médiuns, durante o transe, explicaria a grande potência destes.

As experiências não ficaram aí. O dinamômetro, o exame físico completo, análises da constituição e do comportamento. E não caberiam resumos de tantas memórias e depoimentos, com pretensões a serem completos, dentro de um comentário apenas. Um dado anedótico, para concluir. Nosso particular amigo Peixotinho nos dizia sempre que diminuira de estatura (que já não era tanta) ao longo do seu ministério mediúnico. Não temos dados objetivos para generalizar o registro. Vale a sugestão para que se pesquise também essa possibilidade.

CAPÍTULO XXXII

DAS MANIFESTAÇÕES FÍSICAS E SUAS VARIEDADES

Se, no campo da fenomenologia mediúnica, as manifestações físicas são as mais evidentes por sua própria condição, ferindo diretamente os nossos sentidos, são também aquelas relativamente às quais mais discussões se fazem em torno, ora de possíveis fraudes e embustes, ora de sua índole, por sua natureza anímica ou espirítica. E se prestam realmente a fraudes, tantas vezes apontadas aqui e ali, com razões ou sem elas, isto é, sem prejuízo da realidade soberanamente comprovada por experimentadores da mais absoluta idoneidade.

Morselli identificou o "neoplasma", o "esterofantasma invisível", embora admitisse que tudo girava no imenso arquivo do Inconsciente do médium, como se fora a velha cartola do mágico. Chiaja convenceu-se das "eflorescências", qual plasma, que executavam movimentos; para ele porém, tudo era anímico. .. Para Ochorowicz entidade manifestante não passaria de um estado psíquico especial do médium. E é ele ainda que nos fala do "exercício involuntário da fraude inconsciente"... Este e Scherenck Notzing admitiam a tese da "personificação simbólica": John King seria a tal personificação de Eusápia; Stasia, de Stanislawa Tomczyk e assim por diante. O metapsiquista alemão compreendeu que os fenômenos telecinéticos e aqueles teleplásticos são graus do mesmo processo, o primeiro um estágio preliminar do segundo. Mas os entendia anímicos e argumentava para tanto que "as inteligências ditas ocultas, que se manifestavam e se materializavam durante as sessões não dão prova de um nível intelectual maior que o do médium ou dos assistentes". Também, Lombroso reconhece a vulgaridade de muitas manifestações, contrastante, é bem verdade. Este, no entanto, acrescenta que "pode variar na inteligência, da ultra mediocridade de Politi à genialidade de D'Esperance e de Moses, mas no transe, o médium mais estólido pode desenvolver uma inteligência extraordinária" ("Hipnotismo e Mediunidade"). E além disso, lemos em "O Livro dos Médiuns": "Os que produzem efeitos desta natureza são Espíritos inferiores, que ainda não se desprenderam inteiramente de toda influência material". Perguntando Kardec a um Espírito-guia se era útil evocar um Espírito batedor, recebeu esta resposta: - "Evoca-o se quiseres, mas é um Espírito inferior, que te dará respostas muito insignificantes". E não só isso. Além de registrar a influência da simpatia entre o comunicante e o intermediário, Kardec não exclui nunca a participação do médium: "Cabe ao médium por sua vontade atrair os Espíritos e secundá-los no impulso que dão ao fluído". Adverte, contudo: "A vontade aumenta a força mas não é indispensável; pode o movimento produzir-se contra a vontade ou malgrado desta". A causa (Espírito) independe do médium, até certo ponto. Aksakof é quem situa bem a questão, citando os casos apurados de atuação contra a vontade do médium e dos presentes; contra a vontade, a convicção, o caráter e os sentimentos do médium.

Ainda em Kardec encontramos: "A presença desses (que não têm mediunidade) pode ser mais prejudicial do que útil, pela *disposição de espírito* em que se achem" ("O Livro dos Médiuns" - Das Manifestações Físicas). Notzing reconhece que pensamentos anti-espíritas da parte dos assistentes influem desagradavelmente na constituição psíquica do médium. Lombroso cita que Stainton Moses, advertido, restringiu-se a um grupo mais íntimo, dando assim curso a mensagens de nível superior. Erny (O Psiquismo Experimental) anota: "A menor oposição magnética ou uma vontade formalmente contrária podem deter a corrente fluídica e perturbar ou retardar o fenômeno". Brackett, citado por Erny, dá conta da palavra de uma entidade materializada: "Não podeis imaginar com nos é difícil tornar-nos visíveis e tangíveis para os nossos parentes e amigos. Somos as vezes penetrados completamente pelo magnetismo do médium e pelo das pessoas opostas ao fenômeno ou que possam interrompê-lo".

Outro aspecto a considerar é o que recolhemos em Gibier (O Espiritismo): "Existem certas pessoas favoráveis por suas presenças à produção do fenômeno, enquanto outras os contrariam e essa diferença nada tem a ver com a opinião professada por elas a respeito dos mesmos". Então, a disposição de espírito dos presentes influi; mas ainda existem circunstâncias outras, que não esta, as quais importam favorável ou desfavoravelmente. Talvez possamos reunir aqui o pensamento, também de Gibier, mas em "Análises das Cousas": "É perfeitamente exato que indivíduos predispostos por sua constituição e exercitados ou não para esse fim podem servir de intermediários... "E se podem o mais, podem o menos.

Vale aqui acrescentar o que observa Delanne em "O Espiritismo perante a Ciência":"Há pessoas privilegiadas, que reúnem muitas faculdades em alto grau, como Home e Slade, mas entre esses favoritos, a mediunidade não é constante; vê-se submetida a flutuações e mesmo a suspensões que lhes tiram todo o poder".

Scherenck Notzing comenta o que chama "a influência da tradição espírita sobre o método de trabalho e da produção dos médiuns". Dir-se-ia que J. Hyslop (EUA) estaria respondendo a isto quando afirma: - "Nunca fui adepto do Espiritismo; portanto, a escrita automática que obtive nunca dependeu de idéias preconcebidas". Léon Denis ("O problema do ser, do destino e da dor") acrescenta: "Lembraremos antes de tudo que as opiniões da maior parte dos médiuns, no princípio das manifestações, eram opostas inteiramente às opiniões enunciadas nas comunicações".

Ora, a tradição... O método de trabalho haveria de ser aquele que os próprios Espíritos naturalmente encaminharam e o ilustre estudioso lamenta cingir-se a ele; a influência nasce precisamente da circunstância que ele não vê; não obstante, criam-se aqueles métodos de controle do médium e das experimentações que Kardec adverte serem prejudiciais às organizações sensitivas, podendo dar ensejo a graves desordens da economia orgânica (O Livro dos Médiuns). Lombroso anota que, sempre diante de novos mecanismo podem falhar de início os médiuns. É um trabalho delicado e para esse tipo de fenômenos até o estado climático pode influir. Erny cita que o espírito Estela Livermore (sendo médium Kate Fox), a certa altura, informava: "A atmosfera mudou; não posso conservar-me materializada".

Poucos médiuns puderam operar à luz natural, como Home e Slade. Eusápia manifestou à luz modificações no dinamômetro, alterações na balança e movimentação de um armário. Mas, à luz Katie se dissolveu todinha, como se fosse uma estátua de cera derretendo-se ao calor e com sofrimento para a senhorita Cook. "A obscuridade, diz Erny, é necessária a toda a gestação, mesmo a fluídica". Notzing observou que na obscuridade os fenômenos ganham intensidade mas considera para o desenvolvimento normal dos trabalhos de todo conveniente existir uma débil luz vermelha. A Física relacionada às sutilezas dos raios-X, e outros, deverá explicar o fato.

Quando autores de nomeada falam das forças biopsíquicas do organismo do médium, como é o caso de Scherenck Notzing, certo que até aí não nos dizem novidade. Só que tomam a matéria prima como a causa em si; ou voltam para o velho e esgotado chavão do inconsciente e isso é primário e não lhes gaba a notoriedade. Kardec pergunta e um Espírito de capacidade muito restrita quanto aos objetos deslocados; Segura-os com as mãos? E a resposta: - "Não, envolvo-os em mim mesmo"; ou, adiante:- "Fi-los entrar envoltos em minha substância". Aqui, naturalmente, o Espírito-guia (Erasto) completou a explicação. A matéria fluídica (parte do fluído cósmico, parte dos elementos do médium) os Espíritos manipulam por sua vontade (e apermissão superior) emprestando-lhe forma e propriedades peculiares; mas aí existe simples "formação"transitória e não propriamente "criação".

A ligação entre o médium e a inteligência materializada é constante, como observa Erny. Ochorowicz identificou o "fio mediúnico", que era tido por expediente de trapaça por apressados observadores.

Crawford estudou a formação da alavanca, embora o contestem admitindo que ele a ideoplasmou inconscientemente. Mas encontramos em "O Livro dos Médiuns": "Os Espíritos podem ter alavancas que nos sejam desconhecidas: a natureza nos prova todos os dias que o seu poder ultrapassa os limites do testemunho dos sentidos.

Variedades de manifestações

Quanto às variedades, Kardec enumera os médiuns de efeitos físicos: tiptólogos, motores, de transporte e suspensões, de efeitos musicais, de aparições, de transporte (aqui a telefania), pneumatógrafos, curadores e excitadores.

Morselli se baseia em Eusápia para fazer uma enumeração como que pondo em certa ordem toda uma gama de fatos e suas variações:

a) a classe dos fenômenos mecânicos - havendo contato com o médium;

b) a daqueles mesmos, sem contato algum, movimentos de alguns centímetros de distância até um ou mais metros;

c) aqueles ponderais, levitações do médium, correntes de ar, frio intenso, etc;

d) rumores, sons vocais, sinais gráficos, moldagens, transportes a distância;

e) fenômenos luminosos como chamas, nebulosidades, membros extraordinários, etc;

Lombroso acrescenta a influência sobre chapas fotográficas.

Erny vê 5 categorias de fenômenos psíquicos: tiptologia, transporte, levitação, movimentos sem contato, escrita automática e escrita direta, psicometria (a mediúnica, no caso). teleplastia. E reúne em três os efeitos físicos:

a) a inteligência serve-se do corpo físico do médium para formar o que deseja (pinturas psíquicas animadas);

b) a forma tem toda a aparência do corpo humano, tangível, resistente (escultura psíquica);

c) a forma tem toda a aparência sem ter sua densidade. Caminha, fala, imita um ser humano completo (símile).

Seria fastidioso embora fosse possível entrar em pormenores da classificação que se encontra em obras como a de Lombroso. Vale citá-las para objetivar o assunto. Em todas, porém, independentemente do gênero, do médium, do manifestante, uma certeza: a de que o assunto é sério, profundo, digno de estudo e de meditação. Um objetivo último, final, o de nos dar o testemunho da imortalidade.

CAPÍTULO XXXIII

DA IDENTIDADE DOS ESPÍRITOS

As Revelações - as autênticas Revelações espirituais, nas diferentes épocas, a diversificados povos, se constituem, consideradas no seu conjunto, na manifestação exuberante da existência de um plano de vida superior e ulterior ao das formas (mundo físico): É o mundo espiritual ou mundo dos Espíritos. Ao Espiritismo, como Revelação, cabe dar as informações complementares. Abrange, assim: o estudo do caráter dos fenômenos psíquicos, sobretudo por implicar a comunicação dos Espíritos; a prova da intervenção dos Espíritos no mundo físico; avaliação quanto a natureza do Espírito comunicante, especialmente para distinguir os que se apresentam em seus respectivos estágios evolutivos daqueles impostores; finalmente, para a identificação do Espírito atuante, da autenticidade de sua mensagem. Importa isto, em termos de conseqüências, na certeza da imortalidade, na convicção doutrinária, além do aspecto eminentemente afetivo e consolador. E importa em termos experimentais para dar à Ciência os rumos a uma realidade que ela objetiva mas que sente escapar-lhe das mãos...

Em termos muito gerais, Kardec considera que uma identidade pessoal pode ser considerada acessória ou secundária, sobretudo quando se trata de instruções de Espíritos reconhecidamente elevados. E insiste em que se deva "rejeitar sem hesitação tudo o que peque contra a lógica e o bom senso". No capítulo XXIV de "O Livro dos Médiuns" diz que "a linguagem revela a procedência, quer pelos pensamentos quer pela forma" mas lembra ainda que se pode "imitar a linguagem embora não em seu todo o pensamento". Quer dizer: É necessário buscar-lhe o fundo, a intenção, a influência, ou ainda as ações que a completam. Dénis o acompanha, quando adverte ("O problema do ser..."): "Ao experimentador prudente e sagaz incumbe saber separar o ouro da ganga". E vai mais além: "Uma vez reconhecida a autenticidade das comunicações, é preciso ainda comparar entre si e submeter a exame severo os princípios científicos e filosóficos que elas expõem e aceitar somente os pontos em que há quase unanimidade de vistas".

O reconhecimento, por parte do médium, da natureza do Espírito pode dar-se muito comumente através da identificação dos fluidos emitidos. Mas tem um valor muito relativo, por ser um dado eminentemente subjetivo. Nem a vidência, da parte do próprio médium, escaparia de ser acoimada de subjetiva... Quando precisamente ao médium o deixar-se enganar depende muito das qualidades de Espírito do médium, já que podem ser explorados seús pontos fracos seus preconceitos, suas predileções.

Scherenck Notzing acha mesmo que "a mentalidade do médium, seu temperamento individual, seu caráter, suas tendências a dissociação e provavelmente suas disposições corporais incomuns são, de igual forma, fatores de que dependem seu comportamento físico ou puramente intelectual".

Numa mensagem de fonte paranormal cabe averiguar, quanto à procedência: em termos do fato em si, se provém de um Espírito (um ser desencarnado); em termos de sua natureza, se tem cunho de autenticidade, quando essa autenticidade anunciada ou presumida importa considerar. Logicamente, não trazem eles, os Espíritos comunicantes, o seu cartão de indentidade... Em tese, basta que se revele positivamente o caráter espirítico do fenômeno, que saibamos que a comunicação vem do mundo dos Espíritos, para que a grande afirmação da sobrevivência esteja de pé. E se provarmos a segunda parte, a primeira evidentemente estará selada. Foram estas as razões das célebres polêmicas entretidas por pesquisadores ilustres no século passado e no início do atual, e daí a importância das verificações experimentais.

Aksakof, como se sabe, partiu exatamente das comunicações paranormais de pessoas vivas através de um intermediário igualmente vivo, com perfeita identidade, devidamente apurada (personalidade, expressões, talhe de letra, motivação, informações condizentes), em comunicações orais ou escritas onde haja todos os indícios que a caracterizam como tal, casos de pessoa viva que a si mesma se reconhece posteriormente, para chegar a uma etapa ulterior: a mesma ordem de fatos, identificando-se agora, porém alguém que já tenha desencarnado. Eis na sua expressão mais simples a manifestação espirítica. Consideremos agora que alguém vê o duplo, ou seja, o fantasma vivo ou o fantasma de vivo (eliminada de vez a hipótese alucinatória) e esse vivo nos fala e se identifica em processo de bicorporiedade. Os exemplos são notórios. Ora, quando ao findar-se o corpo somático pela morte física, esse duplo não haveria de necessariamente morrer. Se alguém o vê e o reconhece é que ele sobrexiste tal como o identificamos, resguardada a sua personalidade. Pois bem, é esse óbvio que passa a ser o insólito.

Bozzano escreveu uma obra que se tornou clássica, "A Propósito da Introdução à Matapsíquica Humana", em que contradiz as idéias de René Sudre, de "prosopopese-metagnomia" ou de simples manifestações da "memória pura".

Enumera Bozzano categorias de fenômenos que considera inexplicáveis por teorias anímicas, e são estas: Manifestações de desencarnados desconhecidos do médium e dos assistentes. Aparições de mortos junto ao leito de moribundos, ou visíveis a crianças nas mesmas circunstâncias; música transcendental, telecinesia no leito de morte ou depois da morte. Manifestações, travando-se diálogo em línguas desconhecidas. Identificação pela letra. Bilocação pré-agônica visível coletivamente. Teleplastia em que os seres tangíveis e visíveis falam e escrevem mesmo em idiomas desconhecidos dos circunstantes. Correspondência ininteligíveis, por médiuns diferentes, que reunidas se completam. Poderíamos acrescentar o caso de mensagem recebida em idioma diferente, legível somente ao espelho. Bozzano faz diferença, no que se refere à impropriamente chamada "materialização", entre a força plasticizante do pensamento subconsciente e aquela organizadora, a indicar uma individualidade psíquica diferente, independente.

Aksakof em "Animismo e Espiritismo" aproxima-se de Bozzano sem lhe seguir exatamente o esquema. Cita: Manifestações contrárias à vontade do médium (este não lhes dá curso ou continuidade ou não termina quando quer; dele independe o caráter da comunicação. Katie se despede e Cook cai em prantos. Estela se despede e não volta a se materializar. Home nada consegue quando se esforça para obter algo. Hostís à idéia espírita são compelidos ao trabalho mediúnico). Manifestações contrárias às convicções, ao sentimento e ao caráter do médium (a mão traça conceitos que contrariam os pensamentos do médium. Russel Wallace, citado por Denis: "não se encontra na literatura espírita nenhum vestígio de Espírito sério descrevendo anjos, com asas, harpas de ouro ou o trono de Deus...). Manifestações acima do nível cultural do médium (médium despreparado serva a Charles Dickens. Exemplo mais nosso: o colosso literário que é o "Parnazo de Além Túmulo"). Manifestações de crianças muito novas (fotografada uma criança de apenas dois anos com lápis na mão, em exercício de psicografia, aparece na foto a falecida avó. O conselheiro russo cita outros casos de crianças de peito, como ele as chama). Manifestações que exorbitam às possibilidades normais e aos conhecimentos do médium (línguas estranhas, mais de dez línguas diferentes, que o médium desconhece, em palestras sucessivas com diferentes interlocutores, numa só sessão. As músicas de Rosemary, a pintura de Gaspareto). Médiuns que comunicam acontecimentos desconhecidos dele e dos assistentes (fugindo à hipótese de transmissão de pensamento, como o aviso de morte). Comunicações de pessoas desconhecidas de todos os presentes (alguém que havia desencarnado na véspera, ninguém o conhecera, no ambiente dos trabalhos, a prova da veracidade de sua existência e dos fatos narrados é obtida depois de investigações.). Transmissão de informações entre médiuns a grande distância, não por telepatia, por exigir resposta complexa e elaborada (nesse caso pode-se sentir que o Espírito é que estará na condição de "intermediário"...) Transporte de objetos a distância considerável (ouvem-se no local da afania estranhos ruidos e se confirma cá e lá os fatos). "Materialiazações" e moldagens (ectoplasmia até com médium desperto, vistos e fotografados médiuns e aparição a um tempo, ou várias formas humanas, com moldagens de tamanhos diversificados em relação ao médium). Em todos estes casos, sobretudo se globalmente considerados, as hipóteses de inconsciente do médium, de telepatia a serviço da força psíquica, entre encarnados; ou de participação de encarnados ausentes e distantes, como causa bastante, estarão a exigir uma grande soma de obstinação. Não se está a dizer que não passam idéias de encarnados distantes serem porventura captadas por mensagens espiríticas, mas que nestes casos não o foram. A possibilidade de certos contatos serem feitos com uma fonte terrena, obedecida a lei de sintonia, a de simpatia entre os seres, está a indicar que a humanidade é uma só repartida entre os dois planos de vida. Mas se enumeram casos onde se situam exemplos colhidos de variadas fontes idôneas em que se pode reconhecer mesmo a personalidade desencarnada. É ainda de Aksakof que recolhemos resumidamente estes casos: 1) Identificação de personalidade, verificada por mensagens em língua desconhecida do médium; por vezes há ausência de pessoas que entendam a língua e é preciso chamar-se alguém em auxílio, e esse alguém tem condições de fazer plena identificação. Trocam-se neste caso referências pessoais. Por vezes, o comunicando executa instrumentos e o médium desconhece a arte musical. Surda-muda desencarna e o marido a identifica nos gestos do médium que não a conhecera. Ismael Gomes Braga torna-se espírita porque a mesa (?) lhe corrigiu um equívoco em Esperanto. Lady Nona ensina a egiptólogos pronúncia no idioma de milênios atraz. 2) Comunicações em estilo inconfundível do autor. Apela-se muito para o chamado "à maníère de", embora esteja longe de resolver a problemática levantada. Médium desconhecido e despreparado, se assim podemos dizer, conclui romance "O mistério de Edwin Drood", e nada fica a dever ao talento em vida do grande Charles Dickens, encaixando-se na parte deixada, no estilo vivo do autor. 3) Identificação de personalidade desconhecida do médium, por escrita na língua deste, presente aqui pessoa interessada. Na verdade, a identificação pode ser feita por pequenos fatos, por filigranas que falam particularmente àquela pessoa. 4) Identificação devida a informações que abrangem pormenores da vida do comunicante, mas na ausência de pessoas que o hajam conhecido. Importa em investigações, que os examinadores não descuraram de fazer iterativamente, em cada caso que se lhes apresentou. 5) Comunicação de fatos que a rigor só o desencarnado poderia relatar, igualmente confirmados (problemas pessoais, revelações de crimes ocultos, de atos levianos dos sobreviventes, como ocultação de testamento, etc. Pode incluir-se aqui o caso Charles Rosna, cujo esqueleto foi um dia encontrado.) 6) Evocação, na ausência de pessoas que hajam conhecido o evocado. Aksakof cita o caso de um certo médium, por intermédio de quem inúmeras cartas fechadas eram respondidas por diferentes Espíritos a quem se dirigiam internamente. 7) Mensagens recebidas na ausência de quem haja conhecido o Espírito em vida física e que revelam sensações peculiares, alterações físicas remanescentes da última encarnação, depois investigadas e comprovadas. Essa ausência de certo modo elimina a presunção de imagens subjetivas ou personificação de tipos. 8) Aparições, quer por visão mental, na ausência de quem haja conhecido o desencarnado, quer em fotografias transcendentais; aparições materializadas dando provas intelectuais e físicas em que todos os testemunhos coincidem. Houve um caso pelo menos em que foi anunciada a fotografia de certo Espírito e o fotografado foi outro, explicando depois os próprios Espíritos que assim fizeram para eliminar a hipótese de objetivação inconsciente.

Dentro da complexidade dos casos despontam dois aspectos fundamentais: a identificação sentida subjetivamente pelo observador, pelos dados que lhe bastam, partindo da certeza de que a manifestação é possível por estar comprovada; a identificação admitida por exclusão de todas as circunstâncias e hipóteses levantadas para o caso em vista e que confere a certeza de que a manifestação é possível. E desde que não caiamos na velha tecla do sobrenatural ou da "graça" recebida, a de que uma realidade sobreleva a tudo isso, a de que somos Espíritos eternos em marcha ascencional para um futuro maior. E de que são solidários os dois planos de Vida.

Com relação à identificação do Espírito há os casos da promessa feita em vida. Nessa hipótese cerca - se a expectativa de cuidados especiais. Isso é uma aspiração natural, mas acontece que nem sempre estará nos limites do possível, por motivos que nos escapam à consideração. Nem sempre está a Espiritualidade Superior à disposição de nossos caprichos. Pelo contrário, quantos casos de identificação sem promessa prévia já ocorreram e estarão ocorrendo, e não precisamos ir muito longe com os exemplos que surgem das identificações insofismáveis através da mediunidade de Chico Xavier e Divaldo Pereira Franco.

São conhecidos na literatura psíquica pelo menos estes dois casos a que nos referiremos: Um deles envolve o conhecido psiquista Frederic Willian Henri Myers (1843 - 1901). Outro, o prestidigitador Robert Houdini. Estudioso que fora, deixara Myers um envólucro para que em Espírito ele mesmo o identificasse. Embora tenha dado através do médium de que se serviu inúmeras outras provas de sua presença, não foi possível a idtificação desejada. Não teria sido capaz o Espírito ou não teria sido o médium instrumento bastante para tanto? Na verdade, para isso, para que não fosse possível, múltiplas razões poderiam ser avocadas, a partir da própria inibição tanto do comunicante como do intermediário. Por outro lado, tivesse sido possível e surgiriam argumentos novos, como por exemplo, o de que estivesse ocorrendo simplesmente captação por parte do "sujet", ocorrência puramente anímica, qual como no caso da leitura de correspondência fechada. Argumento contra argumento, estaríamos na mesma... Agora este outro exemplo, em que a identificação foi possível, foi efetivamente obtida. Aqui justamente o personagem havia sido ferrenho adversário do Espiritismo, invectando em vida contra todos os médiuns: o prestidigitador Houdini.

Segundo se conta, até mesmo ganhou dinheiro para difamar todos aqueles que cruzaram os seus passos. Mas o tempo passara e, certa vez, quando os seus pensamentos já se estariam modificando, resolveu combinar com a esposa o seguinte: Na hipótese de ser isso verdade, ele voltaria em Espírito para identificar-se para ela através de um enígma a ser decifrado e do qual só ela tomara conhecimento. Voltou e revelou-lhe satisfatoriamente a sobrevivência. Ela pôde então proclamar uma verdade que o próprio manifestante, quando encarnado combatera. Logo os opositores de então se fizeram presentes. Tentaram envolver a viúva em uma trama urdida para tentar invalidar a comprovação. Teria ela que fazer valer o seu espírito de austeridade para se manter distante da trama preparada. Ele, o antigo opositor, teria razões para fazer ver a realidade que agora enxergava: a consciência se lhe despertara, o remorso, face a inglória posição antes assumida, é o que colhemos em "Casos e Cousas Espíritas", de Klörs Werneck, trazendo a público a mensagem que dera ao Dr. Wickland o próprio Houdini-Espírito.

Prestemos atenção agora a um ponto interessante. Quando, por volta do ano de 1886, o médium Slade estava sendo vítima de mordaz campanha difamatória, como ocorrera outrora aos Davemport, foi exatamente a equipe do Teatro Robert Houdini, portanto foram seus sucessores que, em declarações exaustivas, atestaram que as manifestações a que presenciaram, com aquele médium, não podiam deixar de ser verdadeiras, fugindo inteiramente a qualquer possibilidade de truque ou prestidigitação (Gibier, "O Espiritismo"). bem poderemos estar diante de uma providência com o sabor de uma retratação do próprio Houdini... E se justificaria incluirmos aqui, data vênia, esta ligeira digressão, considerando o tema proposto.

Ainda uma identificação que consta de registros oficiais: o advogado e escritor George Pelhew havia prometido ao Dr. Hodgson provar-lhe a sobrevivência, falecendo em 1892. Pela Senhora Piper manifestou-se como George Pelhan e foi sobejamente identificado pela família e pelos amigos mais particulares.

Teimar não adianta. Contrapondo-se ao que haja de falso e enganoso, uma realidade existe e esta fala mais alto.

CAPÍTULO XXXIV

DAS FRAUDES E MISTIFICAÇÕES

Para um cético empedernido toda e qualquer manifestação de natureza espirítica, fosse qual fosse a circunstância e em que pesem dados de observação e de segurança, não passaria de fraude, na melhor das hipóteses inconsciente. "Com que fim o subconsciente nos ilude sempre - pergunta Alfred Erny - identificando-se com um falecido? E conclui: "Escapatória cômoda".

Ninguém que estude o assunto ignora, no entanto, que as fraudes, embora não constituam o absoluto, a generalidade, existem e até adiantaríamos que elas estão presentes a despeito de muita vigilância, num mínimo de ocorrências, inerentes mesmo à índole fenomênica. Daí a necessidade de maiores estudos, condição irrecorrível e permanente impositivo. De início, teremos de estabelecer conceitos e balisar o que devemos entender por fraude, dentro de nosso assunto. Naturalmente, não estaremos nos preocupando com o grotesco, com os truques grosseiros de falsários profissionais, qualquer que seja a intenção. De passagem, o engodo pode pretender empolgar os incautos pelo insólito, daí tirando proveito; ou desmoralizar o legítimo, por segundas intenções. A outra alternativa seria o recurso persuasório diante do dilema de ser crido ou desacreditado o médium, exauridas as suas forças ou ausentes o comunicante. Não se ignora o estado de prostração em que fica o paciente em algumas experiências. Em "Vozes do Grande Além", certo médium de materialização havia pouco tempo desencarnado narrou as "exigências, não do dinheiro fácil, mas da notoriedade social, pelas relações prestigiosas e por todas as situações que nos estimulam a vaidade", foram, no seu caso, a motivação para que forçasse levianamente os fatos, quando os fenômenos legítimos não surgiam...

Mas o assunto não se esgota aqui. Vejamos o que nos diz Gibier em "Análise das Cousas": "Conheci um médium, jovem muito honesto, que não fazia profissão da mediunidade e com o qual se obtiveram diversos fenômenos de levitação e movimentos de objetos absolutamente reais. Confessou-me que muitas vezes se sentia como que impelido a acrescentar alguma cousa ao que produzia; possuia-se do desejo quase irresistível de simular um fenômeno qualquer quando poderia, com as próprias faculdades, obter cousa melhor." Lombroso, por sua vez, nos diz que "muitos são os truques que Eusápia fazia em estado de transe e fora dele". Comentando sobre o médium Einar Nielsen, Scherenck Notzing declara: "Malgrado suas faculdadea autênticas, recorreu, por vezes, como outros de seu gênero, a manobras fraudulentas sempre que suas faculdades falhavam..." Seria de indignar-se até que ponto houve intenção deliberada ou se se tratava do que Ochorowicz chamou de "exercício involuntários da fraude do inconsciente." Crawford, em "Mecânica Psíquica", diz, a certa altura - "...não sentiu nenhuma espécie de pressão sobre o seu corpo, mas um impulso irresistível em abandonar a báscula, como se estivesse sentado numa cadeira de balanço". Teríamos em verdade de reconsiderar o assunto quanto aos impulsos ditos ora quase irresistíveis ora irresistíveis, pelos diversos pesquisadores, impulsos esses determinantes desse estado de cousas, sendo muito simples rotulá-los apenas de involuntários.

Inferimos, pelo menos, de tudo isto, que nem mesmo os estudiosos dos fenômenos estão ainda autorizados a julgar um fato isolado como simplesmente fraudulento e a lançar tal veredicto à face dos médiuns. "Tal é o novo fato descoberto agora por Ochorowicz - é Lombroso quem diz - do fio medianímico que se forma e se desmaterializa sob influência medianímica e que, até aqui, se tinha como truque produzido por um fio verdadeiro".

Continuemos com Lombroso ("Hipnotismo e Mediunidade") - "Os fantasmas às vezes tomam os modos do médium, com freqüência a fisionomia, a voz, os gestos" - e acrescenta: "às vezes variam de aspectos no mesmo dia." Essa faculdade de transformação eles a transmitem ao médium - diz o grande mestre italiano; e teremos um caso de transfiguração.

O próprio René Sudre, na "Introdução à Metapsíquica", tem a honestidade de declarar: "Seria necessário não conhecer a psicologia da suspeita, para não advinhar que, a partir desse momento, todos os fenômenos lhe pareçam falsos..." E prossegue: "Seria também necessário ignorar a psicologia da mediunidade para não saber que uma tal suspeita, cada vez mais hostil, agravando-se mais e mais, paralizaria o médium." Ora, a sensibilidade do médium não o põe apenas a serviço do agente, mais à mercê de muitos fatores, assim dos assistentes e sobretudo do pesquisador ávido de autencidade. André Luiz em "Mecanismos da Mediunidade", declara: "Cada assistente aí comparece com as oscilações que lhe são peculiares, tangenciando a esfera mediúnica em ação e, se os pensamentos com que interfere nesse campo diferem dos objetivos traçados, com facilidade se erige, igualmente, em fator alternante, por insinuar-se, de modo indesejável, nos ajustes de composição da obra esperada, impondo desequilíbrio ao conjunto, qual acontece ao instrumento desafinado numa orquestra comum". Dir-se-ía, a rigor, que se aqui houver fraude ela é menos do médium que do ambiente criado em torno dele, mas será fatalmente o médium a pagar pelo fato...

Pretendendo desmascarar supostas fraudes tem-se submetido médiuns não apenas a dolorosos vexames, mas a riscos de vida e de saúde. D'Esperance terminou os seus dias gravemente enferma desde que um indigno pesquisador despudoradamente atingiu o Espírito Iolanda materializado. Muitos pretensos desmascaradores cometeram erros palmares de observação, falsos detetives despreparados e desconhecedores do assunto. Pois os próprios estudiosos honestos ainda lutam em investigações cautelosas. Muitas acusações açodadas tiveram como ser desmascaradas, mas ainda correm mundo, levadas nas asas de interesses subalternos e preconceituosos.

"- É triste verificar que os Davenport - talvez os maiores médiuns do seu gênero que o mundo já viu - é Conan Doyle quem diz em "História do Espiritismo" - sofressem toda a vida uma oposição e uma perseguição brutais. Em muitas ocasiões suas vidas estiveram até em perigo."

É curioso sabermos que inúmeros ilusionistas, prestidigitadores profissionais vêm a público proclamar com sua experiência e perplexidade que os fatos que testemunham estão completamente fora do alcance de suas próprias habilidades. Assim agiram Bellachini e Kellar.

Se se disser que Robert Houdine combateu os Davemport,

estes tiveram ao seu lado Kellar. Mas ainda em relação ao primeiro, estaremos vingados se nos lembrarmos que no episódio do combate ao médium Slade os integrantes do Teatro Robert Houdine levantaram a sua voz em defesa da legitimidade dos fenômenos, negando qualquer possibilidade de truques.

A existência, onde quer que seja, da fraude quanto ao fenômeno, entendêmo-la como um falso fenômeno espirítico pura e simplesmente. Poderá haver intenção de fraudar ou não. Se falsa for a alegada individualidade manifestante ou se ocorrerem ambas as eventualidades, caracterizamos mais precisamente uma mistificação, parta de quem partir. Ainda aqui há necessidade de muita atenção do observador, do estudioso. Ora, o caso citado por alguns autores, do Espírito Palham. Reconheceu ele em certa sessão inúmeras pessoas que eram de seu relacionamento quando na Terra. Uma delas apenas ele não reconheceu. Pretenderam os apressados opositores jogar por terra toda a evidência. Em princípio, não deveria mesmo reconhecê-la, já que não se tratava de simples clarividência telepática mas antes de alguém que ele vira quando ainda criança e era então uma pessoa adulta. Nem sempre o Espírito se dispõe à regressão em busca desse reconhecimento, se não houver uma razão forte para isso. Recomendava esse Espírito: "Quando se quer de nós comunicações claras, não é bom que nos atordoem com perguntas... Para entrarmos em comunicação convosco devemos penetrar na vossa esfera, adormecer como vós; eis porque cometemos erros, somos incoerentes". E então recordemos, de "O Livro dos Espíritos": "Nunca serão demais as cautelas que se tomem contra a tendência a crer que, por serem espíritos, todos devam saber tudo".

O Cel. Olcott em "Gente do Outro Mundo" faz uma observação bem interessante: "Os próprios Espíritos dizem que têm de aprender a arte de se materializar, como a gente procederia com qualquer outra arte."

Em "O Livro dos Médiuns" encontramos dois capítulos dedicados ao assunto, que merecem revistos: Das contradições e das mistificações (aquele que é mistificado só o é porque o merece); e do charlatanismo e do embuste (das fraudes espíritas).

Jamais desanimemos diante das dificuldades. Mas, pior que desanimar é desconhecer, O tema agora trazido foi objeto de memoráveis polêmicas, de apaixonados debates. Nossa contribuição vale como uma lembrança de que ainda há muito por discutir-se. E de que vale a pena fazê-lo.

CAPÍTULO XXXV

SUGESTÃO E REGRESSÃO DE MEMÓRIA

Por havermos estudado a fenomenologia anímica e espírita, evidenciando a presença do Espírito, a função do perispírito, havemos podido deixar claro que a Alma é um ser moral distinto, isto é, existe por si mesma e age independentemente do corpo físico. É bem a vitória do Espiritualismo sobre o materialismo, que o Espiritismo se permite promulgar. Assim foi que repassamos os diversos fenômenos anímicos, incluindo necessariamente aqueles que se verificam por "ação extracorpórea do homem vivo" (Aksakof). Vale recordar que os fenômenos anímicos podem ser ditos Consciente e Inconscientes. Incluimos numa chave geral, no primeiro caso a Telepatia, a Psicometria, a Clarividência e Clariaudiência, a Pré e a Retro-Cognição. a Transposição dos Sentidos e a Memória Pré-Agônica. Ora, são fenômenos conscientes normais e habituais todos aqueles que dizem respeito ao comportamento da personalidade... Quanto aos fenômenos que se realizam indo a Alma buscar dados arquivados no Inconsciente, abriríamos outra chave para lembrar: Percepção do desconhecido; Automatismos Psicológicos (lembranças à revelia, cumberlandismo, casos dos superdotados...); Exteriorizações (da sensibilidade, da motricidade, telefania, teleplastia...); Somatizações (transfiguração anímica, dermografismo, estigmatizações, invulnerabilidade...); e outros relacionados à Memória (amnésia, criptomnésia. paramnésia, ecmnésia, REGRESSÃO DE MEMÓRIA, memória extracerebral...) E por falar em memória, lembremo-nos da chamada "memória pura", a saída estratégica de Sudre diante da evidência da manifestação espirítica.

O afloramento da memória é a base da Psicanálise, inaugurada por Freud e seguida por Jung e Adler sobretudo.

Outro assunto em que nos detivemos por sua importância na fenomenologia anímica foi a sugestão (auto e hetero-sugestão). Falamos particularmente das sugestões hipnóticas e de sua atuação levando a criatura a estados que permitem o surgimento da vasta ordem dos fenômenos da alma emancipada. Explica Denis que a sugestão determina um abalo vibratório que se reflete no perispírito restabelecendo a relação entre a consciência cerebral e a profunda, normalmente interrompida durante a vida física. Eis porque, para atingir camadas mais profundas da consciência, podemos mobilizar a sugestão... Há estados ou crises em que o potencial de sugestibilidade está evidentemente presente: sono induzido, anestesias, emoções violentas, iminência da morte, êxtase, febre alta, excitação maníaca e assim por diante. Mesmo fatores como a audição de uma música ou dado ruído, uma paisagem contemplada, uma imagem, por associação de idéias. Há ainda rememorações espontâneas, ou sejam, aquelas que ocorrem sem sugestão ou causa pelo menos evidente.

Há que considerar no que tange à sugestão que ela pode despertar meras imaginações, as chamadas fantasias subliminares; podem certos relatos ser fruto apenas de crenças, vivências introspectivas; ou ainda resultarem os dados configurados de simples sugestões projetadas na mente do sujet pelo experimentador ou algum assistente. Não se generalizariam tais circunstâncias, daí a necessidade de se considerarem prós e contras com toda a isenção.

Com estas recapitulações permitimo-nos objetivar o estudo da Regressão de Memória.

Usa o psicanalista o recurso da sugestão e se permite buscar, através do que se conceitua como a psicologia de profundidade, revolvendo o subconsciente de seu examinando, fatos arquivados que seriam as razões ocultas motivadoras de uma série de problemas que se exteriorizam. Sem nada mudar na técnica da investigação, realizam os psiquistas uma investigação - esta sim, de profundidade, em que os fatos remontam além da formação do corpo físico, além do nascimento, além mesmo da vida intra-uterina, destarte confirmando com recursos técnicos registros extracerebrais de uma memória sobreexistente.

Poderíamos considerar tudo aquilo que havemos dito como o primeiro termo da grande equação da Vida, aquela em que se alicerça a certeza da sobrevivência; e que se constituiria num como que "pré-requisito" para que cheguemos ao segundo termo, a que doravante nos propomos, que é sem dúvida o das vidas sucessivas.

Vidas sucessivas, palingênese, metensomatose... Evidentemente, o pensamento a este respeito, tão velho como o pensamento humano, envolveu em gradientes de compreensão dos povos, passando pelas fases das transmigrações, da metempsicose, tendo sido crença natural em inúmeras culturas primitivas para se constituir em dogma de fé na estrutura de religiões bem antigas por sinal, até atingir com as novas pesquisas científicas uma afirmação comprovada pela observação, diante de fatos irrecorríveis.

O princípio inteligente, imortal, haveria de volver sucessivamente ao claustro da matéria e, uma vez dotado de racionalidade, viria exercitar-se na vida anímica, através da matéria física, com vistas a: 1º - colocar-se, na qualidade de Espírito, em condições de cumprir o papel que lhe cabe na obra da propria Criação; 2º - fazê-lo continuamente evolver, posto que a evolução é lei natural; 3º - obter experiências e cumprir provas, buscando superar as vicissitudes da vida física, no cadinho de depurações de cada existência. Para isso terá como degraus: o arrependimento, diante do reconhecimento de erros que não deveriam repetir-se; as expiações, pelo imperativo do equilíbrio diante da lei; as reparações, que irão constituir-se no saldo positivo da experiência. Com o livre arbítrio, escolhemos o gênero de nossas provas; pelo determinismo, submetemo-nos ao imperativo da Lei da Causalidade.

Na obra "Entre a Terra e o Céu" André Luiz nos lembra, dando a palavra a Clarêncio: "A lei é sempre a lei. Cabe-nos tão somente respeitá-la e cumprí-la. Nossa atitude, porém, pode favorecer-lhe ou contrariar-lhe o curso, em favor ou em prejuízo de nós mesmos". E adiante: "Quem não atendeu com exatidão ao trabalho que a vida lhe delegou, depressa se rende ao impositivo da repetição da experiência e o ressurgimento na luta física aparece por bênção salvadora."

Nossos raciocínios são os mesmos a que chegou o estudioso da Psicanálise, se defronta com os dados das conversões, dos recalques... Apenas nossa amplitude de visão é panorâmica, engrandecida e já agora comprovada. É necessário apenas convir, como conceito natural e lógico, que as sucessivas encarnações são solidárias entre si, já que é a mesma individualidade a emergir no plano físico em cada experiência. Se considerarmos V a vida eterna do Espírito e V^n cada encarnação, poderemos dizer que

$$(V^1, V^2, V^3, V^4 \ldots V^n)(V) ?$$

Acontece, mais, que cada experiência nova não só se acrescenta ás anteriores como também modifica qualitativamente essas experiências anteriores. Quantas vezes fatos passados dirigem nossos gestos sem que os possamos de pronto dominar?! Geley considera que a individualidade é a síntese das personalidades sucessivas pela dupla evolução terrestre. Infere-se daí que as aquisições do passado permanecem latentes em nós, porém não destruídas. Logo, vale dizer: Esquecer não é destruir. Ou, dentro das expressões conceituais de Platão: "Aprender é recordar-se".

Não apenas a alma, como temos considerado até aqui, deve ser estudada em sua romagem pela Terra. Como sabemos, alma e perispírito não fazem mais que um todo, a que Delanne chamou de "princípio pensante". Se o Espírito (Alma, quando encarnado) é ativo, criador, o perispírito é passivo e fundamentalmente organizador. Graças a ele, as alterações sobrevindas ao corpo físico poderão ser conservadas, reproduzidas, em que pesem as permanentes modificações celulares. Claude Bernard admitia ser necessária a existência do que qualificava de desenho prévio ou pré-modelo organizador a ser respeitado e seguido no mecanismo do desenvolvimento orgânico - e não só na sua formação, mas considerando ainda que esse substrato material é destuido e reconstituido sem que se perca a unidade orgânica, funcional. Chamou a isso de "idéia-geratriz". Fala-se muito em "consciência celular" e até mesmo em "memória celular", haja vista os problemas da imunidade, Bergson falava em "impulso vital"; Stahl sentia a necessidade do que chamava "alma fisiológica" em sua teoria vitalista; seria uma força vitalizadora da matéria orgânica. Todos na verdade presentiram a existência de um elemento que seria como que um fio condutor factual. Ora, ele deveria participar da condição de fluido material, agregante, aglutinante, modelador e ao mesmo tempo moldável. Mantendo uma constituição eletro-magnética, estaria em permanente estado de mais ou menos intensa vibração. Teria penetrabilidade e contratilidade; e desde que a alma seja um ser distinto e autônomo, ele deveria integrar de preferência o patrimônio da Alma.

Mais do que isto, o perispírito é a sede dos estados conscienciais pretéritos, por sua condição de arquivo das lembranças que nele ficam indelevelmente registradas, em outras palavras, a sede da memória. É nele que o Espírito se abastece de cabedais de conhecimentos intelectuais para raciocinar, comparar, decidir, como acentua Delanne.

Bozzano, citando Geley, identifica no ser vivo - todo ele - um dínamo-psiquismo que constitui a essência do Eu e que não está diretamente ligado ao funcionamento dos centros nervosos. Não é condicionado pelo organismo, mas pelo contrário, tudo se passa como se o organismo e o funcionamento cerebral sejam por ele condicionados. Dessa forma, é o pensamento que condiciona as funções cerebrais. O cérebro, nesse caso, não passará de representação material do perispírito e os atos, sob o comando do SNC são frutos, antes de mais nada, de fixações seculares das vibrações perispirituais, daí os condicionamentos. O aprendizado impõe-se para que o perispírito se adapte, juntando novos aos antigos movimentos vibratórios estratificados. Naturalmente, o Espírito é o grande construtor, pois incessantemente labora e cria, através do campo mental, daí os efeitos do pensamento e da vontade e quiçá das sugestões, como temos visto. O pensamento cria uma série de vibrações que lhe correspondem à natureza e a intensidade. A mente como que exterioriza frações de si mesma (ou seja, a energia óbica) que no meio etéreo atrairia substâncias fluídicas que as vestiriam e aí estão as formas-pensamento. São inúmeros os casos de objetivação do pensamento subconsciente, chegando-se à ideoplastia. Pode-se sentir que a própria matéria viva exteriorizada é plasmada pela idéia. Assim o próprio Universo! Daí a importância da mente na formação do corpo físico através das vibrações que determina sobre o seu modelo organiazador. E a ciência oficial, que não substima estes valores aqui apontados, não tem como objetar a estes mesmos raciocínios...

Ora, o despertar da memória é efeito da ação da vontade sobre as células cerebrais. Ou teremos que buscá-la em uma área mais profunda... O movimento vibratório perispiritual amortecido pela matéria é fraco para o grau de intensidade e de duração necessárias à renovação das lembranças, em estado de vigília. Poucos são os que se lembram em pormenores de fatos de sua primeira infância. Ou até de outros tantos bem rescentes... Emancipada a alma, terá melhores condições de liberdade para essas lembranças. Daí as técnicas empregadas pela sugestão hipnótica para a regressão de memória.

CAPÍTULO XXXVI

MEMÓRIA E SOBREVIVÊNCIA

Já estudamos através destas páginas algo sobre a memória (Memória e Conhecimento; Memória Fisiológica e Psiquismo). Memória é o instrumento da consciência, a partir do próprio reconhecimento de nossa individualidade. Efetivamente, esse reconhecimento é sempre uma ato de memorização. Naturalmente, se dilatamos o conceito e chegamos a reconhecer outros aspectos ligados à memória, o sentido principal, denotativo, do termo, não fica prejudicado.

Para a escola materialista a memória resultaria simplesmente do automatismo dos centros nervosos; as células nervosas seriam aptas a responder a certas excitações recebidas e a deixá-las manifestarem-se sob a forma de recordação, reproduzindo as impressões. Haveria um tempo que seria o de fixação e outro, o da reprodução. Estas células poderiam mesmo ser a sede de auto-excitações sem causa exterior imediata. Cumprir-se-ia, ainda assim, a seqüência: excitação - percepção - impressão - sensação. Uma forma de automatismo seria este outro fato de observação natural -: a imunidade responde pelo que se chama de "memória" celular. A célula como que se recorda de como reagiu em dadas circunstâncias em oportunidades anteriores. Transmitiria essa lembrança, mesmo, por via hereditária, às células - filhas, por mecanismo cromossomial. Ora, se estes raciocínios estão entre si concordantes, em princípio, podemos afirmar com tudo que não estão ainda satisfazendo, em verdade. É a que procuraremos chegar.

Não confundiremos a memória psíquica, que nos traz o conhecimento intelectualizado das cousas, e aquela adstrita ao campo organo-fisiológico. Poderemos aceitar a classificação clássica, desde que nos recordemos de que: a) a memória psíquica não é apenas função da excitação dos neurônios; b) a memória fisiológica é, mais precisamente, psico-biofísica.

No estudo da memória psíquica, todos sabemos, não se pode deixar de relacionar o psiquismo ao seu substrato material. Relacionar não é o mesmo que subordinar. Diremos, assim, que os instintos, as emoções, o comportamento extratificado sobretudo nos fenômenos fisiológicos estão, como reflexos congênitos ou incondicionados, relacionados à área de atuação dos órgãos subcorticais do encéfalo. São inatos. Foram herdados através das espécies, de geração em geração, É o caso dos mamíferos, no ato de sugar, por exemplo. O que apreendemos por aprendizado, numa repetição consciente, muitas vezes voluntária, o que resulta do condicionamento situa-se na área cortical, no córtex cerebral, onde está, por exemplo, o centro motor da palavra. Os nossos hábitos aí se extruturam. É uma zona de alto nível esta, a da consciência. Um dado a mais: Há mesmo íntima ralação entre a individualidade psíquica e o estado orgânico em conjunto, fato a que teremos de nos reportar oportunamente.

À primeira vista tudo isto estaria a serviço da tese materialista. Sê-lo-ia apenas numa visão superficial. É que o cérebro e com ele o SNC, toda a estrutura neuronial são a base orgânica do Psiquismo, sua instrumentalidade física (o "psiquismo interior" de Geley). Nada mais que isto. Bastaria revermos de relance os estudos feitos sobre desdobramentos, exteriorização, os estados de sonambulismo, de letargia, tanto quanto os que estudaremos como "memória extra-cerebral" e "memória regressiva" - quando as experiências nos permitem dicotonizar estes dois elementos. Reconhecer a existência de um psiquismo diretor de todo aquele mecanismo é bem mais lógico que atribuir a cada célula orgânica perecível, renovável, em constantes modificações de sua composição química, a notável maravilha de uma memória própria... E estaremos com Claude Bernard em sua tese de "Idéia diretriz". Voltando a Geley, reconheçamos que ele foi muito feliz quando identificou e distinguiu um do outro o que chamou de Psiquismo Superior, correspondendo à Alma e o Inferior ou cerebral. Neste caso, a harmonização entre eles trará o desejado equilíbrio; e as distonias, as pertubações.

Evidentemente, a base orgânica, cerebral, neuronial, responde pelas condições de exteriorização e livre manifestação do Psiquismo Superior e esta circunstância está a ditar toda uma vasta ordem de fatos de observação constante. É a velha estória: o exímio pianista não evidenciará suas qualidades a contento se lhe não oferecermos o instrumento à altura de sua virtuosidade... E estaríamos aqui nos lembrando dos chamados "excepcionais". O grande caso é que os órgãos não são aptos por si mesmos por simples efeito da nutrição, a manifestações da vontade: ainda que ela sofra a ação contingente de fatores orgânicos na sua livre expressão e intensidade, só a Alma quer, ainda que sob indução de outrem ou a injunção de fatores exteriores.

Reflexos incondicionados pertencem ao psiquismo automatizado, inferior, faixa subalterna do psiquismo. O aprendizado, a educação, a disciplina são fatores condicionantes, isto é, que impõem à matéria a prevalência dos valores espirituais, em que pesem os méritos desses valores. Sim, não necessariamente puros ou elevados...

Impõe-se o aprendizado através sobretudo do mecanismo da repetição, para que a organização fluídica, perispiritual, manipulada pela Alma, através de seu campo de forças - Campo Mental, adapte novos aos antigos movimentos vibratórios por via dos quais registra e fixa reações peculiares e assim as memorize. A consciência age como causa organizadora desses movimentos permanentes, esse permanente estado vibracional. É por isso que Delanne chega a considerar o corpo físico como o espectro magnético do perispírito. Nesse caso, o cérebro não deixará de ser a sua representação material. Atravessado pelas correntes energéticas que se registram no eletroencefalograma, ele, o cérebro está a serviço do Campo Mental, que sobre ele irradia. Nesse caso, nossos atos, muitas vezes, comandados que sejam pelo SNC e periférico, nascem de fixações seculares desses movimentos. Os automatismos são formados na fileira evolutiva. A memória dita fisiológica tem sua origem não bem no automatismo, algo mecânico, como se pretendeu. O automatismo existe, a repetição é o seu modo de atuar, o mecanismo que leva ao fato, não a sua gênese, propriamente. A gênese, o fundamento se encontra no Psiquismo, através da estratificação arquimilenar de um psiquismo primário, mas efetivamente um psiquismo, que responde pela presença do Princípio Espiritual. Psiquismo que dirige e que se imprime no registro físico e responde pelo arranjo das mensagens informativas como se fora o linotipista que compõe a página de uma vida...

Será, pois, o Psiquismo aquele fio condutor das informações na filogenética como na ontogenética e facilmente daremos razão a Haeckel. Pela felogênese reedita-se em cada ser, ao se formar, o passado das sucessivas espécies na marcha evolutiva, como evidenciou Fritz Muller. A ontogênese repassa os caracteres da própria espécie. São páginas vivas da própria história, valendo por hierogrifos e cuneiformes de cada ser imortal...

Lembra Delanne que o nascimento não é um fenômeno particular. Nos primeiros tempos de vida é impossível distinguir embrião humano do de outro vertebrado. Djalma Farias acrescenta: "A embriologia mostra-nos o embrião humano passando por uma série de transformações sucessivas reproduzindo em linhas gerais toda a evolução da raça". E explica: "É que o perispírito, que preside a essas mutações, moldando as respectivas formas, tem gravado aquelas imagens e, no início da vida fetal, ele dá testemunho de suas etapas anteriores" ("Ensaio sobre reencarnação"). Os arquétipos, que Jung identificou na personalidade de cada um, são as reminiscências de seu passado longínquo de ser imortal e o prisma de sua estruturação perispiritual alicerça-lhe a tese. A própria censura, a que se reporta Freud, revela "algo mais" que simples trocas fisiológicas e reações bioquímicas, não se devendo confundir as causas e seus efeitos. Poderemos então dizer que, se no Inconsciente está a chave das modernas aquisições da Psicanálise, no perispírito está a síntese de todas essas aquisições. Em tudo isso é a memória que responde como testemunha infalível das experiências vividas. Na obra "Entre a Terra e o Céu", André Luiz nos lembra que "a memória pode ser comparada a placa sensível que, ao influxo da luz, guarda para sempre as imagens recolhidas pelo Espírito no curso de seus inumeráveis aprendizados dentro da vida. Cada existência de nossa alma, em determinada expressão de forma, é adição de experiências, corroboradas em prodigioso arquivo de imagens que, em se superpondo umas às outras, jamais se confundem".

Delanne, em "O Espiritismo perante a Ciência", nos diz mais, que "os defeitos físicos de uma encarnação podem influenciar o duplo fluídico de tal forma que as modificações orgânicas se reproduzem, ainda, na encarnação seguinte" E explica: "Daí crianças enfermas, disformes, apesar da boa saúde e excelente constituição física dos pais." Mais que isto, haveremos de verificar um sem número de sinais físicos identificadores de criaturas em nova encarnação. Diremos ainda: sinais físicos e morais, hábitos ou defeitos característicos.

Há uma diferença flagrante em considerarmos a sobrevivência da memória orgânica através da herança física e a de entendermos a memória que chamamos psico-biofísica, através do psiquismo-diretor, comprovando a sobrevivência do princípio inteligente. Pois bem, Laycock, citado por V. de Lima e este por Delanne, narra a favor da primeira tese que, se levarmos palha servida em jaula de leões a uma estrebaria e com ela forrarmos o abrigo de cavalos, vê-lo-emos, tão logo sintam o cheiro, tomarem-se de terror pânico. E acrescenta: Incontáveis gerações de cavalos domésticos sucederam a seus ancestrais selvagens expostos ao ataque felino. Sem mesmo terem visto tal fera, reconhecem o inimigo. Diremos nós que, se por um lado a matéria orgânica foi completamente renovada mutações cromossomiais terão ocorrido fatalmente. Por outro lado, se o princípio inteligente subsiste, é mais lógico apelar para ele, que está mais perto... Existiria o instinto de conservação, mas a memorização terá tido um componente mais complexo, mais consoante com uma razão lógica. A memória do reconhecimento elaborou-se do inconsciente para a esfera que diríamos consciencial (pòr extensão) por mecanismo evocativo. Diríamos que ocorrera uma "regressão de memória animal..."

CAPÍTULO XXXVII

MEMÓRIA E ESQUECIMENTO

A grande interrogação que se fazem os que não se aprofundam no exame dos fatos, em termos de memória e sobrevivência, é a que diz respeito ao esquecimento do passado, em que pese o que se contém no Cap. VII, Parte 2ª de "O Livro dos Espíritos" e mais tudo quanto sobre o assunto se encontra em outras obras clássicas. Vimos que o psiquismo dirige a formação dos indivíduos em toda a escala evolutiva dos seres, moldando-os, em cada espécie, segundo o grau e dentro das contingências que lhe são impostas pelo acervo de aquisições do passado. O perispírito vale aqui por um pré-modelo, justamente por ser a sede dos estados conscienciais pretéritos, onde se fixaram as conquistas e aquisições do ser imortal. O impulso gerador vem do Campo Mental, obra do Princípio Espiritual, por inteligente. Delanne recorda que "a força que dá ao ovo a propriedade de produzir um mamífero, uma ave, um peixe, não é nem física e nem química..." Observa ele ainda que "durante a gestação o Espírito fluidifica a genitora que, aos poucos, incorpora os elementos que devem formar-lhe o corpo...". Encaixemos aqui a observação de André Luiz em "Evolução em dois Mundos": "Nas gerações frustradas, quando não haja Espírito guiando-a, a formação fetal obedece aos moldes mentais maternos".

Lembremo-nos de que a isso já se referia "O Livro dos Espíritos" na questão 356 (natimortos que não tiveram Espíritos a eles destinados). É preciso ainda considerar o papel desempenhado pela força vital ou fluido vital, que impregna simultaneamente perispírito e matéria, sendo agente de transmissão das vibrações perispirituais. É a íntima fusão do perispírito e do fluido vital que permite ao Espírito atuar sobre a matéria. A alma responde pela vida psíquica, mas a união do perispírito com o fluido vital é que mantém a vida orgânica.

Eis assim porque as transformações incessantes dos constituintes das células não alteram as condições essenciais de seu funcionamento normal. Eis ainda porque o psiquismo é capaz de somatizar, criando os quadros ditos psico-somáticos. Eis porque não se quebram nos seres vivos os elos de ligação com o passado; e não se perdem, na unidade, como um todo funcionalmente integral.

No universo tudo é vibração. Toda alma terá seu tono vibratório cracterístico. Buscar-se-ão no infinito aquelas cujas vibrações se identificam entre si. O perispírito é campo de forças que expressa o estado vibracional da alma, nas suas vibrações correspondentes. Ora, uma vez tendo encarnado o ser espiritual eterno, o corpo filtrará essas vibrações, de perto se relacionando fatalmente com o estado fisiológico.

É natural que haja uma relação também factual, em face das registrações que se fazem relativamente aos estados mentais sucessivos. Se a vontade for em busca de certa lembrança, os estados conscienciais conexos fluirão juntos e virão à tona. A experiência é que nos diz isso.

Notemos bem: já dissemos que o impacto de uma sugestão (ambiente, circunstâncias, associações de idéias, etc), influindo na vontade, aumentando o ritmo vibratório da alma, aciona o mecanismo pelo qual as reminiscencias voltam à cena, até mesmo à revelia... Entenderemos agora raciocinando com os mesmos dados, mas em sentido inverso, que se estabeleça um sistema que chamaríamos de "anti-choque". Protegido o perispírito, normal é termos o esquecimento. Esquecimento em consonância com o estágio evolutivo em que se encontra a Humanidade em geral. Esquecimento que é defensável em termos de condições de cada um de nós, em benefício da estrutura da personalidade nova constituída, por soberanas razões... É exatamente assim: A diminuição do estado vibratório, quando do processamento da gestação, com o campo mental refletindo-se no perispírito para a modelação ao novo corpo enquanto guarde em substância as aquisições, latentemente os fundamentos estruturais das sucessivas personalidades que animaram a mesma indiviualidade eterna, vai deixar a "placa" cerebral como se fora um filme virgem de imagens. Refletir-se-ão indelevelmente condições de adaptação, qualidades inatas, aptidões e tendências em estado potencial. Qualidades e defeitos... A lei da Causalidade virá impor predisposições e condições. Ajuntar-se-ão circunstâncias, que não seriam em absoluto fortúitas. Mas a redução do movimento vibratório do perispírito, enquanto se impregna de fluido vital indispensável à vida que ressurge, no plano físico, vai restringir a memória psíquica, diluir a consciência, em cumprimento de leis amorosas, e porque nada se haveria de perder, arquivar-se-á todo o acervo de lembranças, na faixa que lhe é própria, a faixa perispiritual, expressa na linguagem oficial por Subconsciência, ou por Inconsciente - o "Id" de Freud.

A identificação com o novo cenário de vida, com os valores físicos e psíquicos dos pais, do meio, vai somar qualidades e projetar tendências, criar oportunidades, reviver anseios. O perispírito, impregnado, como dissemos, de fluido vital, adquiriu um movimento vibratório ainda assaz fraco, com um mínimo de intensidade. Circunstâncias poderão ocorrer que permitam algumas vagas lembranças, cuja tendência é a de diluir-se tanto quanto se expressem os novos valores da vida ressurgida.

O amortecimento das vibrações perispirituais - e com elas o das lembranças - está na dependência de fatores ligados ao estágio evolutivo do reencarnante: e de marcantes vivências anteriores, porventura dramáticas. Perispíritos muito densificados terão baixa freqüência vibratória e nada de mais sensível filtrarão do passado. Quanto maior o estágio evolutivo do ser, mais sutil o envólucro da Alma, mais sensível, mais vibrátil, permitindo-se ressuscitar de melhor forma algo do passado. Ou estaremos diante de fatos de tal forma impressionantes que vencem a barreira natural, justificando quadros de verdadeiras psicoses obsessivas, de maior ou menor expressão.

No primeiro caso, delineiam-se com maior precisão as lembranças e a literatura psíquica tem dado relevo aos fatos ligados a personalidades notáveis que efetivamente guardavam recordações de vidas físicas anteriores àquela desses registros. Grandes iniciados, como Krisma: "Tanto eu como vós temos tido vários nascimentos, os meus só de mim são conhecidos, porém vós nem mesmo os vossos conheceis..." Enquanto que Empédocles, Ovídio, Sócrates, Pitágoras, Flammarion e outros vultos se lembravam de suas outras estadas na forma física, muitos há que conseguem nada recordar nem mesmo sob o estímulo hipno-magnético. Por isso mesmo se sabe que nem todos os pacientes se acham aptos a fazer reviver o passado, não em absoluto que ele se tenha destruído.

Retornados à vida espiritual, a memória terá condições de se recompor e abranger um panorama mais amplo, tanto maior quanto mais mérito houver nessa ampliação. A visão espiritual, ainda no corpo, tantas vezes possível - espontaneamente ou por indução, tem certo alcance, mas ainda aqui se ressente das limitações do vínculo corpóreo.

O desprendimento da alma pela morte física traz-lhe a emancipação em caráter definitivo, devolvendo-a à condição de Espírito errante, como se sabe. Mas também se conceitua a emancipação pelo sono natural como um estado muito próximo, bem vizinho daquele, durante o qual, até certo ponto, a alma daria pequenos "vôos" no anseio de libertação... É por essa razão que muitas vezes o sonho nos conduz às vivências espirituais em que algo sentimos de familiar e pouco definido. São lembranças obscurecidas pela matéria. Ou teremos aquilo que nós deveríamos (ou não devêssemos) chamar de sonho, verdadeiras incurções na personalidade pretérita.

O esquecimento, portanto, em princípio contingente e necessário, é, como toda a boa regra, bem cheia de exceções... Como todo o artigo normativo de uma lei, tem lá os seus parágrafos...

Ao tratarmos aqui do problema do esquecimento das vidas anteriores de sua razão de ser, afirmando que nada é destruído, é bom separadamente focalizar, de passagem, os esquecimentos que ocorrem como um "branco" em nossa memória, os lapsos de memória e fenômenos de amnésia por diversas razões, algumas delas patológicas, mas nem todas e nem sempre. São fatos de índole diferente.

Freud estudou o mecanismo psíquico do esquecimento e da falsa recordação em sua "Psicologia da Vida Cotidiana", encontrando razões que envolveriam veladas evocações, intenções reprimidas ou associações intercorrentes. Onde haja a aparência de falha (recordação defeituosa) vê na realidade apenas deslocamento, substituição. Tanto assim, conclui ele, que quando o esquecimento é induzido o nome volta depois "à superfície". Pelo exposto, mesmo nestes casos, terá funcionado a memória de registação e ainda uma vez nada ter-se-á perdido em verdade...

CAPÍTULO XXXVIII

HEREDITARIEDADE PSÍQUICA E FISIOLÓGICA

Vimos, ao estudar a memória, que é dita (1) psíquica ou (2) orgânica ou fisiológica, que preferimos conceituar como psico-biofísica. Consideraremos agora a hereditariedade e lembraremos também que é considerada sob dois ângulos: (1) a hereditariedade psíquica e (2) a fisiológica. Aqui porém, ao contrário do que havemos feito, nossas restrições atingem o conceito clássico do que seria, já agora, o hereditariedade psíquica.

De saída estamos podendo observar o sentido analítico, mais exatamente dualista do estudo convencional, até certo ponto válido didaticamente. Insistiremos em ir buscar o perispírito, sem desprezar naturalmente as razões e as pesquisas da escola materialista, antes tirando dela todo o proveito possível.

Para chegarmos à hereditariedade, necessário se faz estudar a reprodução e haverá de início que considerar, como se sabe, a da célula em si (reprodução celular), e a da espécie. Nem se pode esquecer os mecanismos da diferenciação, da especialização, de mutações, de adaptações, a nos indicar a existência de uma como que "consciência" celular, a que já nos referimos. Sem estes elementos, sem ela, não haveria como realizar por exemplo um belo transplante de safena em caso de insuficiência coronariana na certeza de que os tecidos se conscientizarão de suas novas e mais nobres funções... Volta à baila a "idéia-diretriz"...

Darwin entendia que não seriam propriamente os elementos reprodutores que engendrariam novos organismos, mas antes as células ou unidades do corpo inteiro, globalmente considerado. Conhecida agora a engrenagem mediante a qual se processam as fases cariocinese, o papel dos aminoácidos (DNA e RNA), um substrato energético haveria de estar presente, encaminhando o mensageiro - como se fora uma fita gravadora - a percorrer o ribossomo para fixar definitivamente o código genético, trazendo nos genes fatores "dominantes" e "recessivos", determinando as variantes dos caracteres dos futuros seres, como se fora o trabalho de um computador. Em milhares e milhares de casos, os princípios embriogenéticos funcionarão porventura automaticamente... Mas... dentro de uma fortuidade absoluta? Isto em toda a extensão das escalas fito-zoológicas? Com uma precisão cega e irrecorrível? Por que não a presença de forças diretivas de ordem superior garantindo ao ser embrionário o ajustamento às necessidades do estágio evolutivo do futuro ser adulto, aos compromissos do equilíbrio ecológico, tendo em vista cumprir cada indivíduo seu papel na sucessão hierárquica seguindo a evolução das espécies? Ora, havendo evolução, com a eclosão de elementos novos, com mutações e adaptações, que estaria a guiar tudo isso? Uma força cega da Natureza chamada determinismo? Se há evolução incessante, cíclica, da estrutura orgânica, por que a espiritual seria mero reflexo ou simples conseqüência desta, se é prevalente em seus valores, hierarquicamente mais importante e, pois, devendo sobrelevar-se? Há animais que têm certo grau de inteligência; mais que isto, sentimentos quase humanos, a razão no nascedouro. Poderemos considerar isto um simples fruto mecanicista da embriogênese? Enfim, de onde o próprio homem tiraria seu conceito de ética, de moral, de bom senso, a vontade, a criatividade, o gênio? Responde-nos André Luiz, em "Missionários da Luz", que "a lei da hereditariedade fisiológica funciona com inalienável domínio sobre todos os seres em evolução, mas sofre, naturalmente, a influência de todos aqueles que alcançaram qualidades superiores ao ambiente geral". Geley, em "Doutrina Espírita" completa: "As desigualdades humanas do ponto de vista da inteligência, da consciência e do sentimento, desigualdades que nem a hereditariedade nem a influência do meio explicam suficientemente, têm fácil explicação na diferença evolutiva dos seres."

Se algo existe, portanto, além da matéria orgânica e do mecanismo e se esse "algo mais" podemos designar por "psiquismo diretor", por que não lhe darmos então o atributo de fio condutor da evolução?

Dessa forma, poderemos entender porque, na seleção das espécies, a força de atração magnética não só elege o gameta masculino que se admite seja o mais apto biologicamente para alcançar a célula germinativa feminina, para a fecundação, por mecanismo que seria até certo ponto aleatório, mas, sobretudo nas espécies superiores, como no homem, fazendo-o graças a vibrações energéticas de ascendência espiritual, como quer Jorge Andréa em "Palingênese, a Grande Lei". A imantação magnética eletiva que escapava à observação da ciência não determinaria tão só o sexo, nem o faria ao acaso, mas uma vasta ordem de fatores em equação, adequadas aos reclamos do ser que se constituiu. Encaixa-se aí o que nos ensina Delanne: "Os princípios organogenéticos dormitam no perispírito enquanto a alma pervaga o Espaço". Manifestam-se, continuaremos nós, como um campo de forças diretor e organizador a partir da ovogênese, tanto no claustro materno como, por expansividade, na proveta do inseminador, o que pouco importa.

Examinados que sejam os problemas atinentes à função genética dos cromossomos paterno e materno, não é de descurar-se do que chamaremos os moldes mentais, pela simbiose psíquica que se estabelece e de que não se pode mais duvidar.

O organismo materno é ainda, como nos diz André Luiz, "O grande exaustor de fluídos do reencarnante para alívio e abrandamento necessários ao ajustamento das provas...". Eis em princípio os moldes mentais do reencarnante exteriorizando-se através da organização fluídica por vibrações harmônicas ou desarmônicas, em faixas de maior ou menor labilidade, influenciadas pela redução volumétrica automática imposta ao perispírito pelo próprio processo encarnatório.

A memória sofre o mesmo processo de redução que as modernas técnicas estabelecem para os registros documentários, um débil catálogo codificado, miniaturado, influindo nas manifestações do novo ser, premarcando triunfos ou ajustes. Delicado registro, expressando-se por movimentos vibratórios próprios. Eis que, assim, ficará a estrutura genética sob os ditames de um comando mental. Almas em graves débitos assimilarão genes possuidores de aberrações cromossomiais, buscando certos pais capazes de os vincularem a resgates e provações dolorosas, a idiotia, o mongolismo, as disgenesias. Somar-se-ão fatores ambientais e problemas congênitos (- não só pensar em herança genética) Ou aguardarão ocorrências cármicas de outra índole, tais certas neuropatias que surgem mais tarde... Enquanto isso outras almas estruturarão, pela afinidade ainda, as mãos hábeis do pianista, do pintor, o cérebro do cientista, as cordas vocais do cantor, do orador. A herança está, portanto, exatamente na instrumentalidade física. Psíquica seria antes de mais nada a força de eleição natural dos meios e condições físicas ideais ao desempenho da alma. A excepcionalidade é um exemplo. Mas ainda aqui, a prevalência dos valores do Espírito se esteriotipa no exemplo de uma Hellen Keller ou, aqui entre nós, em um Aurino Costa. Ora, a hereditariedade física, fisiológica trará, então graças à força vital dos genitores, as características de constituição, de parecença, de biotipo, de raça, de tipo sangüíneo, de longevidade, de prolificidade, de disposições mórbidas - qualidades porque responde a estrutura genética - e a que se reúnem fatores congênitos, com aqueles às vezes confundidos...

Serão arranjos e combinações de genes - carga genética - e de circunstâncias outras intercorrentes que se somam e que estabelecem, por exemplo, o desenvolvimento normal ou anormal de órgãos nobres por meio dos quais há as manifestações intelectivas tidas e havidas por herança psicológica. A inteligência pertence ao Espírito. Pais medíocres geraram gênios e vice-versa sem que pudesse a recessividade explicar. As aptidões orgânicas se casam à escolha de fatores como o meio familiar pelo princípio de afinidade buscando a provisão de recursos hereditários e ambientais para o seu aproveitamento. Mesmo em se tratando de constituição que enseja a afloramento de quadros patológicos, nem sempre a doença em si é transmitida geneticamente. Delanne esclarece que em casos de loucura o pai transmite vícios de constituição que propicia ou predispõe a doença, mas não propriamente esta.

Quer nos parecer que só se poderia, a rigor, falar em hereditariedade psíquica se por tal entendermos a transmissividade de condições adequadas ou não às manifestações intelectivas através da constituição orgânica. Isto porque nos atemos à condição de transmissividade como base para o conceito de hereditariedade.

Numa visão objetiva do problema, dentro do mesmo sentido espiritualista, mas em outros termos, Ubaldi, em "A Grande Síntese" diz que "antes da hereditariedade orgânica há uma hereditariedade psíquica, que se sobrepuja àquela, reunindo todas as vossa obras e encerrando o vosso destino". Ainda aqui, a fisiológica seria secundária, dependente, não resta dúvida. Mais explícito esse autor quando nos diz que "a hereditariedade segue outras vias, as psíquicas, pelas quais o material recolhido é confiado para sobrevivência, ao princípio espiritual, com preferência sobre as vias orgânicas da reprodução."

Na obra "Entre a Terra e o Céu", ouçamos André Luiz numa referência bem oportuna: "Cada criatura vive um carro celular diferente apesar das peças semelhentes impostas pela lei das formas. No círculo da matéria densa sofre a alma encarnada os efeitos da herança recolhida dos pais, entretanto, na essência, a lei da herança funciona invariavelmente do indivíduo para ele mesmo. Detemos tão somente o que seja exclusivamente nosso ou aquilo que buscamos. Renascemos na Terra junto daqueles que se afinizam com o nosso modo de ser. A hereditariedade é dirigida por princípios de ordem espiritual". E, conclusivo: "Se os filhos encontram os pais que precisam, os pais recebem os filhos que procuram".

Tocando no problema da afinidade magnética, é o mesmo autor espiritual que diz: "Filhos e pais, indubitavelmente ainda mesmo que se cataloguem distantes uns dos outros sob o ponto de vista moral, guardam sempre afinidades magnéticas entre si; desse modo, os genitores fornecem determinados recursos ao reencarnante, mas esses estão condicionados às necessidades da alma que lhes aproveita a cooperação, porque, no fundo, somos herdeiros de nós mesmos".

Para concluir nosso arrazoado, vamos dar a palavra ao grande escritor Hermínio Miranda, tão feliz nesta síntese: "A genética ajuda a compreensão das similaridades entre os membros da mesma família; a reencarnação é a teoria capaz de explicar as diferenças" (Reencarnação e Imortalidade).

CAPÍTULO XXXIX

REENCARNAÇÃO E AFINIDADES MAGNÉTICAS

Diante desse quadro de xadrez em que se deslocam as pedras no grande jogo da vida, uma destas nem sempre terá sido identificada com a necessária precisão para ocupar o devido posicionamento: a afinidade magnética.

De início, já estará ela presente quando do planejamento dos programas reencarnatórios, conforme esclarecedores relatos de coerentes mensagens de Além-Túmulo. Afinidades que se relacionam com a cultura dos povos e das raças, com a moral social, com estágio vibratório do grupo familiar, com o aproveitamento de oportunidades e de aptidões encerradas na bagagem perispiritual, face a tarefas a serem desenvolvidas ou a compromissos que imantem as almas entre si.

Recapitulando assunto já abordado, é sem dúvida a imantação magnética que sensibiliza o gameta migrador, dando-lhe aquela vivacidade (vibrações energéticas) com que ganha a corrida... A escolha é, portanto, um problema de eletividade com que a seletividade se manifesta. Vale recordar que, segundo André Luiz, renascemos junto àqueles que se afinam com nosso modo de ser; que filhos e pais guardam sempre afinidades magnéticas entre si. Se nos disserem que os processos cognoscitivos, os hábitos e costumes se realizam mediante decisiva influência do meio, lembraremos ainda uma vez que o ambiente terá sido adredemente buscado por princípio de afinidade mesmo, isso sem descurar das situações de superação do meio.

O autor espiritual citado, na obra "Entre a Terra e o Céu", afirma que "assimilamos as energias de nossos pais terrestres na medida de nossas qualidades boas ou más, para o destino enobrecido ou torturado a que fazemos jus pelas nossas conquistas e débitos que voltam a Terra conosco, emergindo de nossas anteriores experiências". Flui daí o contingente da afinização magnética: os seres se atraem na razão de valores positivos ou negativos presentes em sua roupagem vibratória perispiritual. Por outro lado, é ainda André Luiz em "Evolução em dois Mundos" quem lembra os processos de obsessão e vampirismo por imperativo de reajuste, em que o obsessor passa a viver no clima pessoal da vítima (simbiose) e ressalta: -"Executado o projeto de retorno, sofre a mulher indicada por seus débitos à gravidez respectiva o assédio de forças obscuras que, em muitas ocasiões, se lhe implantam no vaso genésico... desde a hora inicial da nova existência, ligações fluídicas através dos tecidos do corpo em formação, pelas quais a entidade reencarnante, a partir da infância, continua enlaçada ao companheiro ou aos companheiros menos felizes que integram com ela toda a equipe de almas culpadas em reajuste". Evidentemente uma imantação magnética.

Em "O Livro dos Espíritos" a escolha das provas, melhor dizendo, a escolha do gênero de provas é abordada com simplicidade em respostas objetivas ao alcance de todos, no Capítulo VI, 2ª parte, perguntas 258 e seguintes. Continua o assunto no capítulo seguinte, em que se diz que o Espírito "pode também escolher o corpo, porquanto as imperfeições que este apresente ainda serão, para o Espírito, provas que lhe auxiliarão no progresso, se vencer os obstáculos que lhe oponha". A certa altura, pergunta 388, a resposta ratifica o pensamento sobre as relações de simpatias entre os seres, declarando:

"Entre os seres pensantes há ligações que ainda não conheceis. O magnetismo é o piloto dessa ciência que mais tarde compreendereis melhor". "Seres - diz-se um pouco antes - que se buscam reciprocamente por entre a multidão".

Ora, a parecença física é, no mínimo, um aspecto dessa afinidade magnética; é a circunstância que mais chama a atenção de qualquer observador, por mais leigo. A parecença nos hábitos e nos gostos também entra no esquema. Gosto sempre, normalmente, de quem gosta do que eu gosto...

Quando os atributos entre pai e filho se identificam vem

o adágio dizendo que "filho de peixe é peixinho..."

Mas ocorre já agora que, se é inegável a herança biológica, incontestável mesmo, que dizer da existência de sósias que não pertençam ao mesmo laço familiar, o que está a nos intrigar seriamente. Que fatores ditariam essa parecença por vezes gritante? Identidade sim, sob certo sentido...

Certa feita, chegando ao guichê de um banco, em Niterói mesmo, verificamos ao nosso lado um cidadão cujo aspecto físico, biótipo, estatura, tudo, enfim, lembrava demais o já então desencarnado presidente Vargas. O funcionário do banco não se fez de rogado e o interpelou a respeito da coincidência. Perguntou-lhe se era parente, ou se alguma vez lhe fizeram ver essa parecença. O homem respondeu-lhe afirmativamente quanto à segunda parte. Era fluminense, nada tinha a ver com a família Vargas, mas já fora até recebido com banda de música e grande alvoroço em algumas cidades do interior fluminense, pois só com muita relutância algumas autoridades locais aceitavam nele a simples condição de um sósia.

Outro fato já observado é o da convivência, trazendo com o passar dos anos uma identificação notável, o que acontece a alguns cônjuges. Entre si se assimilam modos de ser, o que é bem natural que ocorra, porém mais que isto, somam-se traços de parecença física. Muitos há que em certa fase já da velhice, parecem irmãos.

Um outro fato ainda, bem curioso, é o que Delanne registra em "A Reencarnação", ou seja, a chamada "hereditariedade telegônica". É o caso da reprodução nos filhos de um segundo casamento de caracteres e qualidades do extinto cônjuge. Como vai querer a Genética explicar a paresença fora dos da consangüidade, que é o seu campo de atuação? Nem nos informará por que razão pais medíocres tenham filhos geniais e vice-versa; pais sadios tenham filhos com alterações não justificadas em sua genealogia, quando se podem precisar causas genéticas e congênitas.

Léon Denis, em "O Problema do Ser, do Destino e da Dor", lembra:

"A transmissão do temperamento, dos traços do caráter, da inteligência de pais para filhos é muito sensível em certas pessoas. No entanto tem-se visto estranhas anomalias. Anjos de pureza descerem em meios depravados e vice-versa sem precedentes atávicos."

Lembramos que aí tanto se foge à geneologia como à influência do meio. Sobrelevarão razões dignas de considerar-se, certamente: - Embora os desníveis, haverá por força Espíritos mais elevados que, por testemunho de amor espiritual a seres a que se vincularam, aceitam em renúncia a oportunidade da ajuda substanciosa, que muitas vezes se traduz por holocausto.

Podemos dizer então que a questão da ligação magnética entre os seres deve processar-se dentro de leis que abarcam condicionamentos ligados àquelas biológicas, dentre elas as da hereditariedade. Mas que freqüentemente extrapola a tais leis e se verifica exuberantemente fora da expectativa que envolve os atuais conhecimentos oficiais. Admitindo-se os princípios da sobrevivência, da reencarnação, as leis da causalidade, à luz do Espiritismo, começamos a divisar um lineamento mais claro nos distantes horizontes do nosso entendimento. Partimos de reconhecer os méritos do esforço com que a Ciência se dedica ao estudo. E aguardamos ansiosos que o novo contingente de dados dê aos homens das academias a visão ampliada de tantas verdades que despontam ao se descobrirem os véus de um saber mais alto.

CAPÍTULO XL

O INCONSCIENTE NA SONDAGEM DOS DESTINOS

Não basta o senso próprio para que se afirme com lógica. É expressão bíblica "ter olhos de ver". Observar, investigar, equacionar os problemas, reformular conceitos próprios, manusear todas as pedras de um jogo de dados com equilíbrio e descortin o, eis o que é necessário. No entanto, em geral, nos pomos num certo ângulo de visão que implica em premissas ou raciocínios a este condicionados ou enfatizamos aquilo que parece ser a nossa grande descoberta, defendendo-a com natural ardor.

Examinemos como um cientista, por não querer "ver" o Espírito, por não ter olhos de ver, a que torvelinhos submeteu seu raciocínio para constituir engenhosa teoria explicativa de fatos de sua observação, que nos parece ter ele superestimado.

Sabemos que os genes influem na constituição dos caracteres do ser, que interferem na descendência pré-determinando condições que importam em termos de conseqüência. Assim, uma alteração genética fará de uma criatura (o descendente) o portador e/ou o transmissor de caracteres tais e quais, nem sempre um doente. A doença, se instalada, será obviamente uma doença genética. E quem tem uma doença genética sela com esta algo de sua destinação, é claro. Daí, no entanto, a admitir-se que os genes impulsionam as criaturas ao encontro de seu destino vai longa distância. Pois bem, os genes, exatamente *recessivos*, eis a questão, impulsionariam seu portador de modo a ir inconscientemente ao encontro de outra criatura determinada, aquela identificada por possuir um tipo genético semelhante ao respectivo gene recessivo materno, porquanto propiciador de neuroses a instalar-se, isso ocorrendo por imposição do que seria "a mão do destino", ou seja, com o propósito de que certos caracteres se acentuem e rendam dividendos. Quer nos parecer mesmo ciência pura para ninguém botar defeito. Eis, salvo melhor juízo, a tese do psicanalista húngaro Lipot Szondi, que pretendeu com ela descobrir o "Inconsciente familial". As simpatias, a impulsão de uma criatura para outra levando-a ao ponto de se enamorarem, de se unirem, estariam sediadas de algum modo na rede cromossomial. Hoje em dia, com tanta incerteza que ronda os casais em diferentes níveis da sociedade, que abala a estrutura tradicional da família, quer nas áreas em que ainda hoje predomina a poligamia legalizada, como estarão os genes a ditar relacionamentos humanos nessa multiplicidade de chaves do destino? Seria o solteirão decidido alguém que não encontrou a sogra capaz de somar com ele propensões mórbidas?

É evidente que Szondi "ouviu cantar o galo...". O parentesco espiritual é ditado por leis de afinidade; o familial pos impositivos nobres e realizadores. Que os genes importam não há negar, já o dissemos. Experimentasse o cientista inverter seus raciocínios, olhar de cima para baixo ao invés de fazer de baixo para cima e verificaria que o Espírito ao reencarnar, escolhe as condições da prova, o gênero ("a mão do destino") e assim se sujeita ao impositivo de seu estágio evolutivo; que o perispírito traz o timbre que o capacita a buscar condições não apenas genéticas, na ovogênese, mas também congênitas, perinatais ou outras que adiante surjam, isto é, o somatório de vicissitudes que espera da Lei da Causalidade. Que as uniões realizam muitas vezes compromissos de dívidas do passado ou preparam tarefas com vista ao futuro. Inverter-se-ia o sentido do seu "tropismo genético". Acordamos, assim, com ele em que não há acaso, mas divergimos na análise do destino... São conceitos que formamos ao exame do que se contém nas perguntas 203 e seguintes, 207 e seguintes, 258 e seguintes de "O Livro dos Espíritos" e suas respectivas respostas.

Nosso saudoso Imbassahy comenta com seu humor sui generis o caso da sogra, com seu impulso homicida continuado pela nora, no exemplo padrão tomado por Szondi. E com facilidade explica que o Espírito obsessor da primeira ter-se-ia passado para outra, sem necessidade alguma de interferência dos genes. Bem mais simples. Naturalmente, nem os genes nem os obsessores poderão ser levados à barra do tribunal. Mas, de nossa parte, inspirados pelo grande causídico, temos aqui o ensejo de defender os primeiros. Restarão os segundos, que serão doutrinados em nossas sessões práticas...

CAPÍTULO XLI

REMINISCÊNCIAS E MEMÓRIA EXTRA-CEREBRAL

Reminiscências, em princípio, são recordações, lembranças que vêm à tona da consciência em dados momentos, em face de certas circunstâncias favoráveis. Todos nós as temos, de hábito, em virtude de associações de idéias. Queremos fixar aqui, porém, aquelas reminiscências ou aquelas recordações que poderemos denominar de transcendentais, aquelas que transcendem o habitual. Pode tratar-se algumas vezes do que se denomina memória latente, aquela guardada no inconsciente, surgindo espontaneamente a bem dizer. Delanne tem muitos exemplos disso e vamos obter com ele alguns para nossa citação: A mãe lhe morrera, tinha a criança alguns dias de vida apenas; adulta, acontece voltar ao mesmo quarto. Em dado momento comove-se e exclama: - Tenho a impressão de ter estado aqui. Havia uma senhora deitada, muito doente. Inclinou-se sobre mim e chorou... Outro caso: Certo cidadão recordava-se de um castelo. Vaga, mas persistente a lembrança. Foi apurado que ele estivera aos 16 meses de passagem por um castelo e como de fato se percebia, isto é, nas costas de uma alimária... São lembranças que estão latentes no subconsciente de cada criatura mas que nem sempre se expressam. Há de ser semelhante o mecanismo porque se processam lembranças ainda mais remotas. Ali, como aqui, temos de raciocinar que o subjetivo não é, por essa circunstância, menos real. Poderemos partir de entender que certos registros, guardados, como que por economia na estrutura dita o Inconsciente - faixa perispiritual - estejam, pelo conteúdo e por sua importância, sob certa tensão, como se fora o arranjo de uma mola prestes a expandir-se, em dado momento, no sentido do Consciente. Atuariam como fatores desencadeantes circunstâncias que fariam o toque no molejo, disparando as revelações do passado. As circunstâncias seriam aquelas de um reencontro, um impacto vibracional, por exemplo. Partiremos da teoria ao fato todas as vezes em que a influência de vivências anteriores seja a única explicação plausível encontrada. São muitas vezes fobias marcantes, neuroses, compulsões, que se acompanham de rememorações e com elas revelações que surgem, toda uma seqüência de coincidências a indicar não uma alucinação propriamente, mas recordações de existências anteriores. Mandará o bom senso se examinem todos os aspectos de cada caso.

Quando em boa razão se afastam a inventiva ou a desculpa ficando-se com a recordação de fatos de existências anteriores vivenciados na tela mental, justamente porque essa memória não pode ser buscada no cérebro, isto é, no psiquismo cerebral, já que remontaria a período anterior ao da formação do corpo somático, surge então a propósito a expressão "memória extracerebral". Nem se diria estar essa memória mais propriamente noticiosa, ou reveladora, vinculada de alguma sorte à informação genética, posto que não se relacionem quase nunca aos antepassados da criatura, de modo a empolgar como hipótese. Consideraremos duas restrições, embora aceitemos a expressão por válida: a primeira, por abranger apenas o conceito de memória, quando estamos diante de algo mais expressivo, qual seja a verdadeira vivência emocional; a segunda é que, como já estudamos, não sendo a memória essencialmente orgânica, já não é, a bem dizer, cerebral mesmo, embora o cérebro seja o órgão inegavelmente de apoio físico às manifestações da inteligência, da consciência, da memória... Há quem opte por "memória paranormal". Continua a expressão a se relacionar apenas às lembranças. Ou memória pré-natal. Aqui restrita ao período intra-uterino mais precisamente. É bom ainda, em termos conceituais, distinguir a memória extra-cerebral em si mesma de fenômenos paranormais, ainda quando estes a despertem. De igual forma, a mediunidade não é aqui a explicação, embora possa um Espírito influir no mecanismo da revivescência por fator desencadeante. Por sua vez, revelações mediúnicas ou que ocorram por clarividência constituem um outro problema, que se vem juntar ao de que hoje cuidamos. Uma informação, bem entendido, auto-elaborada, partindo de dentro do ser. Vamos que tenhamos uma idéia fragmantária, mais ou menos vâga, de algo relacionado a um passado. A memória aí, mesmo pouco precisa, se projeta além, é "extra-cerebral". Se uma revelação nos é feita e coincide, ilustra, confirma, dando cores mais vivas ou iluminando o campo das idéias, esta age no mesmo sentido sem partirem ambas do mesmo ponto.

Reminiscências, termo mais abrangente, também não é simples problemas de hiperestesia de memória, que importa na manipulação de registros de fatos que teriam sido conhecidos de alguma forma e com toda a probabilidade esquecidos ("criptomnésia" de Richet). Para tanto citam-se casos de crianças que, do início, ao começarem a falar, usam idioma não natal, logo, reminiscência do que aprenderam em outra vida, assim, não estariam veladas no cérebro físico. Há casos de adultos que, estudando uma língua, de relance compreendem toda a estrutura idiomática (o que também não é xenoglossia), penssam e até passam a sonhar nesse idioma, como se fora sua língua materna. Excluem-se totalmente nestas e em outras narrações idéias preconcebidas por força de sugestões e de crenças. São os casos de crianças de menos de sete anos com lembranças perfeitas de suas existências anteriores. Karl Muller, na obra "Reencarnação baseada em fatos", enumera casos e mais casos de crianças que lembravam fatos marcantes, como o sepultamento em outra vida, volitação no Plano Espiritual, estado vaporoso, que a sua imaginação não deveria fabricar. Curiosa é a informação de certo menino que sempre se chamara David e que exclamou: "A única coisa de que não gosto é que toda vez tenho de recomeçar como criança e esperar crescer." Não deixa de ser interessante especialmente essa memória extra-cerebral relacionada à fase da Erraticidade; embora não comprovável por sua natureza, posto que os dados da vida física puderam ser averiguados, na multiplicidade dos exemplos que se menciona, aquela vem em apoio ao pensamento espírita.

Vejamos agora um aspecto particular, sem dúvida relevante: o do reconhecimento de lugares e circunstâncias. Paramnésia é estritamente para a Psicopatologia a resultante de uma anomalia do mecanismo da memória pelo que ela incide em erro, dando a sensação de já ter ocorrido um fato que se está ainda vivendo; de já ter estado outrora onde se acabara de chegar pela primeira vez... Seria uma ilusão dos sentidos, não apenas visual mas consciencial, na maior parte das vezes fugaz, em certos casos repetitivas. Será sempre um erro? Não deveríamos deixar de reconhecer a possibilidade de um problema patológico, longe também por nossa vez de generalizar para que errados não estejamos nós. Mas... quando se apontam pormenores que as confirmam? Quando as lembranças trazem caráter premonitório? E bem o que o francês, chama de "déja-vu"; o "já visto". Caracteriza-se o fenômeno por uma emoção particular, uma sensação de familiaridade, reconhecimento de lugares, em certos casos há previsões de cenas, dando expectativa de continuidade de fatos e até de conversas - que são confirmadas - e desde que o sejam não há aqui o pretendido erro! Sensação de certa forma curta, às vezes vaga, seguida comumente de angústia, irritação, opressão, descreve Delanne. Ora, por que motivo certas visões se estabelecem em relação a lugares desconhecidos? Daria para pensar sobre a estranha coincidência de a pessoa ser guiada a lugares determinados. Léon Denis diz que "os próprios lugares exercem sobre nós a sua misteriosa sedução e é raro que o destino não nos reconduza muitas vezes às regiões onde já vivemos, amamos e sofremos" ("O Problema do ser, do destino e da dor").

Certa senhora - citam diversos autores - em visita turística, tem a sensação de queda, de vertigem, sente-se mal sem motivo aparente. Ouve chamá-la e ao companheiro por outros nomes. Por que teria podido identificar-se naqueles nomes que não eram seus? Sabe-se depois por investigação, que alí estivera um casal com exatamente aqueles nomes e que acidentalmente alí faleceram ambos, muitos anos antes... A sensação de "já visto" foi muito longe para ser simples paramnésia. Em certas lembranças, a psicometria ambiental parece ser o melhor fator desencadeante. É o caso de certo cidadão que visitara o Egito e de repente sentira-se sacerdote do templo de Karnac; como que se desdobra, volve ao passado, vivendo-o em suas emoções. Uma francesa casa-se, muda-se para a Criméia; lá estando, certa feita perde-se na selva e a essa altura sente-se russa. Era Matilde mas percebe-se Marina, junta-se à memória extracerebral uma outra circunstância, a clarividência. Projeta-se no passado e o revive empolgantemente. Sabe onde está, como chegar a lugar seguro, pormenores da casa, reconhece tudo que a cerca e tudo é confirmado. Onde o erro da pretendida paramnésia?

Delanne, em "A Reencarnação", formula uma pergunta: Como distinguir uma verdadeira recordação de vidas anteriores de uma lucidez em sonho ou de uma perversão da memória? E responde: Pelo estudo das circunstâncias que acompanha o sonho, das lembranças antigas que devam situá-lo, de forma evidente, no passado."

Para os fenômenos de "déja-vu", de um modo geral, não

é a reencarnação a explicação única, reconheçamos. A alma como sabemos, pode desprender-se e visitar locais onde nunca andara na encarnação em curso, podendo depois ir a estes locais na vigília. Presume-se então que verá as coisas tal como são e não como terão sido no passado. Mas, a nosso ver, não pode essa circunstância formar regra. Senão vejamos: Estejamos num sonho... lembrar-nos-emos de algo ao tornar à paisagem contemplada. Estariam as circunstâncias devidamente montadas a favor da rememoração. E não deixaria de ser "extra-cerebral"... Mas, pensemos bem, um sonho não precisa ser atual, levar-nos a paisagem atual, já que existem sonhos retrocognoscitivos. Na verdade, as coisas não são tão simples de equacionar. A circunstância de serem vistas as coisas como estejam na paisagem antiga aquela que chega à tela das lembranças, num retorno ao passado, não é bem o divisor de águas quanto a interpretação pretendida por alguns estudiosos do assunto. Não esqueçamos que o presente pode suscitar visões remotas, que vão ser buscadas num passado até bem distante. Sensitivos há que os recolhem sem que necessariamente sejam eles o próprio figurante, o personagem principal da história vivida.

Valem estas considerações num estudo criterioso do nosso assunto, para valorizar a pesquisa, selecionando os caso legítimos. Nestes, há também um estranho sentimento, a sensação da pré-existência. Tais aquele de uma menina de sete anos apenas, muçulmana, que reencontra o marido brâmane numa patética seqüência de reconhecimentos e pede que se case com ela novamente, o que não é aceito. Outro foi o da adolescente que pede o seu viúvo já com 45 anos em casamento e algum tempo mais tarde casam-se mesmo. A emoção que os empolgava longe estaria de ser romanticamente classificado de amor à primeira vista... Seria, com toda a certeza, casos de amor à segunda vista.

CAPÍTULO XLII

REGRESSÃO DE MEMÓRIA E OBJETIVAÇÃO DE TIPOS

De passagem, recordemo-nos de que se consideram distintamente uma memória de fixação e uma de evocação; ou, se quisermos, memória de conservação, de reprodução e de reconhecimento.

A expressão de uso consagrado "regressão de memória" a rigor poderia englobar todos os fenômenos que resultam no retorno das lembranças, no retorno da memória aos caminhos por ela percorridos anteriormente. Contudo, ela não é assim abrangedora, antes restrita a determinada ordem de fatos que não se cingem simplesmente ao reavivar da memória. Por isso mesmo, Teixeira de Paula prefere falar em retrogradação da consciência.

Delanne em "A Reencarnação" transcreve da "Revue Spirite" a mensagem em que um Espírito que fora várias vezes médico narra haver-se reconhecido em suas sucessivas personalidades, para dizer-nos então que as leis do magnetismo são as mesmas no Espaço como na Terra. Mas Delanne mesmo lembra que, "se a memória da última vida é renovada depois da morte, o mesmo não se dá, em muitos casos, com as existências anteriores". Haverá então circunstâncias determinantes dessas retrogradações sucessivas. Ora, um Espírito pode voltar mentalmente ao passado, narrando-o em sessões mediúnicas; esse passado, podemos fazê-lo voltar, sob comando hipnótico. Também se sabe que médiuns como Yvonne Pereira revivem, nas cenas que descrevem, nos romances que psicografam, o próprio passado que retorna à tela da memória com todas as suas emoções; afastados que estejam os indigitados "romances subliminares"; é preciso então que se defina para nós o termo questionando, fixando-o em seu sentido específico. Convencionamente, digamos, para o experimentador psíquico, a chamada "regressão de memória" expressa aquilo que se obtém por métodos experimentais de pesquisa, não se tratando dos casos espontâneos que já vimos anteriormente; e é bom notar, também não é aquilo que se reconhece por hipermnésia (memória em estado de alerta, ampliado o campo de suas percepções).

Segundo o grande Delanne, foram os espanhóis que primeiramente se interessaram pelo assunto. Fernandez Calavida fez também a contra-sugestão, com outro hipnotizador. Foi Léon Denis quem estimulou o Cel. de Rochas à investigação que mais o celebrizou. Este foi o primeiro a publicar instruções a respeito dos cuidados e dos métodos: a empregar o termo Regressão de memória. Terá sido Estevam Marata o primeiro a relatar os fatos em um Congresso Espírita Internacional, em 1900.

O Cel. Engenheiro Professor de Rochas obteve uma vasta experiência de casos pesquisados, embora Sudre lhe jogue à face que "todos os resultados de de Rochas são viciados pela sugestão mental..."Reexaminaremos este aspecto adiante. De Rochas operava através do hipno-magnetismo, por meio de passes longitudiais que levam ao sono profundo, conseguindo despertar os seus pacientes com passes transversais. Outros pesquisadores foram Pierre Janet, Durville, Bourru, Burot, Pitres,etc. O método está se vulgarizando. Entre os nossos patrícios vamos destacar o trabalho de Hermínio Miranda.

No decurso da experimentação hipnótica, é evidente, fazse necessário, como nos demais casos de hipnose, conduzir o paciente pela sugestão. Adormecido o sensitivo, é transportado, por força de sugestão, a idades anteriores, quando então ocorre o fato de que esquece completamente tudo que diz respeito aos acontecimentos posteriores à fase fixada. Despertado, tal como ocorre ao sonâmbulo, não se lembra do sucedido, desconhece os personagens que expressou ou com quem conviveu em sua viagem mental. O paciente revive não apenas memórias descritivas, lembranças, nos estados sucessivos da personalidade, bem como expressões físicas e particularmente fisiológicas correspondentes e até mesmo conhecimentos, sobretudo lingüisticos. Chamaremos a isso "lei da conservação". Além das reações próprias, também o timbre da voz, a escrita a garatuja da infância, a mudança no domínio do automatismo da escrita, o idioma, os erros gráficos, os dialetos e mudanças semanticas e gráficas da evolução da língua, tudo isso anotado pelo experimentador. Observa Karl Muller (Reencarnação baseada em fatos) - "Quando não se guia o paciente sugerindo as fases, mas a vida pretérita, recorda-se em primeiro lugar das cenas da desencarnação". Diz mais que, mesmo que certos fatos mais evidentes não tenham tido intensidade para dar como conseqüência alterações emocionais da esfera da Psicanálise, surgem sempre na primeira oportunidade. Pacientes com distúrbios motores e/ou sensoriais, voltando ao tempo em que estavam sadios não apresentam esses transtornos. Uma pessoa cega de um olho regredida a fase anterior ao acidente causador dessa anomalia enxergava com ambos os olhos. Jenet levou uma senhora (Rosa) à fase em que estivera grávida e a paciente entrou em franca distenção abdominal e assim fez quadro de pseudociese. Mulheres conduzidas a certa idade demonstravam o natural pudor feminino. Recuando mais, essa reação instintiva cessava. Era a inocência da infância.

Além dessas observações, realizaram-se sempre que possível buscas aos registros e comprovações da existência de personalidades remotas. Isso acarretou dificuldades, evidentemente.

O importante para nós é a aplicação do método como base experimental da pré-existência e, pois, da palingênese. Podemos, portanto, considerar três fases distintas na experiência se objetivarmos sobretudo os trabalhos de Rochas:

1º - A recordação da existência atual com referência a fatos buscados na esfera do chamado inconsciente, a criptomnésia de Richet e até como base na moderna Psicanálise, de certo modo; recordações de registros psíquicos relacionados mesmo à vida intra-uterina. Muitos são os que se contentam em parar por aí...

2º - Recordações mais recuadas , de uma fase nebulosa, nada mais nada menos que a fase da Erraticidade, descritas situações que se enquadram curiosamente nas narrativas dos Espíritos (desencarnados). Vale a pena fazer um paralelo simples com as revelações dos quase moribundos nas pesquisas modernas lideradas pela doutora Kobler-Ross, indicando uma vida ou uma vivência extra-física.

3º - Recordações de uma outra vida, caracterizadas plenamente personalidades definidas dentro de um momento histórico e social. Poderíamos falar de uma verdadeira exumação psíquica; ou, em outras palavras, mais poéticas, "viagens ao país do ontem".

Ora, pelos métodos hipno-magnéticos, a regressão sucessiva a várias idades anteriores é positiva, é comprovada, mesmo sendo o paciente conduzido pela sugestão a essas fases anteriores; se o método é o mesmo, seria difícil argumentar que as fases 2 e 3 devessem ser relegadas ou desacreditadas sumariamente na cômoda alegação de que a partir daí haja mera fantasia de imaginação. Seria cômodo, mas não seria honesto fugir à especulação. Deveras interessante notar que muitos pacientes experimentados não tinham idéias formadas sobre vidas sucessivas, não eram reencarnacionistas ou seriam em certos casos até mesmo contrários à idéia. Muitos, por inexperientes, não teriam por si mesmos talento para urdir estórias ou revelar conhecimentos bastantes de fisiologia, de psicologia, de patologia, de evolução filológica de suas línguas e muito menos de línguas estranhas, antigas, para imaginar corretamente as seqüências narradas e sobretudo vivenciá-las como o fariam experimentados artistas após estudar os tipos a representar. Não se situariam no momento político-social dos respectivos povos aleatoriamente escolhidos para sua vivência figurativa. Não aprenderiam modos, costumes, jeitos,de classes sociais diferentes em povos distantes de épocas remotas. E sobretudo não alcançariam a perfeição de uma lei implícita a fluir de seus relatos para romanciar tramas perfeitos dentro dela - a lei da causa e efeito - com ajustamento de dívidas e resgates. Nem narrariam com expressões um tanto ingênuas mas convincentes as decorrências da vida no intervalo das encarnações. Isso, sem recorrerem às tradições em que boa parte das criaturas poderia imaginá-las forçadas pelas descrições do Céu e do Inferno das crenças em voga, dadas por seitas tradicionais. Se a sugestão do hipnotizador existe, mais forte que ela seria a de uma tradição arqui-secular. Fundamentalmente ela é condutora, tem a tarefa de levar às faixas etárias e é de convir que, no decurso das sessões, os acontecimentos marcham por si, não se misturam nem mudam de ordem, quer sejam explorados no sentido ascendente ou descendentes dos fatos e das épocas, sem hesitação, na maioria dos casos sem choques, contradições ou incongruências, narrando-se o que seria o "futuro" condizente com um passado a que se chega depois. Mudam em cada existência as circunstâncias temporais, e expressão fisionômica, o todo personalístico, o idioma, os gestos, as habilidades, os automatismos profissionais, o metal da voz consoante a alternância observada de sexo, as crenças, com impressões vivas ora risonhas ora tristes, penosas, sensações factícias e não bem fictícias. De Rochas prefere chamar de "lei da correlação" a seqüenciação das situações e dos fatos. Pitres dá o nome de "ecmnésia" ao fato de lembranças com exclusão completa das ocorrências posteriores à idade ou à época induzida. Mas tanto esse como Janet, Burot e outros afastam de vez a hipótese de romances subliminares, que se constitui no contra-argumento materialista mais forte. Ora, a sugestão é necessária. É o estímulo-motriz que leva a criatura como que a querer reviver o passado que dorme nas profundezas do ser, do inconsciente, mas que não morreu. Se bem conduzida, pode levar aos fatos sem estabelecer quais seriam estes. Tudo que nos cerca é como um oceano de sugestões inapeláveis. Como invalidar a do magnetizador, ou de outras pessoas, anulá-las; ou como vê-las, apenas a elas em sua coerência, em sua correlação? De Rochas, testando uma paciente (Josefina) levou ao trabalho uma jovem que percebia o "duplo etérico" destacável dos pacientes. A sua percipiente gemia se tocada de leve a porção do espaço em que era visto pela outra o seu "duplo". Certa outra criatura, retornando aos 7 anos de idade anterior, daí para traz sentia que já estava reencarnada, porém, ainda um tanto fora do corpo àquela altura...

De Rochas, embora reconhecesse que lhe era possível precipitar as transformações com o recurso da própria sugestão, recomendava pelo contrário percorrer sempre com paciência as mesmas fases e considerava sempre o estado de fadiga de seus "sujets". E em que pese a isenção de ânimo e o escrúpulo (ou até mesmo por isso) não deixou ele de afirmar as suas reservas, se não quanto ao fato, pelo menos quanto ao resultado de algumas observações por ele mesmo feitas. Certo que nem sempre, dentro da grande série de pesquisas, se pode escomar alguns elementos aqui e ali em jogo, ou padronizar o estado mental do "sujet". Visões que se somem, reminiscência que se imiscuam, sugestões exteriores que se encaixem, tudo são incidentes que interferem mas não ivalidam, legitimamente, a experiência em si. Um paciente que tenha a faculdade de buscar pensamentos dos assistentes é candidato certo a interferências. Mas, que não estarão, nem de longe, fazendo corpo com a soma de elementos recolhidos da memória do percipiente, dentro das leis de conservação e da correlação. Como afastar recordações normais de permeio a reminiscências buscadadas? Separar os elementos com prudência. Outro argumento é o de que as idéias estivessem como que "no ar"... Sem comentários. Outra, pelo menos mais engenhosa a de que a criatura possua o que chamam de "memória integral", isto é, seria, por artes não bem explicadas, capaz de haver colhido informações em livros ou assentamentos sobre certas pessoas - fontes incertas - e que passe a vivenciar esses fatos a elas relacionados. Ora, vivenciar e narrar são estágios bem diversos... Ainda outra: Os Espíritos estariam criando essas estórias na mente do "sujet" aproveitando-se de seus estados mentais receptivos para exatamente forçar, artificiosamente, a tese de reencarnação...

Apelação típica! Mas não fugiríamos de admitir que, não sendo por vezes o "sujet" capaz de chegar sozinho às suas próprias etapas anteriores, quadros lhe sejam mostrados, através dos quais, por visões propiciadoras, os fatos revivam mais ou menos precisamente, justificando-se aqui, pela forma de recebê-los, alguma inexatidão e não seriam essas inexatidões eventuais dentro de um cômputo maior que nos levariam a jogar por terra o valor de toda uma ordem de pesquisas concludentes globalmente falando.

A objetivação de tipos - hipóteses de personificação - se baseia nas experiências de hipnose que o inolvidável mestre Lombroso realizou e em que seus pacientes eram efetivamente sugeridos a representar tipos ou personalidades humanas conhecidas. Ora... o cuidado do experimentador em não agir de forma condicionante, indutiva dos fatos, como nestes casos; o fato de as criaturas não estarem, afinal, representando tipos preconcebidos, esperados, induzidos nesses sentidos, permite distinguir uma situação da outra. Dizia de Rochas honestamente: "- Estas sugestões não vêm diretamente de mim; evitei tudo quanto pudesse colocar o sujet num caminho determinado."

Os casos mais famosos, dentre dezenas deles, o da americana Virgínia Burns Tigle (Simmens), que terá sido Bridey Murphy, sob o controle de Morey Berstein; e o de Catherine Elie Muller (Helene Smith) controlada pelo Dr. Theodore Flournoy, suscitam célebres discussões.

Bridey teria sido irlandesa e embora a ausência de registros públicos à época, usava expressões idiomáticas do dialeto irlandês que puderam ser comprovadas. Smith teria sido um caso de evidências a princípio, desviando-se muito provavelmente para incongruências mais adiante. Interferências encaixadas, pode-se pensar, quando estaria entre a vigília e o sono. Mas os casos não ficam aí. Casos e mais casos altamente positivos. A quem interessaria negá-los?

CAPÍTULO XLIII

A JUSTIÇA DA REENCARNAÇÃO

A idéia de justiça sempre esteve na cogitação do homem, mal ou bem entendida e aplicada, de perto dizendo respeito ao conceito de responsabilidade, constituindo-se num atributo da racionalidade. Se a nossa razão admite uma justiça, a justiça menor ou justiça dos homens, daí nascendo as leis, os regulamentos, os regimes de vida, os princípios, os códigos e os deveres, ligados à Moral, à Ética, naturalmente deverá existir uma justiça maior, reconhecida por seus efeitos, regida por forças inapeláveis de um determinismo em termos de conseqüência, determinismo esse que seria cego, para uns, ou promulgado por um poder supremo, exercido por algum deus ou deuses, em geral vingativos e facciosos, até chegarmos ao Deus único de Akenaton e de Moysés - O Deus Todo Poderoso de justiça implacável que sucederia finalmente, com a Boa Nova de Cristo, ao equilíbrio entre a Justiça e a Bondade.

A justiça dos homens impõe a reparação moral. A História está cheia desses lances. Teria Calabar traído a pátria que ainda não existia, optando entre duas dominações? Nosso magnânimo imperador Pedro de Alcântara, despojado, a dois passos da morte física, do trono e da majestade, versejou sua dor enquanto dizia: " - Sereno, aguardarei no meu jazigo a justiça de Deus na voz da História."

É verdade que a justiça dos homens manda repor honrarias, galardões, títulos, troféus, direitos de herança, ressalvando a vítima das injustiças e elevando-a muitas vezes à glória da posteridade. Tiradentes, enforcado, esquartejado, infamado até a terceira geração, é hoje o patrono cívico de nossa nacionalidade. A Igreja Católica ergueu a fogueira que carbonizou o corpo da jovem Joana D'Arc e hoje, para remir-se desse clamoroso crime, trocou o verbo carbonizar pelo outro, canonizar e entronizou-a nos altares.

Restaria, no entanto, percebamos, um sofrimento físico e moral, sem culpa pelo menos aparente, que a reparação póstuma não poderá sanar, mesmo que se diga que sejam gratas ao Espírito, muitas vezes, tais referências, quanto as amáveis referências dos que peregrinam na Terra. O sofrimento físico e moral injustamente aplicado, em face da vida que transcorre, tem no entanto justificativa se considerarmos as vidas sucessivas. Deixaremos de invejar a felicidade dos maus, compreendendolhe a fragilidade e a transitoriedade de que se reveste.

Sim! A justiça não prescinde da eqüidade. A justiça divina não pode ser menos eloqüente e menos perfeita que a dos homens, individualmente falando, portanto, todos sentimos que, na inferioridade em que nos situamos, há uma finalidade última a cumprir-se no existir e essa há de ser a de evolvermos continuamente, tendo por meta distante a perfeição.

Se temos noção de mérito, de valor pessoal, se a nossa razão nos diz que "a cada um segundo suas obras, seus méritos pessoais", a quantos teria sido furtada a oportunidade de adquirir esses méritos, não por indolência mas por morte prematura, quiçá por condições ligadas ao meio, à época em que existiu, aos elementos que teve ou que não teve a seu dispor. Se cada ser é uma individualidade autônoma e somos todos filhos de Deus, que é justo e bom, quantos no passado e ainda hoje, no presente, erraram ou erram por não saber, por falta de condições de maior dicernimento? A este negaria Deus o direito, a faculdade de agir melhor, de aprender ainda, de reparar, em termos de novos esclarecimentos? Este o caso - nossos antepassados não aproveitaram o progresso científico, tecnológico, o avanço intelectual, a rapidez da comunicação, a informática de hoje. Não tiveram a visão global do mundo e do Universo que temos hoje. E foram eles que abriram caminho ao que hoje temos, ao que hoje somos. Perguntamos: Seria ou não uma injustiça se eles mesmos não retornassem, reencetando o próprio trabalho e usufruindo dos recursos que ajudaram a desenvolver, artifíces que somos todos do próprio progresso?

Maior absurdo seria se tivéssemos, muito pelo contrário, de pagar pelos desacertos dos outros ou beneficiarmo-nos agora do suor dos que vieram antes de nós, sem que desse esforço, de algum modo, houvéssemos participado. E por aí vige a "estória" do pecado original... Se é, de saída, crível que seja pecado, em eras priscas, como ainda hoje alguém errar em cumprimento a leis da própria natureza. Por que uns de nós pagaríamos uma taxa maior, outros um tributo menor, por determinação de um Deus que, conforme Ezequiel, "não quer a morte do ímpio, mas que deixe de ser mau e que viva". Assim é que "O Livro dos Espíritos" a questão 171 - item II do cap.IV tem exatamente este título: Justiça da reencarnação.

Ali se fala em dogma. Não se trata porém da fé imposta pelo crê ou morre, a fé cega ao arrepio da razão, aquela que se não explica. Dogma, neste caso, é a afirmação doutrinária básica, que se impõe por si mesma. E a explicação é clara: - "A razão não nos diz que seria injusto privar para sempre da felicidade eterna aqueles cujo melhoramento não dependeu deles mesmos? Todos os homens não são filhos de Deus? "Esse pensamento consola, inspira, norteia, levanto o ânimo do caminheiro, não obstante a longevidade da jornada.

A reencarnação não é, por outro lado, uma doutrina isolada dentro do concerto das leis universais. No equilíbrio em que se apóia o próprio Universo, tanto do ponto de vista físico como moral, há um encadeamento lógico e conseqüênte. Já vimos que as existências corporais são entre si solidárias. Não há negar a dependência entre os seres vivos de todos os graus da escala evolutiva.

Que seria da vida na Terra sem as algas, sem o verde... Como somos frágeis ante qualquer desiquilíbrio da flora bacteriana em nosso próprio organismo... Nenhum ser humano sobreviveria inteiramente só, no mundo. Essa interdependência é lei e lei sábia. Nenhum passo no progresso se processa sem refletir de certo modo no progresso do círculo a ele inerente, seja no campo da ciência, das artes, seja no campo afetivo e moral.

Kardec nos fala de Espíritos integrantes de outras Humanidades que vêm à Terra em missão de progresso. O exemplo mais evidente é o dos capelinos, desregados que foram, mas que representaram os pródromos de nossa civilização, eles que foram os arianos, os egipcianos, israelenses e indu-europeus. Operários do progresso universal, almas reencarnam em diferentes mundos. Em "A Caminho da Luz" Emmanuel nos fala de transmigrações dos povos; no trabalho de associações de Espíritos, de acordo com tendências e afinidades, para formarem nações, identificando o que chama de personalidade coletiva. Prossegue dizendo que a atuação do mundo espiritual proporciona à História humana a perfeita caracterização da "alma coletiva dos povos" (arquétipos de Jung): "Como os indivíduos, as coletividades também voltam do mundo pelo caminho da reencarnação". Lembra então que a alma ateniense, com suas elevadas indagações filosóficas, reluziu em Paris - a Cidade - Luz - como se manifestou depois na Itália unificada. Os espartanos, na Alemanha. A edilidade romana, na Grã Bretanha. Bastaria, em apoio a esse pensamento, lembrar de passagem as provações coletivas, os resgates de coletividades inteiras.

A imortalidade da alma espelha a grandeza de Deus. A sobrevivência do Espírito é decorrência dela. De cada experiência teremos maior ou menor aproveitamento. É intuitiva e natural a idéia das vidas sucessivas. Assim construiu Deus o seu Universo, exigindo a colaboração mútua, permanente, incessante, inderrogável de todos os seres entre si. Cumpre-se a grande lei do Amor, Amor que é o próprio hálito do Criador.

CAPÍTULO XLIV

REENCARNAÇÃO: DA CRENÇA À COMPROVAÇÃO EXPERIMENTAL

Não há dúvida alguma de que as idéias concernentes tanto à sobrevivência como à repetição ou multiplicidade das existências são sobremaneira velhas como o próprio pensamento humano. Elas deram ensejo ao culto dos mortos, que se encontram na raiz histórica de todas as raças e de todos os povos como elemento das culturas primitivas. Não só no antigo Egito, de que nos dão notícias aquelas maravilhas que são as pirâmides. Quanto às vidas sucessivas, evolveu a idéia em gradientes de compreenção, passando pela da transmigração, da metempsicose, da ressurreição do corpo, para finalmente a da metassomatose ou palingênese. De crença natural como estamos vendo, passou a apresentar-se, na estrutura de certas religiões tradicionais, sobretudo nas dos povos orientais, antigas e demograficamente consideráveis, como um dogma, até finalmente atingir a fase atual de afirmação comprovada pelos fatos de observação e pela experimentação.

A crença, que hoje se reveste de certeza, com relação à multiplicidade de existência no campo de vida física, considerada filosoficamente, é muito mais consentânea com a grandeza da Criação e com a justiça do Criador do que a tese em que ainda tantos se situam, da unicidade, pois permite entendermos como: a) colocar-se o Espírito em condições de cumprir seu papel na obra da Criação; b) fazê-lo evolver, por via de um esforço permanente (lei de mérito), superadas as vicissitudes da vida corporal; c) cumprir provas necessárias, em depurações sucessivas, expiando o mal que haja praticado. Seriam, pois, estes os degraus evolutivos: - o exercitamento (desenvolvimento do psiquismo) nas sucessivas experiências; o arrependimento, ou seja, a opção por ações mais felizes, em outras palavras, a ação educativa da existência; as expiações, por imposição da justiça (lei de causa e efeito); finalmente, as reparações, o lado positivo, o saldo favorável que ainda nos restaria conquistar.

Como *provações* valiosas teríamos, por força, que considerar as obsidiações, as auto-obsidiações, a psicose obssessiva, com sua carga de neuropatias - os resgates de toda a ordem; - como *bálsamo,* cada vitória ante as aflições da vida, as oportunidades abençoadas (como exemplo, o do disciplinado exercício medianímico); como *prêmio,* a sabedoria na posição de um Krisna, quando disserta para seus discípulos: "Tanto eu como vós temos tido vários renascimentos. Os meus só de mim são conhecidos, porém vós nem mesmo os vossos conheceis..."

Sabido que vultos como Heródoto, chamado o "Pai da História", Pitágoras, Empédocles, Sócrates, Platão, Plotino, Sêneca, Cícero, Virgílio, Ovídio e muitos outros de distantes épocas aceitaram idéias de uma nova vida física tanto quanto mais próximo de nós Orígenes, Apolônio de Tiana, Gregório de Nissa, Santo Agostinho e tantos outros do seio da Igreja, natural que houvessem deixado todos eles o testemunho de suas crenças. Assim muitos povos, como os ceitas, os druídas, os teutões. Mesmo os hebreus. Haverá, portanto, uma literatura a respeito do assunto tanto das escolas greco-latinas como do Bramanismo, do Budismo, do Teosofismo, do Esoterismo, da Cabala e finalmente a literatura mais conhecida nossa, a literatura espírita. Das recentes obras, devemos distinguir aquelas dos psiquistas que não se vinculam ao concerto doutrinário espírita, mas que nos trazem, nada obstante, farto material de estudo a manipular. Obras antigas, clássicas, poderíamos de passagem lembrar o *Bhagavad-Gita, e Talmud, o Livro Tibetano dos Mortos,* a própria *Bíblia* e o papiro *Anana* (1320 A.C.), recém descoberto. São sustentações históricas, ou, se quiserem, o pano de fundo que temos hoje em matéria de experimentação científica e de criteriosos levantamentos e registros que embasam a tese. Com sabor literário diferente, podemos acrescentar a literatura romanciada, trazendo à luz dramas vividos, descritos em cores fortes, ou a de ficção, moldada a esta. E que invade ultimamente o cinema e a telenovela. Aí estão incluídos muitos romances de fundo espírita, mediúnicos ou não, embora a reencarnação não seja um monopólio de nossa escola filosófica, é lógico.

Nos assentamentos dos fatos, bem como na colocação destes nos romances, encontram-se referências tanto das recordações de vidas anteriores com predição de nascimentos que se cumprem. Nestes as circunstâncias são de molde a não deixar dúvidas, havendo muitas vezes o reconhecimento tácito dos familiares. Datas prometidas, sinais físicos, avisos promonitórios e assim por diante. É por exemplo o caso da mensagem de Estevan Moltgolfier, prevenindo o Brasil da missão de Alberto Santos Dumont quando ele era ainda uma criança. Se trouxera a missão em causa não foi por acaso que a ela se entregou, já estava previsto nos cômputos da Espiritualidade Superior.

Comprovações indiretas não são despresíveis, posto que dão relevo às experiências científicas, complementando o quadro geral das afirmações categóricas. São os casos de crianças-prodígio, o conhecimento expresso em línguas desconhecidas, recordadas, as idéias e habilidades inatas o reconhecimento de lugares estranhos, os desajustes sem causa atual provável, a própria obsidiação; certos fatos de clarividência sonambúlica com informações que conduzem ao tema, não intencionalmente buscada, como foi o caso de Edgard Cayce, que se rendeu a evidência pelas constantes afirmações durante o transe.

Não esgotaríamos o assunto se pretendêssemos citar ou comentar tantas obras sobejamente conhecidas dos espíritos estudiosos, mas vão a seguir algumas delas: Fundamentalmente espíritas;

"*O Livro dos Espíritos*"(1857) e a partir dele toda a obra de Allan Kardec; "*As Vidas Sucessivas*"(1911) do Cel. de Rochas, em que está registrada toda a pesquisa científica do inolvidável perquiridor; "*A Reencarnação*", de Gabriel Delanne; "*Reencarnação*", de G. Geley; "*O problema do ser, do destino e da dor*" e "*O porquê da Vida*" *de Léon Denis;* "*A reencarnação, pesquisa internacional*"(1931), Calderone; "A Morte", de Maurice Maeterlinck; "*Ensaio sobre a Reencarnação*"(1943) Djalma Farias; "*Espiritismo Experimental*", Cesar de Vesne; *Reencarnação e suas provas,* Imbassahy e Cavalcanti de Melo; "*Afinal quem somos?*", *Pedro Granja;* "*Palingênese, a Grande Lei*", J. Andréa; "*Reencarnação e Imortalidade*", Hermínio Miranda, e muitas mais.

Predição de Reencarnação: "*A Granja do Silêncio*". P. Bodier.

Obras de estudiosos do psiquismo sem relação direta com a Doutrina Espírita: "*A Grande Síntese*", de Pietro Ubaldi e a partir dela todo o escopo das obras do notável pensador espiritualista, que muito se aproximou de nós; *"Muitas existências"*, de Denys, Londres; *Reencarnação, estudo de uma verdade esquecida"*, Walker, EUA; *"O Caso Bridey Murphy, Berstein, EUA; "Quem era Ann Ockenden?"* de Bloxham; *"Trinta Anos entre os mortos"*, de Larl Wickland; *"Das Índias ao Planeta Marte"* de Flournoy, França; *Reencarnação"*, George Browell, EUA; *"Vinte casos sugestivos de reencarnação"*, de I. Stevenson, EUA; *Os mortos falam"*, Katherine Bates; e daremos destaque à obra *"Reencarnação baseada em fatos"*, de Karl E. Muller. Note-se quantas dessas obras são de psiquistas ingleses ou norte-americanos, quando se comenta que os néo-espiritualistas de língua inglesa resistem à aceitação da pluralidade das vidas físicas.

Já no domínio da nossa literatura temos uma infinidade de livros, revistas e artigos fundamentados na reencarnação, esta por sua vez fundamentada em comprovações quer nas de Rochas, da memória regressiva, quer nas de Stevenson, que surgiu em 1966 com seus 20 casos, diga-se de passagem, escolhidos dentre os 600 de seu arquivo àquela época; quer nos de Banerjee, o pesquisador indiano que esteve há algum tempo entre nós trocando informações sobre novos e palpitantes casos de seu imenso acervo.

André Luiz, autor espiritual, no seu estilo inconfundível, nos dá ensinamentos seguros pormenorizando um caso de regresso à Terra, que ele toma como padrão para o ensino do processo. Temo-lo em *Missionários da Luz, "Entre a Terra e o Céu"* e outras tantas.

"A voz do Antigo Egito" de Francisco Valdomiro Lorenz, é trabalho insuspeito pelo cuidadoso enfoque dos problemas trazendo-nos a Lady Nona a ensinar egipciano antigo a egiptólogos modernos. E ingleses, que se convenceram da reencarnação.

Mas temos ainda uma seqüência enorme, como *"Um morto vive entre nós"*, de Jean Galmet, *"Reencarnado"*, de Lucien Graux; *"A Janela do meio"*, de Elizabeth Goudege, Londres; *"Giovana"*, novela espírita de Léon Denis; as composições mediúnicas de Emmanuel, por Chico; de Victor Hugo, por Zilda Gama; de Victor Hugo por Divaldo Franco; de Bezerra e de Charles por Ivone Pereira; de Manoel Filomeno de Miranda por Divaldo; *"Cristo espera por ti"*, de Balzac, por W. Vieira; a vastíssima obra de Rochester, a delicada obra *"Jerusa"* de Olímpia Belém; *"O morro das ilusões"*, de Zíbia Gasparetto; e num perder de vistas quantas mais que nos escapem. Em tempo, merece não ser esquecida, de Bezerra de Menezes, quando ainda encarnado, *"A loucura sob um novo prisma"*

Se os romances aí estão para induzirem à compreensão da

verdade, também aí estão as experiências científicas. E quem, a rigor, não sabe de um caso, não tem sua hipótese mais ou menos provável no círculo da família ou não raciocinou, livre das pêias dos concílios, em termos muito íntimos, sobre sua própria anterioridade?

A ciência prossegue. As observações se acumulam. Ainda agora, diz-nos Karl Muller na introdução de seu livro acima citado:

"Entre as questões secundárias, foi introduzida uma nova, pelo engenheiro consultor americano Joseph Richard Myers, alegando que as impressões digitais da vida atual e da última sejam bastante similares. Se a pretensão for comprovada, por um número suficiente de casos sugestivos, teremos um novo tipo de indício à nossa disposição."

Percebe-se bem a seriedade da pesquisa, o gabarito dos pesquisadores, o empenho em encontrar provas, o valor de cada elemento trazido à consideração. Serão reforços à tese, mediante os quais a reencarnação passa de crença comum a fato comprovado pela enorme convergência de indícios e de experiências.

Ora, a sobrevivência comprovada nos leva à imortalidade, esta às leis da Justiça e Eqüidade, corolário da Bondade e da Sabedoria do Criador.

CAPÍTULO XLV

O INCONSCIENTE E OS CONHECIMENTOS ACUMULADOS

Comecemos por lembrar que todo o trabalho mental inclui dois momentos importantes a considerar: a) o ato psíquico, simplesmente, ou senso-percepção; b) o processo cognoscitivo, pelo qual nós nos apercebemos de algo, isto é, tomamos conhecimento, ou em outras palavras, tomamos consciência daquele ato, portanto de um fato psíquico ; temos íntima noção da coisa percebida. E esse fato, que assim registramos, é o que denominamos a "realidade", a realidade exterior. Poderíamos então dizer que conhecer implica em nos apercebermos dessa realidade e em assimilá-la.

Para o professor Jean Piaget (Biologia e Conhecimento) o conhecimento consiste essencialmente em informações tiradas do meio, portanto adquiridas, que serão, assim, cópias do real, ou seja, reprodução, no pensamento, de uma realidade. Para esse autor, as funções cognoscitivas são classificadas em:

1 - Condutas programadas (instintivas, hereditárias);

2 - Organizações imediatas (quando intervém o sensório diretamente, mesmo que mediante experiências, de alguma forma, anteriores);

3 - Aprendizagem (condicionamentos).

Poderemos ligar por um arco este último item ao de cima

(3.1) indicando a formação de um círculo vicioso...

Bergson, o grande pensador, nos traz um elemento novo de que, em verdade, não há como fugir - a intuição. Com ele, bem que poderemos abrir uma outra chave:

a - Conhecimento instintivo (1)

b - Conhecimento intelectivo (2,3)

c - Conhecimento intelectivo-intuitivo ou simplesmente intuitivo.

Os filósofos antigos já discutiam acerca do conhecimento. Para Heráclito e Parmênides ele seria fruto da razão. Para Platão, da idéia. Aristóteles dizia que o conhecimento é sempre intelectivo, embora a partir da sensação.

Em "Ascese Mística", Pietro Ubaldi, espiritualista, oferece um esquema muito lógico. As diversas fases da evolução espiritual corresponderiam, em seu conceito, a diversos graus de conhecimento, comportando três fases, a saber: a fase sensória; a fase analítico - racional; e a fase intuitivo - sintética. Esta última corresponde ao que ele chama a visão interior. Esta, aproximadamente, a fase intuitiva das outras classificações, é aquela que deve ultrapassar a simples realidade factual, trazendo-nos a bem dizer o que seria uma nova realidade.

Porque tenhamos falado em conhecimento instintivo, é bom recordar que, nos seres mais ínfimos da escala como nos mais evolvidos, modificações se processam por força de um imperativo mais importante que qualquer instinto; diríamos: o instinto-mor, o da conservação da vida do indivíduo e da espécie. A vida é luta em todas as fases e conceitos que considerarmos. Tudo que se assimila por experiência, nessa luta, tem aquele objetivo primário, e dele resulta um finalismo que de hábito escapa ao ser em si mesmo, que é a evolução.

Já nos referimos aqui a dois fenômenos importantes em termos de biogêneses: A filogênese (em que o ser repete as fases evolutivas dos indivíduos da mesma espécie) e a antogênese (reproduzem-se em cada espécie os ciclos evolutivos das suvessivas espécies dentro da escala evolutiva). Pode-se falar, pois, numa informação que não é apenas transmitida, mas também, sucessivamente transformada. Além das transformações hereditárias que Mendel estudou existem, já não se pode esquecer, aquelas sócios-educativas, abrangendo os indivíduos e os grupos sociais. Cada experiência nova não só se acrescenta às anteriores como também modifica qualitativamente o que recebemos dessas referidas experiências anteriores.

Vamos imaginar, para efeito de raciocínio, que nos dispuséssemos a realizar um filme animado, montar um desenho animado e filmá-lo. Se nos oferecessem uma quantidade razoável de telas transparentes superponíveis e em cada uma delas fixássemos certas figuras desejadas superpondo então essas figuras, começaríamos a ter desses desenhos uma idéia agora mais objetiva-associativa, naturalmente. Teríamos montado um primeiro quadro. Cada figura formaria sentido com relação às outras e cada quadro por sua vez faria seqüência, correlacionando-se entre si e prestando, dessa forma, uma ou mais informações. Consideremos os registros psíquicos e teremos assim a soma de conhecimento.

Estaremos percebendo, desta forma, que os registros não se perdem, ampliam-se e se acumulam. Cada estrutura sofre um processo de assimilação a realidades novas - movimentam-se as cenas - e estas por sua vez ajustam-se às estruturas prévias. Cada novo registro perceptivo enriquecerá os conhecimentos, como que montando o grande filme das aquisições e das experiências de cada ser. Estamos, por conseguinte, chegando a um raciocínio importante, o de que os conhecimentos não se perdem. Não foi essa a afirmação de Lavoisier, pois foi ele químico e não filósofo, mas vale a pena associar a lei ao nosso caso.

Já estamos percebendo que cada aprendizado, cada registro psíquico, cada experiência, ao se repetir, vai se fixando com suas reações próprias como conduta, como instinto, como conquista.

A repetição, processo educativo por excelência, é um mecanismo por via do qual o Psiquismo auto-realiza-se.

É preciso convir, ainda, que o conhecimento implica a formação e a renovação de conceitos; logo, essa presumida realidade de que falamos encerra um valor relativo. Firmamos conceitos por assimilação, por associação ou por acomodação, em função do real percebido. A análise das condições de percepção e assimilação dos conhecimentos constitui objeto de uma ciência, a Epistemologia.

Filosofando a respeito, Demócrito considerava que havia um conhecimento objetivo, independente da medida humana. Teríamos nós certa autonomia no ato de conhecer, o que se expressaria qualitativamente pelos matizes e cores com que enxergamos a realidade exterior. Haveria, com isso, a liberdade de convencionar. Dentro desta elasticidade formar-se-iam, em diferentes épocas, tanto as diversas tendências filosóficas como as diferentes expressões de cultura. Ora, em verdade, modos, práticas, hábitos, culturas passam de milênios em milênios em certas áreas geográficas e gradualmente se exportam. Podemos conceituar uma civilização oriental e outra ocidental e falar mesmo em ocidentalização da cultura amarela, manifesta na revolução dos costumes, nos trajes, no regime de vida, nos gostos, no regime alimentar e assim por diante. Certos hábitos e mesmo vícios são assimilados e de certos usos extratificados pesquisadores eméritos descobrem a fonte num passado por demais remoto. Artes, estilos, tradições, cultos, o "folclore", enfim. Conceitos de ética e de estética. Concepções religiosas. A posição da mulher na sociedade, quer na cultura egipciana antiga, na romana, no mundo árabe, no Ocidente. A importância decisiva do meio através do processo das cheias do Nilo, a vida dos fenícios, dos portugueses, voltados para o mar, dos ilhéus, dos holandeses, dos polinésios, dos povos das regiões geladas do Alaska e da Sibéria...

J. Batista Vico e com ele outros autores vêem "forças criadoras" atuando em todos os períodos da História, sobretudo nos tempos mais recuados. Não nos detenhamos no sentido que dêem esses estudiosos a essas forças, importa que as tenham detectado. Nelas vejamos a direção do psiquismo, assimilando valores culturais e estratificando-os, por imperativos tanto ecológicos, biológicos como sociais, presidindo a tudo uma afinidade cultural. Não esqueçamos de que o psiquismo outro não é senão o princípio inteligente modelando as próprias formas perispirituais, no estágio vibratório que lhe é característico, modelando, por conseguinte, o mundo ao seu redor, criando a ambiência, a atmosfera psíquica compatível e que assim se condicionou ao regime de vida espiritual, física e social virtualmente formado, assimilando, elegendo ou modificando a paisagem. Uma posição, portanto, dinâmica e não passiva, em que o Espírito, em seus diferentes estágios, funciona como có-criador. Entendemos, salvo melhor juizo, que todos vivemos, tanto no plano físico, como no extra-físico, num verdadeiro concerto de condicionamentos. Dessa forma, os Espíritos trazem, ao retornarem à vida corpórea, toda uma bagagem de conhecimentos acumulados que se expressam por essas culturas próprias, que criam e revivem, ao sopro de manifestações que retornam ciclicamente, se bem observarmos. Reparemos as cristas de ondas de modismos, que deixam marcas fundas, que de certo modo permanecem esmaecidos e retomam seu vigor. Hoje em dia não se pensa mesmo, mais, numa cultura pura... Há mestiçagens, miscigenações que os tempos modernos impõem a contragosto de muitos, e que se revestem de um sentido, quer nos parecer, de certo modo positivo; o sentido da solidariedade humana.

Em "O Problema do ser, do destino e da dor", Léon Denis expõe com propriedade:

"O nosso eu atual é feito de numerosas personalidades

que nele se vão juntar como as afluentes num rio; o nosso princípio de vida animou muitas formas cuja poeira repousa entre os destroços de impérios, sob os restos de civilizações extintas. Todas essas existências deixaram no mais profundo de nós mesmos vestígios, lembranças, impressões indeléveis...

Restaria colocar toda essa bagagem de aquisições acumuladas, extratadas, miniaturadas, computadorizadas à nossa disposição nos arquivos do ser espiritual, na zona do psiquismo impropriamente chamado "Inconsciente". Sendo o perispírito por exelência o princípio organizador, nele em verdade se encontra o arquivo das aquisições do ser, seja sob a forma de conhecimento propriamente, seja sob a de aptidão.

É nossa intenção discutir sob este novo ângulo problemas que nos conduzam mais uma vez à tese palingenésica.

CAPÍTULO XLVI

ETAPAS DA EVOLUÇÃO E A PRESENÇA DO PSIQUISMO

É elementar a distinção entre seres brutos ou inanimados - os minerais; e os orgânicos - animais ou vegetais; também conhecida a classificação de Lineu (reino, filo, classe, ordem, família, gênero e espécie). Não esqueçamos, todavia, de que o reino mineral também tem a sua classificação, graças a lei periódica dos elementos (Mendeleiev) ditas a séries de estéquio-genéticas, séries estas em que se agrupam seguidamente os corpos simples dentro do arranjo atômico e molecular. O mais curioso é que os claros da classificação, teórica, foram preenchidos posteriormente com a descoberta de novos elementos. Vamos adiante: Até hoje constitui fato pouco explicado aqueles de determinadas substâncias arranjarem-se sob a forma de cristais perfeitamente arrumados segundo linhas geométricas definidas, o que não deixa de ser uma organização, ainda que não um organismo. Quebradosos cristais, se adicionarmos uma solução da própria substância, recuperam-se, restabelecendo a forma e a simetria. "O cristal é quase um ser vivente" - diz Delanne . "Nele existem os primeiros lineamentos da reprodução". Naturalmente que não iremos pensar numa inteligência própria da matéria. .. Todavia, recentemente, Jean Emille Charon, citado por M.B.Tamassia, declara que "o comportamento das partículas interatômicas revelam vida incipiente". Onde haveremos de colocar, assim, o nascedouro do princípio inteligente que povoa o Universo? Já nos dizia Léon Denis que "A alma dorme na pedra, sonha no vegetal, agita-se no animal e acorda no homem. "Vamos ainda mais adiante: as moneras são massas gelatinosas, coloidais, sem morfologia própria, mas que cumprem o ciclo vital. Os vírus são ácidos nucleicos revestidos de proteina a manifestarem vida própria em condições ideais. De unicelulares macroscópios, como as algas, às estruturas complexas dos vegetais e sobretudo dos animais, medeiam longos ciclos de evolução. Se nos basearmos no que se encontra em "Evolução em dois mundos" de André Luiz, do ser monocelular à idade da razão rolaram um bilhão e meio de anos. E o dealbar da razão ao homem atual outros duzentos e cinqüenta mil anos.

Vamos nos fixar em alguns poucos aspectos da evolução.

A irritabilidade, a desabrochar nos seres monocelulares (protozoários), não está evidenciando o albor de uma futura individualização do ser, mas indicando a existência do que se desdobrará muito mais tarde no instinto de conservação. Este guiará os seres (notadamente os inferiores) na luta pela vida, expressando-se pela lei do mais forte ou lei da selva. Por isso, trazemos no psiquismo, extratificado e montado em nossa estrutura filogenética, como reclamo da própria vida na matéria, o impulso ainda um tanto cego que nos deve levar à frente, em todas as circunstâncias, e nesse caso quem não for agressivo será derrotado... A agressividade aqui está sendo tomada em sentido restrito, ou seja, a força positiva do psiquismo, do primitivo ao homem, imposição de luta permanente, de luta contra a corrente, contra a inércia; não, certamente, contra pessoas ou cousas... Ora, a violência - diferente do conceito de agressividade, no bom sentido - do ponto de vista psicológico, a violência, repetimos, representa bem a volta ao passado ao estado de natureza, ao homem-bicho. Ao chegarmos à razão, impõe-se reciclar esse esforço a prol do progresso, engrandecendo os valores do Espírito. Não se trataria aqui de anular a impulsividade mas de canalizá-la conduzindo o potencial de agressividade para que passe a expressar-se construtivamente. Voltando ao ponto de partida, foi a mesma irritabilidade dos seres mais primitivos que se fez sensibilidade para mais tarde poder expressar uma qualidade mais quintessência do Espírito, a sentimentalidade. Foi a irritabilidade a primeira resposta do ser vivo ao meio ambiente, fazendo especializarem-se os futuros órgãos dos sentidos diferenciados. Dela, pois, nasceu para todos os animais a própria sensação e daí a percepção, surgindo os arcos reflexos para, muito mais tarde, as manifestações mentais; no homem, a cognição.

Diz-nos Delanne ("A Evolução Anímica"):

"Tão depressa surge o sistema nervoso, desde o instante em que as funções animais nele se encontram, a comunidade viva transforma-se em indivíduo, pois, desde esse instante o princípio inteligente assume a direção do corpo e manifesta a sua presença com os primeiros clarões do instinto." Precisos e decisivos, os instintos são ainda uma baixa forma de manifestações psíquicas. Até aí o psiquismo (primário) que Jorge Andréa chama de "energética espiritual", experimenta vivências em planos que serão o físico e o energético. Evolve gradativamente a um psiquismo mais sábio, ainda num mundo dos automatismos e das experiências adquiridas, sob o amparo de entidades espirituais diretoras, até a uma como que maturidade ou inteligência ainda que rudimentar, caminho natural para a razão. Haveria então uma seqüência Instinto-Inteligência-Razão.

Para sentirmos a evolução dos próprios instintos citam autores que o primeiro deles seria, pela necessidade de alimentos, o da conservação; um segundo, a necessidade de abrigo (preservação da espécie) evolvendo para o ardor genésico; a voracidade, para a astúcia e a construção de domicílio; já um instinto mais aperfeiçoado leva sobretudo os insetos à organização social e à defesa do grupo (Louret, citado por Delanne).

Para Pietro Ubaldi ("A Grande Síntese") "a vida animal mais não é que uma vida vegetal mais acelerada, da qual conserva os princípios fundamentais". São suas conclusões ainda: "O psiquismo sobrevive e traz consigo o grau de consciência conquistado". "A vida está no psiquismo que a rege". Com efeito, se os indivíduos mantém-se fiéis à linha fundamental de sua morfologia, dentro da espécie, e não obstante a renovação celular, se guardam a memória (mesmo a memória celular), se há evolução das espécies no sentido biológico e avanço dos valores do psiquismo através dos tempos, pode-se ver neste último o elemento responsável por tudo isto, o qual impõe o modelo-diretor, a idéia-diretriz de Claude Bernard. Voltando a Pietro Ubaldi, diz ele nessa ordem de idéias que "a vida, efeito de um íntimo dinamismo organizador, é ao mesmo tempo o campo em que esse dinamismo se exercita e desenvolve (obra citada). Esse pré-modelo, parte integrante do psiquismo, princípio espiritual, germe do futuro princípio inteligente, relaciona-se de perto com o plano das formas por sua constituição fluídica, envoltório que em inúmeras pesquisas se reconheceu existir na série animal e existirá muito provavelmente no reino vegetal, representado pela irradiação bioplasmática já comprovada pelas modernas experiências psíquicas. A força vital, por sua vez, seria a energia igualmente fluídica, a alimentar o mecanismo das trocas entre as células, garantindo a própria vida orgânica.

Ora, esse engenhoso processo, essas transformações constantes (do indivíduo e da espécie), guardando todo o registro vivo desse passado nos arquivos do psiquismo - mais precisamente no arcabouço fluídico inerente à individualidade aterna que nós chamamos o perispírito - permitirá que se preservem essas aquisições e essas experiências, constituindo-se dessa forma o que na linguagem corrente se chama o Inconsciente.

Diz o ditado que saber não ocupa lugar. Certamente que não, em termos de dimensões físicas, mas terá seu lugar próprio nas dimensões conceituais do Espírito.

Ao estudar o processo do conhecimento havíamos focalizado já o conhecimento instintivo, que começa nos seres mais ínfimos da escala mas que está ainda presente no homem, ditando condutas. Fomos buscar os reconditos escaninhos da vida para encontrá-lo no nascedouro.

CAPÍTULO XLVII

OS GÊNIOS. EVOLUÇÃO EM OUTROS PLANOS DE VIDA

Gênios é designação que lembra seres diferentes; gênio do bem, gênio do mal, a presidir ao nascimento das pessoas; gênio tutelar, Espíritos ou seres estranhos. Quem não ouviu falar do gênio da lâmpada maravilhosa? Realiza idealmente tudo aquilo que a nossa incapacidade de realizar, nosso anseio de conseguir podem estar representados... De alguma forma, a excepcionalidade. Excepcionais, nesse caso, os superdotados qual se os designa modernamente. Aqueles que estariam acima de um índice teórico da faixa da normalidade.

Aspecto particular da genialidade é a precoce, a chamada criança-prodígio, o grande enigma para a ciência cuja única abertura é a luz da Palingênese. Se, com efeito, a hipótese materialista é, na prática, insustentável, como veremos, a explicação dentro das múltiplas existências do Espírito tem o mais perfeito encaixe. Diz Delanne:

" - É muito provável que o Espírito desses jovens prodígios não estivesse ainda completamente encarnado ou que, durante períodos de exteriorização, recuperasse a memória do passado e, em lugar de aprender não fizesse mais que recordar."

Poderiam ser simplesmente médiuns e já aí haveria de certa forma uma precocidade, a da capacidade mediúnica, de uma maneira bem exuberante, sobremodo marcante. Mas as crianças ou os jovens demonstram uma aptidão constante e permanente e não apenas numa faixa de tempo correspondente ao que seria o transe mediúnico. Em termos de sua genialidade não apresentam interregnos, altos e baixos de capacidade. Trata-se, pois, de reminiscências: a inteligência neles desabrocha, lembra ainda o mesmo Delanne, antes que conheçam, pelo estudo, as próprias técnicas da arte de que se fazem expoentes. Não quer isto dizer que não tenham assistência espiritual, que não recebem inspiração. Bem diz "O Livro dos Médiuns": " - Os homens de gênio, de todas as espécies, artistas, sábios, literatos, são, sem dúvida, Espíritos adiantados capazes de compreender por si mesmos, grandes cousas. Ora, precisamente porque os julgamos capazes é que os Espíritos, quando querem executar certos trabalhos, lhes sugerem as idéias necessárias e assim é que eles, às mais das vezes, são médiuns sem o saberem". Então, recobram em parte as faculdades de Espírito e recebem mais facilmente as comunicações dos outros Espíritos que os inspiram. É nesse sentido de coordenação geral das idéias entre as falanges espirituais e os encarnados da mesma faixa de tarefas missionárias, que surge com Pietro Ubaldi a expressão "noúres" (correntes de pensamento). Essa integração se processará pelo fato de fazer o encarnado parte integrante da própria equipe espiritual ligada à missão, assim sendo um atributo inerente à evolução já alcançada.

Léon Denis nos diz, nesse mesmo sentido, que "o gênio é antes de tudo uma aquisição do passado, a resultante de pacientes estudos seculares, de lenta e penosa iniciação, que vieram a desenvolver no indivíduo aptidões imensas, uma profunda sensibilidade que o predispõe às influências elevadas...

Poderemos acrescentar que o gênio, por seus poderes inatos, revela: a) o que aprendeu em outras vidas terrenas; b) o que adquiriu em outros planos de vida. Sem dúvida, raciocinemos: Se pensarmos apenas em termos de vida física, de vidas sucessivas na matéria, se o Espírito apenas trouxesse o aprendizado do passado nesse sentido, como iria mostrar uma potencialidade além do que pudera aprender nesse passado, como iria empurrar para cima e para frente a humanidade com conhecimentos que superam o meio social e cultural de sua época, extrapolando ao adquirido sucessivamente? É que, preparado em outras vidas, nos campos de ação de sua escolha e predileção, também freqüentará, errático, as universidades do Espírito, vindo trazer assim, ao mundo, uma contribuição muito superior ao índice evolutivo do mundo atual. O passado o credenciou aos cursos de aperfeiçoamento e a sua volta à vida física caracteriza-se por uma missão.

Comparemos agora esse raciocínio com a idéia de se produzirem em série criaturas selecionadas geneticamente, como as lentilhas de Mendel, os "superdotados", como se fabricassem em série máquinas da indústria, curiosa inventiva da inteligência humana... Quem sabe, a Providência poderia mesmo dispor desse esforço da tecnologia, aproveitando o ensejo para o "desembarque", na vida física, de muitos Espíritos trabalhados que aproveitassem os bons instrumentos oferecidos para a orquestração da grande ópera do Mundo de amanhã?! Contudo, seria preciso não ter o homem a seu serviço a experiência vivida pela própria história para não reconhecer que a herança da lentilha é essencialmente física e a do homem sobremodo psico-biofísica. Nem sempre se casam intelecto e corpo físico...Quantos vultos notáveis não tiveram nada que transmitir de fúlgido às suas descendências, porquanto a inteligência pertence ao Espírito e um Espírito não procede do outro. Péricles, que iluminou um século; Sócrates, permanecendo conosco na Filosofia, Marco Aurélio e tantos outros tiveram descendentes que não os dignificaram, contrariando o ditado segundo o qual filho de peixe é peixinho. Em compensação, Bacon, Berkeley, Comte, Copérnico, Galileu, Claude Bernard, Descartes, Kepler, Galvani, e tantos e tantos outros, a perder de vista, foram benfeitores da humanidade que saíram do anonimato, provindos de meios sociais bem medíocres. Se é verdade que a estrutura neuronial pode impor limitações ao fulgor da inteligência de um Espírito em provas e experiências dolorosas no cenário humano; se ele pode por vezes vencer e contornar essas limitações - e teremos os excepcionais ora infra ora superdotados, na terminologia moderna - ambas no caso de Helen Keller, está-se a ver que existem valores ou circunstâncias que Mendel não enumerou, que Darwin não pôde enquadrar, que Wallace vislumbrou por ser não apenas naturalista mas também espírita, ao reconhecer a existência do Espírito independentemente da matéria.

A Psicologia em particular, mas de certo todas as Ciências Biológicas no seu todo, se defrontam com a Reencarnação, se defrontam com o Espírito, sempre que se embaraçam com uma ordem grande de fenômenos que não têm, sem estas chaves, a explicação mais lógica e definitiva. É como aqui o caso de reconhecer inteligências precoces sem termos de relação com os antepassados, sem poder valer-se do frágil argumento da herança física, sem poder buscar informações cromossomiais de antepassados que tivessem sido ilustres; aptidões expontâneas não justificadas pela experiência da vida atual; caráter e educação que se distanciam da influência do meio; idéias inatas; tendências artísticas, culturais, técnicas, específicas, que se colocam totalmente acima de uma época; tendências para virtudes e baixezas que não se catalogam como induzidas; conhecimentos que não foram adquiridos nas fontes da realidade exterior. Já vimos antes que esse aprendizado das vidas anteriores prossegue no Plano Espiritual. Acrescentamos agora que seriam provindos de outros planos de vida física, solidários que são os mundos entre si, como nos diz "O Livro dos Espíritos" na questão 804: " - É ne cessário que os habitantes dos mundos superiores, em sua maioria criados antes do vosso, venham habitar aqui para vos dar exemplo. "Ora, já os capelinos terão vindo até nós em priscas eras para o trabalho de base, na evolução material, tecnológica, e há fortes indícios de sua passagem, tenha-se em vista as antigas civilizações indu e egipciana.

Em tudo se vislumbra uma unidade de ação, um princípio de solidariedade entre os mundos e os seres, no concerto maravilhoso da Criação Divina.

Nem toda a doutrina unicista e os mais fundados argumentos da seleção das espécies; nem sequer pura ou simplesmente a tese reencarnacionista, se pensarmos em reencarnação apenas no plano terráqueo em progresso apenas em termos do plano físico em que nos encontramos, explicará jamais os gênios que tivemos, se apontarmos como exemplo o florentino Leonardo da Vinci, pintor, escultor, musicista, naturalista, físico, filósofo, técnico em balística e precursor da Aeronáutica, o sábio entre os mais sábios. Os exemplos são muitos. Ficaremos com o mais forte.

CAPÍTULO XLVIII

INTERVENÇÃO DOS ESPÍRITOS NO PROCESSO CRIATIVO

Estudando a ação dos Espíritos sobre os fenômenos da Natureza com vistas, sobretudo, ao equilíbrio e à harmonia das forças da Natureza, dizem-nos em "O Livro dos Espíritos", os nossos instrutores: - "Concebemos perfeitamente que a vontade de Deus seja a causa primeira, nisso como em todas as cousas, mas, como sabemos que os Espíritos têm uma ação sobre a matéria e que são agentes da vontade de Deus, perguntamos se alguns dentre eles não exerceriam uma influência sobre os elementos para os agitar, os acalmar ou os dirigir." Resposta: - "Mas é evidente e não pode ser de outra maneira. Deus não se consagra a uma ação direta sobre a matéria; tem seus agentes devotados em todos os graus da escala dos mundos."

Não estariam limitando a questão ao orbe terrestre e à nossa Natureza, quando acrescentam: "concorrem para a harmonia do Universo executando as vontades de Deus, de que são ministros. A vida espírita é uma ocupação contínua que nada tem de penosa."

Recordando que já a velha Mitologia atribuia a divindades especiais a responsabilidade por fenômenos da Natureza, dizem-nos então que esse pensamento não só tem fundamento como está, até mesmo, aquém da realidade. Acrescentam que esses Espíri-

tos - e não divindades - não são, também eles, seres à parte, ora operando com conhecimento de causa ora não, isto é, mesmo sem o suspeitarem. Estes últimos são os que se ensaiam para a vida. Veremos em "Evolução em dois Mundos" (André Luiz), uma confirmação em outros termos, que transcreveremos quase literalmente: O elemento primorial dentro do qual vibram e vivem constelações e sóis, mundos e seres é o fluído cósmico universal ou plasma divino. Nele operam as inteligências Superiores - os Arquitetos Maiores - em processo de comunhão, construindo sistemas da imensidade ou habitações cósmicas, de acordo com os desígnios do Criador - é a Co-criação em plano maior, em que se cumprem os traçados da Engenharia Celeste. Toda essa plasmagem ergue-se à base da irradiação da mente, envolvendo ondas magnéticas que atuam sobre faixas de matéria de variada expressão vibratória. Em plano menor, insiste André Luiz, plasmam as mentes humanizadas o veículo físio-psicossomático que lhes exprime o estágio evolutivo, cunhando civilizações, e plasmam as individualidades desencarnadas os lugares de purgação gerados pelo desequilíbrio ou as edificações nobres nas diversas faixas da luta redentora.
Em "Pensamento e Vida" Bozzano nos diz que "essa substância onipotente e aparentemente onisciente conhecida pelo nome de "éter" (...) enche o Espaço infinito e não mais é matéria na acepção vulgar do termo; visto não ser atômico, não opõe resistência à translação dos astros nem está sujeito à lei da gravitação. "Mais adiante: "Não é senão em virtude dessa misteriosa essência que se manifestam as formas e os movimentos".
É ainda desse fluído cósmico que retirará o princípio inteligente o elemento intermediário ou veículo de ação para que possa utilizar, consciente ou não, a matéria plasmada; elemento esse, ainda, sem o qual essa própria matéria não adquiriria as propriedades que a caracterizam. Ubaldi, por isso mesmo, passa do conceito de evolução das formas biológicas para o de evolução das forças que a determinam. É dessas forças criadoras que André Luiz nos fala ao referir-se ao que ele também chama, seguindo outros autores, de corpo mental, assinalando, é bem verdade, a dificuldade de expressão à falta de terminologia mais adequada. Poderíamos; sem pretender em absoluto corrigí-los, falar em campo mental, fixando-nos na idéia de um campo de forças eletromagnéticas. Esse "corpo mental" ou sistema de forças aglutinantes formaria o corpo espiritual do qual haveria de ser somático como que o resultado de modelagem com uma forma de matéria mais densa. Dentro desse raciocínio, Delanne cita um trabalho científico segundo o qual os tecidos orgânicos são for-

mados em obediência a certas linhas de força estruturais nitidamente identificáveis como que obedecendo a um campo de forças eletromagnético.

E temos mais. Bozzano cita, a propósito de formas-pensamento, Annie Besant e Leadbeater: - "O corpo mental graças ao impulso do pensamento, exterioriza uma fração de si mesmo, que toma forma correspondente à intensidade vibratória, tal como o pó de licopódio que, colocado sobre um disco sonante, dispõe-se em figuras geométricas, sempre uniformes em relação com as notas emitidas. "Eis a força criadora do pensamento como que em se materializando, por vezes plástica, constituindo a ideoplastia, por exemplo.

Esse mesmo corpo espiritual se comportará no mundo extra-físico nas condições e no estado vibratório peculiar ao estágio que houver atingido o Espírito ou inteligência auto-realizadora.

Essa capacidade do Espírito que estamos focalizando já estava presente refletindo-se necessariamente, na criatura encarnada, no labor incessante de construção do psiquismo através da evolução lenta - e recordemos para isso toda a seqüência de raciocínios de Delanne em "A evolução anímica" - ; no trabalho racional do homem, avançando nos domínios do abstrato, nas ciências e na tecnologia, na concepção do Infinito, nas dimensões além das de nossa percepção, e assim por diante.

Assim como não há inação nos Planos da Vida Maior, aqui o não conformismo do homem com as suas próprias limitações vai levá-lo a uma atividade incessante, donde citar-nos Carl Rodgers: "O homem tende a se auto-realizar, autopreservar-se, aprimorando-se, o que é inerente à natureza humana. Uma tendência à auto-realização é a criatividade."

Há, então, em toda a parte, um incessante processo criativo ou melhor dizendo, co-criativo. Ressaltemos que esse processo segue o trâmite da grandeza maior à menor, se consideramos o poder criador da Providência Suprema e o seu reflexo, vamos dizer, de cima para baixo, chegando às inteligências humanas; ou da menor à maior, se consideramos a participação dos seres ainda ínfimos da criação, agindo como que por automatismos, até a gloriosa atuação dos Seres Superiores, no Ministério Divino. Eis, sem maiores mistérios, num pálido esboço embora, no Espelho da Onisciência de Deus, uma prova da participação do Espírito (criado) na obra incessante de co-criação, a partir de sua própria auto-elaboração, onde, em última análise, resplende, em certo sentido, aquela que chamamos a Lei do Mérito.

CAPÍTULO XLIX

CONHECIMENTOS ADQUIRIDOS E VIAS DE AQUISIÇÃO

Já nos referimos aqui ao velho adágio segundo o qual saber não ocupa lugar.

Significa ele que podemos somar sucessivos conhecimentos sem prejuízo dos que tenhamos antes adquirido: podemos acumulá-los e na verdade não estarão esses conhecimentos ao mesmo tempo representados no pensamento vígil ou na memória atual. Mas que os havemos adquirido não resta dúvida e que se acumulam superpondo-se sem se confundirem não há que discutir. Basta buscá-los normalmente nos escaninhos próprios da memória de fixação. Uns com maior, outros com menor capacidade de memorização. Sabe-se que as pessoas idosas lembram-se mais de fatos remotos e menos dos atuais.

Por mais introspectivo que seja o processo de elaboração do conhecimento, os dados dessa elaboração, em princípio, vêm de fora, por via da senso-percepção, sendo porém realizado interiormente através da imagem, tanto visual, táctil, auditiva, gustativa, motora e assim por diante. Diremos então que os sentidos são a razão de ser do conhecimento sensível, ainda que usemos instrumentos para ampliar essa capacidade de percepção, invadindo o micro e o macrocosmos. Esse conhecimento sensível objeto - imagem implica no que se chama a realidade. É a realidade exterior, que inferiorizamos.

Ora as imagens traduzem fatos, permitindo sobre eles laborar idéias. E se buscamos explicar esses fatos, refletir sobre eles, os fenômenos que se lhe relacionam, estamos especulando. Da simples observação (saber empírico) passamos à experimentação (saber discursivo) criando conceitos relacionados a esses fatos observados. A experiência, diz-se, é a grande mestra da vida. Saimos do conhecimento prático para o teórico, formando raciocínios, teorias, sistemas... Por falar em raciocínios, poderão ser: dedutivos (de um fato geral partimos para o particular); indutivos (do fato individual ou particular partimos para a generalização); ou analógicos (associando idéias entre si). Há fenômenos, há fatos e daí conceitos que, evidentemente, não se fazem por captação através de determinados sentidos. O conceito de tempo, por exemplo, é por excelência abstrato e intuitivo. Intuição é esse conhecimento direto, primário, essencial, revelação da consciência profunda à consciência normal.

Podemos começar então a distinguir o conhecimento sensível, racional; e o conhecimento revelado, aquele que adquirimos incorporando certa ordem de afirmações intuitivas, tais as inspirações filosóficas, religiosas, artísticas, científicas, etc. Assim surgiram no homem a idéia de seres superiores, a idéia de Deus.

Para Bergson o conhecimento vem pela razão e pela intuição. A razão capta a realidade extrior enquanto a intuição atinge o âmago das cousas. Esta pode resultar de captação de fonte superior.

Não se pode esquecer de considerar o conhecimento que nos vem da experiência atual e o conhecimento latente, inato, aquele do Inconsciente passado. De alguma forma, em algum tempo, terá sido fixado na consciência, penetrando áreas profundas do psiquismo, onde se foram acumulando como na geologia as rochas sedimentares, revelando-se, querem alguns estudiosos do assunto, por uma "percepção interna". Para Laucelin, citado por Delanne ("A Reencarnação") "a subconsciência é a resultante de todas as nossas consciências anteriores". Justamente a maiêutica, método socrático visa a tirar do próprio educando conhecimentos ocultos, latentes, logo reminiscências de aprendizados de outras vidas. Em grau maior, mais expressivo, teremos os casos dos gênios, das capacidades inatas, dos chamados superdotados.

Por falar em gênios, em conhecimentos latentes, quantas vezes foram tomadas por atrasados mentais criaturas apenas incompreendidas por se situarem psicologicamente fora da realidade... Edson, o maior gênio que já existiu, passou pela escola primária com o epíteto de "burro" que lhe atribuiu a própria professora. Mais ou menos o mesmo se deu recentemente com Einstein e de Vieira se conhece a lenda do estalo que lhe abrira a inteligência.

Já estudamos o assunto da lenta construção do psiquismo que se manifesta por automatismos, pelo instinto. Querem alguns que não se trate aqui de conhecimento, mas de aptidão. Todavia, como não sentir algo de racionalidade presente, e basta lembrar do mimetismo, segundo Ubaldi, a arte de mentira e de fuga na própria natureza. Esse autor diz que o instinto não é inferior à razão senão pelo fato de ser limitado o campo mais próximo do determinismo. Pensando bem, o que não haveria, isto sim, seria a transmissão fisiológica de uma lembrança em termos factuais, mas sem dúvida alguma a do aprendizado em si. A herança psico-biofísica evidencia-se existir em forma de transmissão de informação e portanto de conhecimentos. Conhecimentos acumulados pela espécie, herança que tem por base a estrutura cromossomial, mas, como já vimos, guiada por um fio condutor que é o psiquismo.

Nem tudo que nos chega pelos sentidos se fixa em quadros nítidos na consciência, concluiram os estudiosos, havendo informações que ficariam na faixa subliminar. É um dos recursos, aliás, da propaganda televisada, por exemplo. Jung nos fala de uma coordenação compensadora do Inconsciente com a consciência, uma espécie de concessão de serviço ou de "leasing" talvez...

As vias de aquisição do conhecimento seriam, então, recapitulando e resumindo, a sensorial, correspondendo as aquisições normais da personalidade, incluindo a herança psico-biofísica e os registros subliminais; a via extra-sensorial (ESP), incluindo as formas de revelação e de inspiração, notadamente a intuição.

Onde ficaria localizado o conhecimento? Poderíamos responder que ele está contido no psiquismo, no princípio intelgente, e que se expressa sobretudo no homem através da Consciência. De fato, começamos por identificar a nossa própria individualidade, nosso eu, por termos conhecimento de que existimos como seres distintos dos outros seres, tendo disso consciência, consciência de nossa individualidade.

Não pensemos que somente o homem apresenta o privilégio da inteligência. Embora sem termos de comparação, ela está presente nos animais superiores, como atesta Delanne ("A Reencarnação") falando-nos do senso da responsabilidade, de sentimentos passionais e morais, de vida social desses seres, de sua capacidade de exercitamento; do relacionamento dos animais entre si e com o homem. Diz-nos que o cão é sensível à transmissão do pensamento e que se positivaram ações psíquicas dadas como exercidas pelo animal em relação ao homem.

Pedro Ubaldi, já muitas vezes citado pelo momento de lógica e de bom senso em "A Grande Síntese", pergunta quem ensinou certo himenóptero, transmitindo-lhe noções de anatomia e de anestesia antes que o homem dominasse esta, imobilizando vivo o próprio alimento e transmitindo o conhecimento à descendência sem que cada experiência individual fosse apreendida. Rudimentar embora, aquilo que seria mais tarde a inteligência evolve por integrar-se à grande lei universal do eterno e permanente evolver. Os conhecimentos adquiridos não se perdem, a evolução não se reserva ao aspecto físico apenas, têm antes prevalência os valores que transcendem à forma e à matéria, os valores do Espírito, expressão de vida imortal.

CAPÍTULO L

O LABORATÓRIO DO MUNDO INVISÍVEL

Há muitos anos atrás tínhamos a agradável companhia de um jovem, estudante como nós, mas de formação católica tradicional, que admitia conversássemos os dois sobre a Doutrina Espírita, desde que não o forçasse a ver algum Espírito... Falávamos a respeito de vários temas e surgiu entre os tópicos da conversa, "a materialização" (ectoplasmia, teleplastia). Pensava ele que a extrema dificuldade na escolha dos componentes de uma sessão dessa natureza seria essencialmente ética, pelo fato de se verem os Espíritos em forma física pura e simples. Ao dizermos que os Espíritos aparecem tais quais se vestiam e se aparamentavam na vida corporal, desculpou-se declarando que não aceitaria isso, pois não se leva para a "outra vida" a roupagem terrena. Ser-lhe-ia difícil entender àquela altura o que seria a força plasticizante e organizadora do Espírito, sob o comando do campo mental como centro irradiador, através do pensamento e da vontade, para o que seria um como "condensação" do perispírito ou, quiçá, no caso, a constituição ectoplásmica como também a modelagem de vestuário e de acessórios e pertences do ser, fruto de suas recordações de quando vivo. Exatamente o que se explica como "formação" e não bem "criação", rigorosamente falando, para dar melhor definição, dando idéia de que se trata de uma aparência de realidade física, embora objetiva, não alucinativa, ilusória, fantasiosa, mas até certo ponto real, tangível e palpável. Não pensemos, por outro lado, que estejamos diante de um "duplo etéreo" dos objetos e dos corpos inanimados que existisse no mundo extra-físico em correspondência direta com esses mesmos objetos, à disposição dos Espíritos para serem manipulados ou trazidos até nós. Não é bem esse o caso. O que os Espíritos fazem, porque podem fazê-lo, isto sim, é concentrar pela vontade (até mesmo inconsciente) os elementos que constituem o fluído cósmico em cujo seio vivem (e vivemos nós), essa matéria dita quintessenciada que fora chamada o "eter universal", dando-lhe disposição, forma e aparência do que desejam e até mesmo certas propriedades correlatas às substâncias. A matéria-prima dessa modelagem é sempre o Plasma ou Fluido Cósmico Universal, a serviço da inteligência criadora. Ora o invólucro do Espírito - o perispírito - sabemos que é haurido dessa mesma fonte, sendo o agente das transmissões das sensações exteriores para o Espírito. É sobre esse fluído que vibra o pensamento como vibra o ar ao influxo das ondas sonoras.

Sabemos que todas as substâncias que existem de fato no plano físico são energia em arranjos atômicos e moleculares de que resultam propriedade particulares. Também a matéria quintessenciada que é o "éter" ou Plasma Universal sofreria transformações por força mesma da vontade criadora do Espírito. Com a permissão de Deus, antes de mais nada, para não esquecer que em tudo existe ordem, os Espíritos, que vivem em dimensão não física, poquanto atuem na esfera física, podem, por efeito de sua vontade, condensar esses fluidos a ponto de dar-lhes tangibilidade e aparência. Não se diga que teriam os Espíritos, todos eles, conhecimento exato do modo por que compõem suas vestes, dão aparência a si próprios e a certos objetos. Seria então, comparando, um ato instintivo, aquele que se pratica não raras vezes sem compreendermos como.

Tanto isso é verdade que se evidencia nos casos de aparições de vivos e muitos são os exemplos documentados: sempre vestidos e caracterizados como de hábito, porque a mente projeta o seu aspecto completo na visualização à distância, com roupas, objetos, bengalas, óculos, etc., e até defeitos físicos identificadores. Logo, a constituição fluídica daqueles apetrechos é evidente. Nada difícil com esta verificação passar-se a considerar que o desencarnado vivencia seus hábitos e sua indumentária com as mesmas forças realizadoras, sobretudo quando tem mais livres e desembaraçadas essas forças que o encarnado que projete seu "duplo fluídico" nos desdobramentos. Sabemos igualmente que os pensamentos são capazes de imprimir transformações psico-somáticas no homem. A mente ou fonte geradora emite "ondas mentais". Do caráter da emissão - o pensamento e o sentimento que inspira - resultam qualidades e peculiaridades do que chamaríamos fluidos mentais ou pensamentos atuantes.

Bozzano, em "Pensamento e Vontade", declara, a este respeito:

"Tudo contribui para demonstrar que a faculdade de tornar visível o pensamento é uma faculdade eminentemente espiritual que, no decurso da existência corporal, emerge de modo rudimentar e esporádico nos médiuns e sensitivos para se tornar faculdade normal no mundo espiritual após a crise da morte".

Em "Evolução em Dois Mundos" André Luiz nos fala:

"No Plano Espiritual o homem desencarnado vai lidar, mais diretamente, com o fluido vivo e multiforme, estuante e instancável, a nascer-lhe da própria alma, de vez que podemos definí-lo, até certo ponto, por sub-produto do fluido cósmico, absorvido pela mente humana, em processo vitalista semelhante à respiração, pelo qual a criatura assimila a força emanente do Criador, esparsa em todo o Cosmo, transubstanciando- a sob a própria responsabilidade, para influenciar na Criação a partir de si mesma."

Essa palavra transubstanciação vem a propósito. A substância etérea transubstancia-se em substância tangível. Aí temos um conceito do que seja o trabalho nesse Laboratório a que se refere o Capítulo VIII de "O Livro dos Médiuns" - O Laboratório do Mundo Invisível.

Lembremos que nessa obra Kardec nos traz ainda um termo de referência importante. Anotemos, de lá:

"Pois que ao Espírito é possível tão grande ação sobre a matéria elementar, concebe-se que lhe seja dado não só formar substâncias, mas também modificar-lhes as propriedades, fazendo para isto a sua vontade o efeito de reativo.

"Essa teoria nos fornece a solução de um fato bem conhecido em magnetismo, mas inexplicado até hoje: o da mudança das propriedades da água, por obra da vontade. O Espírito atuante é o do magnetizador, quase sempre assistido por outro Espírito. Ele opera uma transmutação por meio do fluido magnético, a substância que mais se aproxima da matéria cósmica ou elemento universal. (...)"

É ainda por força da capacidade de transmutação ou de transubstanciação da matéria etérea em matéria tangível que se processam todos os fenômenos tangíveis da fenomenologia espírita e entre eles Kardec e os Espíritos que o orientaram colocaram também o de pneumatografia. Este fenômeno, também chamado de Escrita Direta, por dispensar a ajuda das mãos do médium, é obtido colocando-se a lousa e o lápis fora do alcance das mãos humanas, mas nem mesmo o lápis é necessário. Conclui isso o Codificador, nestes termos:

"Uma vez que o Espírito pode extrair do elemento universal os materiais que lhe são necessários à produção de todas essas cousas e dar-lhes uma realidade temporária, com as propriedades que lhes são peculiares, também poderá tirar dali o que for preciso para escrever, possibilidade que nos daria a explicação do fenômeno da escrita direta."

O Laboratório, no entanto, não ficaria à mercê dos médiuns e experimentadores para fins muito imediatos ou imediatistas, na produção de fenômenos anímicos ou mediúnicos. Operações mais vastas certamente se realizam em múltiplas faixas de ação, não é difícil concluir.

CAPÍTULO LI

CONSIDERAÇÕES SOBRE A MEDIUNIDADE SENSORIAL OLFATIVA

Entre os nossos sentidos físicos, a visão e a audição têm, inegavelmente, maior importância, não resta dúvida. O menos referido, talvez, seja o do olfato. Todavia, todos reconhecemos a delicadeza dos aromas leves, sutis, enternecedores, capazes de sensibilizar-nos agradavelmente, em contraposição aos ambientes densos, pesados, insuportáveis pela exalação que nos denuncia algo infeccioso, a poluição... É sabido que certos animais, por necessidade biológica, têm esse sentido mais aguçado, como é o caso dos cães e das aves de rapina. Para nós, precioso indicador do ambiente, foi providencial para a vigilância do estado dos alimentos que se localizasse o promotório nasal logo acima da boca, com a comunicação entre as cavidades nasal e oral. Há, mesmo, um relacionamento estreito entre os sentidos do olfato e do gosto, combinados na seleção que muitas vezes, fazemos. Eles dizem muito do apetite e foi baseado no olfato que Pavlov apresentou a sua engenhosa tese sobre os reflexos condicionados. O modo por que se processa o registro das sensações olfativas segue a mesma sistemática que regula as demais percepções sensoriais. De igual forma poderemos falar nos problemas de alucinação sensorial olfativa, de memória olfativa, e assim por diante.

Um pouco de anatomia

Ficam os pequenos feixes de captação das sensações olfativas ao nível do corneto e do meato superiores, constituindo a região olfatória de cada fossa nasal. Deles se forma o chamado 1º par craniano, que atravessa a lâmina crivosa do etmóide, indo em direção ao encéfalo. Quem não se lembra de haver estudado isso pelo método neumônico dizendo: "Olha o malvado de tanto mal fazer a gente..."? Pois o "Olha" é o olfatório ou olfativo.

No encéfalo, a sede do sentido em questão fica na face inferior do lobo frontal, junto ao sulco olfatório. Dilatação ovóide da substância cinzenta em continuidade com o trato olfatório, vem ter a esse sulco. Pois bem, esse bulbo olfatório é que recebe o nervo correspondente, o 1º par. Um par acessório (13º) seria relacionado também à função olfatória.

Mediunidade Sensorial

Se compulsarmos algumas obras espíritas preciosas mesmo assim não encontraremos subsídios maiores ao reconhecimento do que haveria de ser a manifestação do Espírito através da utilização do sentido do olfato. São citadas, com ênfase, as manifestações sensoriais visuais e auditivas. A rigor, estaria englobada sob o título geral de efeitos físicos, mas, sem um destaque. E, se atentarmos bem para o fato, poderemos alinhar esse aspecto como mais uma forma de identificação espírita.

Poderá argumentar-se com a dificuldade de uma comprovação instrumental, de precisão científica; com a facilidade que existirá em mistificações; com a subjetividade, a serviço da tese alucinatória tão fácil de ser argüída. Com tudo isso, se ela existe, a mediunidade sensorial olfativa (Psicosmia?) deve ser explorada, considerada para efeito de estudo, como o fazemos nos outros aspectos da manifestação espírita.

Nas propriamente chamadas reuniões de efeitos físicos, com ectoplasmia, são por demais sabidos e registrados, além dos efeitos luminosos e acústicos, aportes, etc, também aqueles de esparzimento de perfumes, de impregnação do ambiente com odores que anunciam a presença de determinado Espírito. Odores que também cessam de contínuo, difícil de ocorrer se a essência odorífica for derramada por meios habituais.

Mas não é preciso estar-se em câmara especial de trabalhos de "materialização", com doação plena de fluidos, para que isso aconteça. É mais comum do que poderia parecer, a uma observação menos atenta, o efeito odorífico em determinados ambientes por intercessão de certos médiuns. Até mesmo aqueles nada recomendáveis, significando a presença de irmãos do Espaço em condições dolorosas.

Donde advirá esse efeito?

Se compulsarmos "O Livro dos Médiuns", no capítulo intitulado "Laboratório do mundo invisível", encontraremos a explicação de que "o Espírito atua sobre a matéria; da matéria cósmica universal tira os elementos de que necessita para formar, a seu bel prazer, objetos que tenham a aparência de diversos corpos existentes na Terra." Ainda: "Pode, igualmente pela ação de sua vontade, operar na matéria elementar uma transformação íntima, que lhe confira "determinadas propriedades." Diz, mais: "Essa facilidade é inerente à natureza do Espírito que, muitas vezes, a exerce de modo instintivo, quando necessário, sem disso se aperceber". Lembra mais: "Há formação porém não criação, atento que do nada o Espírito nada pode tirar."

Correlacionando e concluindo

Ora, considerando essas explicações precisas e preciosas; considerando mais que a pneumatografia (escrita direta) incluída, pelos Espíritos que orientaram Kardec, como efeito físico é obtida, pelos Espíritos manifestantes, de igual forma, isto é, de substâncias formadas no Laboratório do Invisível; segue-se pela lógica, por similitude, que as moléculas odoríficas que impressionam a mucosa nasal devem ser, neste caso específico, da mesma procedência, se não estiverem, pelos recursos físicos normais, no meio ambiente.

Observamos que as substâncias voláteis percebidas o são pelos circunstantes. Ora, comparemos: Kardec distingue médium vidente e médium de aparição porque o primeiro vê, quando o segundo proporciona que outros vejam. Semelhantemente, em nosso caso, o médium será capaz de dar condições a que o Espírito atue fluidicamente sobre a matéria formando substâncias voláteis características que sejam percebidas pelos que se encontram no mesmo meio ambiente.

Importante a considerar é que, como já dissemos, o odor é, no comum das vezes, uma característica individual do Espírito, mesmo que sejam diferentes os médiuns.

Sendo certo que ninguém forneceu ao Espírito essa substância, segue-se que ele próprio a compôs.

CAPÍTULO LII

VISÃO E APARIÇÃO

Toda gente tem aptidão para ver os Espíritos? - Indaga-se em "O Livro dos Médiuns"; resposta:

- "Durante o sono, todos têm; em estado de vigília, não. Durante o sono, a alma vê sem intermediário; no estado de vigília, acha-se sempre mais ou menos influenciada pelos órgãos. Daí não serem totalmente idênticas as condições nos dois casos."

Kardec distingue os dois tipos de manifestações visuais chamando-as de visão, no primeiro caso; e de aparição, no segundo.

Linhas antes do texto transcrito, há uma afirmação, assim, a respeito do perispírito:

"Esse invólucro é o intermediário por meio do qual eles (os Espíritos) atuam sobre os vossos sentidos."

Fazendo, adiante, um ensaio teórico sobre as aparições, diz Kardec:

"Por sua natureza e em seu estado normal, o perispírito é invisível e tem isto de comum com uma imensidade de fluidos que sabemos existir, sem que, entretanto, jamais tenhamos visto. Mas, também, do mesmo modo que alguns desses fluidos, pode ele sofrer modificações que o tornem perceptível à vista, quer por meio de uma condensação, quer por meio de uma mudança na disposição de suas moléculas."

Sobre essa palavra "condensação" explica-se que não tem sentido literal, sendo, possivelmente, a palavra mais próxima encontrada, na época, para explicar o fato. O mesmo estudo inclui o caso das aparições tangíveis, ou estereótipos. Então, o perispírito fica perceptível à vista e ao tato.

E não é apenas isto, a modificação ou a condensação, o que se passa, mas ainda são necessários outros fatores; a vontade do Espírito, a permissão, a possibilidade de se combinarem os fluidos perispirituais do comunicante com o médium. Por isso, no caso, só o médium vidente é que vê, não os circunstantes. Dois médiuns juntos podem ter vidências diferentes. Por outro lado, Kardec chama distintamente médium de aparições daquele que pode provocar aparições fluídicas, até mesmo tangíveis, para os assistentes. E nesse caso, mais uma vez, devem as impressões relacionar-se com a vista e com o tato.

Há aparições de pessoas vivas. Do mesmo modo que os médiuns videntes, os Espíritos podem reconhecer que se trata de uma pessoa viva por um rastro luminoso que a liga ao corpo.

Ainda Kardec:

- "Na categoria dos médiuns videntes podem-se incluir todas as pessoas dotadas de dupla vista... mas (esta) não constitui, propriamente falando, o que se chama médium vidente." Conclusão nossa: pode-se, mas não se deve! Entendemos, com isso, que a clarividência sendo prima-irmã da vidência mediúnica, não são elas, exatamente, a mesma coisa.

Em "O Espiritismo perante a Ciência" Delanne fala-nos de mediunidades sensoriais, destacando o médium vidente e o auditivo, no caso. Além dos que vêem em estado de desprendimento, detem-se o autor na vista mediúnica pelos olhos. Para ele, sob a influência do Espírito que deseja fazer-se ver, o médium experimenta uma variação orgânica do sentido da vista, aumentando-lhe a potência. As fibras nervosas acomodar-se-iam ao estado vibratório determinado que as tornaria capazes de receber as sensações além do limiar fisiológico humano, tais as que lhe comunicaria o Espírito.

Embora Delanne nos fale que essas modificações seriam na retina, avançaremos mais um pouco, logo adiante, não nos esquecendo de que muitas funções orgânicas e muitos conceitos não eram de conceber-se àquela época.

Vejamos agora uma pergunta e respectiva resposta, também existentes no "O Livro dos Médiuns":

- "Os que vêem os Espíritos vêem-nos com os olhos?"

- "Assim o julgam, mas na realidade é a alma que vê e tanto assim que os podem ver com os olhos fechados."

A essa altura, uma aparente contradição.

Para dirimí-la, comecemos pela vidência propriamente dita. É um ato psíquico normal, peculiar a todos os que gozam do sentido físico da visão. Há, no caso, simples percepção sensorial. Nas materializações (ectoplasmia), todos podem ver os "fantasmas".

Como já foi dito, no sonho, a visão se processa de Espírito a Espírito, naturalmente através da vestidura perispiritual. Nos demais processos anímicos, é a alma emancipada que vê. O clarividente vê o quadro, o fato, a cena, a imagem, no local e no tempo em que eles se desenvolvem. Atravessa com sua visão obstáculos opacos próximos ou distantes, fora do campo visual. Trata-se, exatamente, daqueles fatos estudados como percepção extra-sensorial. O sensório não teria como captar a informação.

Na vidência mediúnica, é a alma que vê, o médium vê até mesmo com os olhos fechados. Mas, de certa forma, o registro há de processar-se, projetando a alma a sensação próprio às vibrações visuais, mesmo que não seja através da câmara óptica. Dá, então, a sensação de que seria visão normal. Pois é ainda em "Obras Póstumas" que encontramos:

"As aparições dão-se, no estado de vigília, estando aqueles que as percebem no gozo pleno de suas faculdades e da liberdade de usar delas."

Poder-se-ia, então dizer que as vibrações das ondas perispirituais, invisíveis ao globo ocular, normalmente atingiriam, em condições especiais, o centro óptico nervoso do percipiente sem necessidade de sensibilizar a câmara ocular. É de conjunturar-se que a necessidade de "condensação", de modificação do perispírito deva prender-se ao fato da participação do sensório. Essa modificação sensibilizaria as fibras nervosas. Atualmente, pretende-se projetar sobre o sensório dos cegos vibrações capazes de lhes permitir as sensações visuais. Não sabemos se nos é lícito avançar tanto, mas, no caso, salvo melhor juízo, um mecanismo artificial semelhante, de certo modo, ao que tentamos expor.

CAPÍTULO LIII

AS CURAS ESPIRITUAIS NO CONTEXTO DA PARANORMALIDADE

Ao festejar o advento de uma nova obra: "Extraordinárias curas espirituais", de nosso particular amigo, homem de letras e de sentimento, o jornalista Aureliano Alves Netto, que numa linguagem simples e cativante narra casos e mais casos de curas espirituais de seu conhecimento; exatamente quando se comemora o centenário de nascimento de Eurípedes Barsanulfo, que tantos exemplos nos legou do poder extraordinário de curas fora dos recursos habituais, confirmando a solene promessa do Cristo de Deus, é justo que nos detenhamos um pouco em considerações a respeito do assunto, sempre atual e oportuno.

Desde Mésmer, senão antes, mas pelo menos desde que este se preocupou com o magne tismo animal até aos nossos dias, quando a chamada paranormalidade entrou de esgueira no rol das ciências humanas, sob o protesto das correntes mais "reacionárias", para usar vocabulário moderno, na verdade um escopo sempre esteve evidente ao bom observador: a preocupação com o estado orgânico, com as vistas à possibilidade de cura dos males. Pouco importa o ovo de Colombo procurado pela Parapsicologia que vige atrás da cortina de ferro, isto é, o "sujet" como "robot" na espionagem, o psiquismo a serviço da indução hipnótica bloqueando a vontade e as ações dos povos... Através dos tempos, na busca essencial do fenômeno, a grande aspiração terá sido sem sombra de dúvida o bem estar e não a dominação... Sem esquecer igualmente aspectos que se somam ao interesse, como a advinhação, as predições, as revelações, os prodígios em si mesmos pelo insólito; ou finalmente a pesquisa pura. Curioso nisto tudo é que os estudiosos, nas diversas classificações que fizeram não deram maior realce a esse particular, não destacaram em suas chaves esse desiderato. Pelo contrário, muitas escolas se formaram que viam no "sujet" um caso mórbido, um doente e nada mais. A histeria, pelo menos, parecia-lhes responder pela maioria dos acontecimentos do gênero.

Das diversas classificações - e não proponham mais uma, no emaranhado de termos e de conceitos já existentes, uma delas houve, de Bret, não diremos espiritualista, que em absoluto não o fora ele, nas que incluiu um termo especial para designar efeitos ou transformações da esfera biológica, operadas nos organismos, por meio paranormais. A isso chamou ele de METABIOSE. Pois bem, é o termo que a Parapsicologia poderá empregar para expressar as operações que transformam o estado orgânico da criatura e assim onde nós, espiritualistas, os convidaremos a colocar - porque eles precisam do escaninho próprio para arrumar as cousas - os efeitos através dos quais as curas se realizam, as alterações se processam por via não normal, logo paranormal, isto é, presentes energias ou manifestados recursos que não aqueles ao alcance de todos.

Edgar Cayce é um bom exemplo de "sujet" em que a fenomenologia psíquica (anímico-espirítica) pôs em relevo as curas paranormais. Sabemos que, se recursos orgânicos, de certo modo fisiológicos são mobilizados, um fator determinante se impõe e esse é de índole não física, antes psíquica (O Livro dos Médiuns, perguntas 175/6).

O célebre norte-americano abalou os alicerces da indiferença e do materialismo na pátria de Abrahan Lincoln e de Benjamim Franklin, tendo havido, informam seus biógrafos, autorização de fontes oficiais para realizar seu trabalho de receituário e de curas. Não teve os dissabores de José Pedro de Freitas, por sinal. A fenomenologia paranormal nele se manifestou de tal forma independente da individualidade do percipiente (metagnomo?) que, em termos de convicção, por exemplo, Cayce foi levado a aceitar, a contragosto, a idéia da reencarnação, evidenciada na sucessão de seus relacionamentos, como Espírito desdobrado sonambulicamente, com as entidades espirituais com que confabulava, os seres de outra dimensão que atuavam, que receitavam, que manipulavam os recursos de cura.

A Metapsíquica, para se erigir em ciência, sob o patrocínio de Richet, já mestre consagrado, destacou os elementos despendidos pelo paciente (Obe e Ode), usou o método experimental quanto lhe foi dado manuseá-lo, sofismou com Hartmann e Sudre, fechou-se em estreitos limites com Amadou, para render-se à Parapsicologia com Rhine e Luiza. Mas Rhine foi cometer logo o lamentável engano: reconheceu a existência do Espírito, descobriu o "Theta"! Ora, com ele poderíamos acrescentar ao sentido de metabiose, no capítulo das curas paranormais, por via dos fenômenos psíquicos, o de "curas espirituais" mesmo. Mas o pai da moderna Parapsicologia teve de ceder a cátedra... Bem fez Richet quando se deixou ficar na sua "esperança"...

Valores novos, entre nós, estão dando prosseguimento ao assunto. Surgem aqui e ali os AT (Agentes Theta) ou sejam, as "entidades metanóicas") atuando pró e contra o bem estar das criaturas. É uma necessidade, afinal, a de se usarem muitas vezes termos novos para não fazer ruborizar a face de muitos colegas ensimesmados na materialidade da bioquímica, consentindo já hoje em admitir a sugestão hipnótica, os fatores psicossomáticos, a psicanálise nos limites em que a confinou o genial Freud, ouvindo estarrecidos as revelações da doutora Köbler Ross, mas sem tocar no que conceituam de "místico", de supersticioso.

Temos, é bem verdade, um Inácio Ferreira em "Novos Rumos à Medicina". Um Eliéser Mendes apresentando tese e elaborando livros de cunho e de linguagem científica expondo respeitável trabalho de pesquisa. Temos Cícero Marcos Teixeira levantando em "Desobsessão", fundamentado estudo em termos médicos sobre assuntos da fenomenologia paranormal. A Associação Médico-Espírita de São Paulo, onde uma equipe estuda fundamentalmente o que poderíamos dizer a Metabiologia. Meta ou Para são prefixações disponíveis para o avanço da ciência além dos limites estreitos dos sentidos comuns.

Tudo isso nos dá uma idéia: sinal de novos tempos. Com todos os rodeios, a ciência oficial está cada vez mais perto da verdade que lhe apontamos não é de hoje os que seguimos a escola avançada de que se constitui o Espiritismo-Ciência.

Kardec encontrou maneiras simples de explicar através do conceito de fluidos espirituais, de fluido vital toda uma gama de efeitos em que se manifestam as curas espirituais. Delas não fez excessão ao tratar em "A Gênese" das curas realizadas por Jesus. Não esquecer de potencial da Fé, que nada tem de anticientífico, repisemos. Que as curas espirituais existem não padece mais dúvidas. E elas cabem inteirinhas, senhores parapsicólogos, no contexto da paranormalidade. Que assim as tenham e elas darão o exato sentido dos rumos a seguir pelas mais nova das ciências, que se firma no consenso geral.

CAPÍTULO LIV

TRANSFERÊNCIA PSÍQUICA

Por algum tempo vimos estudando problemas relacionados ao Hipnotismo e dissemos recentemente dos caminhos que se abrem à Hipnoterapia, com base no reconhecimento, em congressos médicos, da validade de métodos para-oficiais no campo da terapêutica espiritual. Procuraremos uma trilha que nos vai levar a essa terapêutica.

Quando, sem os recursos da imagem diretamente ou da linguagem (os meios de sinalização do primeiro e segundo sistemas de Pavlov), uma pessoa transmite a outra o seu pensamento, utiliza necessariamente um terceiro, o da via paranormal. Se nos concentramos, por exemplo, num dado objeto e transmitirmos à mente de outra pessoa essa imagem, estaremos repetindo velhas experiências do "cumberlandismo", que já teve época. Uma simples telegrafia, dir-se-á. A telepatia seria uma etapa ulterior, aquela a que se ligam emoções próprias. E a telepatia ocupa hoje em dia lugar de honra no mundo da experimentação parapsicológica. Sobre o que seja essa força do pensamento já tivemos ocasião de referir-nos e mais não seria preciso que rever Bozzano em "Pensamento e Vontade", enfocando as criações mentais e comprovando a ideoplastia. A partir da conceituação dessa forma de energia, a energia mental, óbica, reconheçamos que essa força é capaz de agir manipulando, em perfeito sinergismo, uma outra forma de energia ou força ódica, ou sejam, os fluidos eletro-magnéticos, a bem dizer a sua própria matéria prima, sendo mesmo capaz de combinar, aglomerar, organizar ou dispersar esses fluidos ou melhor, essa energia algo fisiológica, vital. Como a força do pensamento tem origem no campo mental e a ação do fluido magnético lhe é consecutiva, teremos uma somação de forças a que chamaremos mento-eletro-magnéticas.

Acionada a força mental, movimenta-se a agulha de uma bússola, entorta-se um garfo, realizam-se notórias experiências ditas de psicocinésia, como a que Henrique Rodrigues consegue com seu gotejador psicocinético. Nesses casos, percebe-se que a energia despendida é por natureza neutra, nem boa nem má. Adiante, veremos que ela é capaz de expressar-se segundo as qualidades que lhe empresta a fonte de onde promanou, segundo os impulsos de uma vontade. É como no caso do som, em princípio neutro, mas capaz de revelar as harmonias de uma fonte sonora, adquirindo qualidades próprias. Em nosso caso, teremos as qualidades morais ao crivo do sentimento, como as que se revestem de sensações transmitidas de paz, de tolerância, de piedade, ou por outro lado de inveja, de ciúme, e assim sucessivamente. O mesmo diremos das propriedades físicas correspondentes, como excitantes, calmantes, irritantes, reparadoras...

Poderemos considerar a existência de dois elementos fundamentais na manipulação dos fluidos mento-eletro-magnéticos: a fonte e o objeto. E ainda reconhecer a presença de três tempos: Emissão, condução e recepção.

Aqui estaremos admitindo a transmissão não bem dos pensamentos propriamente, mas antes e acima de tudo dos fluidos que o veiculam, uma transferência que é evidente de natureza psíquica. Ora, se pudéssemos teoricamente isolar o pensamento, separando-o do fluido que o veicula, estaríamos podendo falar em transferência de fluido, mas na prática não conseguiriamos dissociá-los. É por isso que estamos preferindo dizer transferência psíquica. Há, então, transferência de um ser a outro dos fluidos modulados pelo pensamento que lhes define o objetivo, que os impulsiona, que os faz conduzir. Como houvéssemos considerado, no trato da sugestão dirigida, no estudo da elaboração das imagens mentais subconscientes, também aqui teremos de reconhecer a capacidade de emissão tanto por mecanismo consciente como inconsciente. Seria uma omissão ou emanação do tipo que Morselli chamou de "radioatividade biopsíquica humana".

É bom lembrar que o encarnado absorve os fluidos, venham

de Espíritos ou de outro encarnado, por via do perispírito, que é, como se sabe, também de constituição eletro-magnética.

Por suas qualidades acima indicadas, os seus efeitos obviamente se fazem sentir variando a intensidade e a abundância em função da força de vontade com que sejam emitidos os pensamentos, como variarão sua respectividade e a penetração. Há quem reconheça a existência de bons condutores ou que o sejam sofríveis. Também assim com relação aos receptores. Poderão reconhecer-se fatores que determinem ondas de vibrações capazes de tornar a criatura mais receptiva ou até refratária a essas ou àquelas vibrações, vibrações mento-magnéticas. É interessante o conceito de tensão magnética (Michaelus, "Magnetismo Espiritual")-: Ela estará aumentada ou diminuida aqui e ali, reclamando equilíbrio. Este poderá ser obtido pela redistribuição do fluido vital. No indivíduo são a tensão magnética estará normal por equilibrada a atividade orgânica. Nada a objetar, desde que o corpo físico e o perispiritual; (fluídico) reflitam mutuamente os respectivos estados.

Nesta altura dos raciocínios leiamos de Miguel Couto - Espírito em "Falando à Terra."

"Tudo é vibração, movimento, magnetismo e eletricidade nos domínios quase desconhecidos da matéria e do Espírito, cujo ponto de interação estamos singularmente distantes de alcançar. Qualquer criatura conscientemente ou não, mobiliza as faculdades magnéticas que lhe são peculiares nas atividades do meio em que vive, atrai e repele".

E ainda André Luiz em "Mecanismo da Mediunidade":-

"O pensamento ainda é matéria, matéria mental, em que as leis de formação das cargas magnéticas ou dos sistemas atômicos prevalecem sob novo sentido."

Ora, o fluído magnético é também substância, e a que mais se aproxima do próprio fluido cósmico universal, donde necessariamente promana.

E "O Evangelho segundo o Espiritismo" informa que "o poder da fé participa da ação direta e especial do magnetismo, em cujo fluido, como agente universal, o homem age, modificando-lhe as propriedades e dando-lhe uma impulsão irresistível."

Assim como ação sugestiva sobre a criatura pode modificar o estado físico e o psíquico, por sugestão hipnótica podendo-se levar a pessoa a diferentes estadoss e impor-lhe ações; modificar fisiológica e para-fisiologicamente sua resposta a agentes terapêuticos, sem falarmos aqui ainda na abertura que representa a lucidez do hipniatrizado como instrumento de diagnóstico paranormal, estamos sentindo o valor da pesquisa no campo da saúde em termos de mobilização dessas energias vitais de cada criatura.

Teremos chegado ao chamado "passe magnético".

Em "Nos domínios da Mediunidade" nos diz André Luiz que "o potencial magnético é peculiar a todos, como expressões que se graduam ao infinito. Hipnotizadores comuns serão portadores de energias especiais, movimentando-as na esfera do puro fenômeno... Curam, quando o enfermo é credor da assistência espiritual". Já em "Evolução em dois Mundos" encontramos:

"Pelo passe magnético a vontade fortalecida pode soerguer a vontade de outrem para que essa, ajustada, magnetize naturalmente milhares de agentes microscópios no ESTADO ORGÂNICO para o equilíbrio necessário."

Há mesmo a auto-magnetização preventiva e curativa, já que a alma pode criar os seus próprios estados de mentalização. Assim, poderemos dar ao perispírito qualidades que o tornem repulsor de más influências.

Consideramos aspectos positivos de transferência psíquica de fluídos mento-eletro-magnéticos e espirituais especialmente com vistas à cura paranormal e dissemos que o fluido em si é um elemento neutro ao qual nossa vontade, nosso pensamento imprimem qualidades e características próprias. Retomemos a comparação que é feita com o som, considerando a boa ou má acústica, a sintonia de vibrações, a existência de sons harmoniosos ou não e com isso está subentendida a possibilidade de fluidos que se façam dotar de qualidades ou propriedades prejudiciais, tanto assim que, na ação curativa, há necessidade de dispersá-los, por deletérios, antes de os fazer substituir.

Há referências a condutores e a acumuladores de fluidos essencialmente magnéticos e à impregnação de peças e objetos de cera, papel, fibras têxteis e outras substâncias, como a água, que é o fluido ou veículo universal. Daí a chamada fluidoterapia. Tudo isso nos fala de uma forma de magnetização indireta. E esta magnetização indireta, num sentido mais amplo, é considerada mesmo a chave da explicação de certos fenômenos anímicos, como a psicometria, haja vista a chamada "imisção". Fluidos pessoais se ligariam aos objetos de uso por impregnação ou se fariam presentes numa ambiente, registrando a nossa atmosfera psíquica.

No que se refere à fluidificação da água, as próprias vibrações emitidas pelo magnetizador modularão o líquido, podendo atuar sobre sua estrutura íntima, fazendo lembrar o processo de ozinificação.

Sobre a capacidade de assimilação das ondas mentais,

diz-nos Bozzano (Animismo ou Espiritismo?).

"A tua aura se assemelha a uma chapa sensível, que recebe impressões e pensamentos. Pode dar-se que te não apercebas da existência dessas impressões e desses pensamentos, porque não tens meio de revelar a chapa..."

Encontramos em "O Livro dos Espíritos" a explicação de que "algumas pessoas dispõem de grande força magnética de que podem fazer mau uso se maus forem os seus Espíritos, secundados por outros Espíritos maus". E diz mesmo que são fatos naturais. Reconhece que "pode a maldição exercer momentânea influência, mesmo sobre a matéria."

Vem do italiano, por aportuguesamento, o termo "jetatura". Dá feição erudita à transferência psíquica exercida pelo olhar, quer sobre pessoas, animais ou plantas. É o que a sabedoria popular apelidou entre nós de "quebranto" ou "mau olhado". Se, em verdade, nem tudo que o leigo atribui a "quebranto" muitas vezes o será, pois sua simplicidade leva muitas pessoas à crendice e ao fanatismo, também não é possível nos acastelarmos em um posicionamento oposto, fazendo táboa rasa de tudo que se diz por aí a respeito, tendo tudo por falso e jocoso quando, queiramos ou não, o fato existe. As plantas absorvem esses fluidos e não há como negar a sensibilidade dos seres no reino vegetal, reconhecida com foros de cidadanias nas áreas da pesquisa científica a partir sobretudo dos esforços de Cleve Bakster e Marcel Vogel.

Não resta dúvida de que os fluidos podem exercer efeitos prejudiciais sobre os seres atingidos, sejam motivados por um disfaçado pensamento de inveja, de ciúme, sejam por obstinadas vibrações maléficas. Daí naturalmente, os efeitos da magia e do feitiço. Não esqueceremos que se cumprem, todavia, sempre, leis de afinidades, adstritos aos limites da sintonia vibratória. Adquirimos a proteção invisível e inquebrantável das boas ações e dos pensamentos sadios e delas estaremos definitivamente imunes. Orando e vigiando.

É chamada de "envultamento" a técnica já bem antiga pela qual representam uma pessoa por um boneco, afim de que o sofrimento que pretendam causar, imprimindo-se a este, seja transferido vibratoriamente, por sintonia, àquela pessoa. Uma transferência psíquica, portanto. Os objetivos, nesses casos, serão colinados ou não, com maior ou menor impacto, na medida dessa sintonia, dentro da Lei de Causa e Efeito. Quem não deve não teme.

Por vezes, apenas uma certa indisposição traduz a captação de vibrações menos boas, de criaturas menos felizes, sejam de encarnados ou desencarnados, que desejam aliviar-se e não o fazem por mal. Ou que não nos queiram mal, mas simplesmente nos contagiam da sua presença psíquica. Se absorvemos esses fluídos, nós os aliviamos de uma influenciação ou de uma carga fluídica indesejável. Mesmo que não estejamos atuando como médiuns curadores na extensão do vocábulo. Nestes momentos bastará elevarmos o nosso tono vibratório e estaremos ajudando.

Allan Kardec nos garante que os Espíritos são atraídos (ou afastados) pelo pensamento e não propriamente por conjuros, por sinais cabalísticos, por amuletos, talismãs, etc. Estes não passam em verdade de um elemento material que auxilia a concentração e com ela a transferência psíquica.

Sabe-se que entidades de vibrações terra-a-terra, muito materializadas, deixam-se impressionar pelo que há de material, mas, antes de mais nada, a sintonia dos pensamentos chegou em primeiro lugar.

Em "Mecanismos da Mediunidade" André Luiz reconhece "nos amuletos, nas imagens e nos cânticos religiosos um fio condutor, o condicionamento, que mobiliza os recursos da mente, incentivando as ondas magnéticas."

Embora a importância da mente como fonte emissora, donde promana a carga fluídica, não se diga, como pretendam negadores sistemáticos, que tudo não passa de auto-sugestão ou hétero-sugestão dirigida. Bastas vezes a pessoa ignora ser alvo dessas influenciações, delas não toma o mais leve conhecimento ou é indefensa à aceitação dessa ordem de fatos. Entendido:- Estamos, neste enfoque, passando ao largo de considerações da mesma ordem mas de outro potencial, como as sugestões realmente carreadas pela hipnose, nos caminhos da obsidiação propriamente dita. Aí o nosso assunto de hoje entraria como uma simples etapa de envolvimento.

A transferência psíquica será, parece-nos, como que um "processus", que envolve diferentes aspectos e abrange várias problemáticas. Vimos, um tanto de passagem, alguns deles.

CAPÍTULO L V

PSICOMETRIA

Por volta do ano de 1842, em Little Rock, Arkansas, o Gal. Polk chamou a atenção do Dr. J. Rhodes Buchanan (EUA) para certos fenômenos ocorridos com ele. Estudando-os e ampliando pesquisas nosse terreno, Buchanan deu-lhes o nome de psicometria (1849). Seria a "memória das cousas", isto é, o conhecimento das cousas, das pessoas e dos fatos a elas relacionados, pelo contato com objetos pertencentes a essas mesmas pessoas na época ou nas épocas que o experimentador deseja conhecer. Segundo João Teixeira de Paula, no "Dicionário de Parapsicologia, Metapsíquica e Espiritismo", onde colhemos os dados acima, psicometria é o mesmo que afia, criptestesia pragmática, lucidez indireta, metagnomia tátil, pragmancia, telefrontisia ou telegnomia.

Na linguagem da Psicologia, a palavra tem outro sentido, outra conotação. É o processo pelo qual se registra ou se mede a capacidade intelectual de uma pessoa avaliando-se-lhe as faculdades mentais.

Ernesto Bozzano estudou aprofundadamente o assunto em "Enigmas da Psicometria", do qual relendo-o nos esforçamos por apresentar um resumo. Considera, com muita razão, a psicometria um caso particular de clarividência. Que se não confunda clarividência com a vidência mediúnica, como desprevinidamente sói acontecer. Psicometria é uma clarividência específica, em que há conexão sensitivo-consulente através de objetos ou de condições ambientais. Trata-se naturalmente, de ordinário, de algum objeto de uso do psicometrado, relógio, lenço, o que seja, mesmo cartas que haja escrito. Esse objeto parece exercer uma influência que não apenas em estímulo puro e simples ao transe perceptivo; isso porque há uma relação, nesse caso, objeto-pessoa (viva, encarnada) ou objeto-desencarnado.

No Dicionário citado surge uma palavra interessante, imisção, que se relaciona às emanações fluídicas ou energéticas radiantes do objeto. Dir-se-á uma impregnação, mais que isto, uma saturação de fluido-vital nos objetos de nosso uso particular. O objeto estará imantado pelas vibrações pessoais, no caso do homem. E haverá então uma sintonização do sensitivo com ele. Haverá necessidade, para a percepção (uma percepção extra-sensorial), de uma afinidade eletiva, uma impregnação magnética seletiva, até porque várias pessoas poderiam tê-lo manuseado. Por isso mesmo, há casos embaraçosos de influência do portador ou de terceiras pessoas, que também impregne o objeto. São as chamadas influências superpostas e paralelas. A interpretação da mensagem deve ser exigente e cautelosa. Curioso é que essa lucidez - o estado em que se coloca o clarividente - se refere ao passado, ao presente, expõe a personalidade, mas também pode referir-se ao futuro. Por isso, entende-se que o percipiente não capta apenas do objeto, que, segundo alguns, guardaria consigo a "história" da pessoa. Aliás, há comprovadas experiências que não dizem respeito apenas às relações psíquicas estabelecidas com pessoas ou com desencarnados: também animais, vegetais, matéria inanimada e ambiente, isto porque o meio ambiente também retém vibrações específicas como se fora um sistema de gravação elétrica das vibrações ambientais ou pessoais, dando oportunidade à lucidez psicométrica.

Falam autores que essa relação seria de natureza telepática, quando se refira a pessoas (ou a desencarnados); mas, para o caso do ambiente e de outros seres (animais, plantas, inanimado) preferem falar numa sensibilidade a distância, nesse caso, em telestesia. Essa hipótese, a telestésica, excluirá a telepática e ainda a criptomnésica.

Como chegariam ao percipiente as informações? Há diferentes conjeturas, formuladas por diferentes autores: a) subliminarmente, do inconsciente do próprio interessado; b) pela "aura" ou irradiação do objeto; c) por entidades falecidas; d) por via de captação, através de um suposto registro meta-etérico universal. Osty lembra as seguintes hipóteses: a) visão a distância; b)exteriorização do sensitivo; c) leitura "astral; d) memória das cousas puramente; e) intercomunicação telepática-subconsciente global; f) finalmente a tese psicométrico-espírita, aqui incluídas as imagens pictográficas do que ficou registrado. Nesse caso, haveria uma reminiscência póstuma, isto é, em caso de ter ocorrido a morte do psicometrado. E é freqüente o interesse pela psicometria para o encontro de pessoas desaparecidas. Formam-se então verdadeiros "clichês".

O psicômetra entra em relação com as energias fluídicas de pessoas e com as correntes magnéticas que direcionam a busca, quais as correntes migratórias que orientam as aves, diz Bozzano.

Descreve-se em geral a pessoa chave, suas condições e seus traços físicos, temperamento, estado emocional, objetos e circunstâncias, ambiente ou evento que a cercam. Psicômetras houve que revelaram transformações geológicas através das eras; revoluções do solo dentre raízes de uma árvore, interessando flora subjacente, e nesses exemplos foi possível eliminar a eventualidade de romances subliminares.

Além de Buchanan, de Osty, de Bozzano, estudaram o assunto Edmond Duchatel e Willian Denton. Destacam-se como psicômetras entre outros sensitivos e senhorita Edith Hawthorne, as senhoras Elizabeth Denton (esposa de Willian) e Catarine Bates; ainda Kensett Style, Alfredo von Peters e Gerard Croisset.

Ora, por sua natureza, a psicometria, uma forma de clarividência, é um fenômeno anímico por excelência. Mas, obseva Bozzano, "todo fenômeno anímico pode ser encarado como espirítico em circunstâncias especiais". Será sempre o caso em que se positivar a presença ou a atuação de um desencarnado, participando do evento psíquico.

Pouco se tem falado de psicometria nos dias atuais, não se tendo notícias de novas conquistas nesse terreno. Trazendo-o à lembrança dos estudiosos, quem sabe novos elementos de pesquisa possam ser despertados ao interesse daqueles.

CAPÍTULO LVI

O PROCESSO CRIATIVO EM RÁPIDA VISÃO HISTÓRICA

Comecemos por considerar que certos autores distinguem o gênio como essencialmente criativo e de certo modo inato, enquanto o talento seria antes a capacidade de execução sem importar propriamente em trazer contribuições novas, sendo fruto da educação e da perseverança. Talvez pudéssemos dizer então que o talento seria a véspera da genialidade, pois o desenvolvimento de qualidades tais deveria ser decisivo para a eclosão da faculdade criativa inerente ao homem.

Por se falar em criar, criativo, criatividade, podemos citar o ditado que diz: "Não há nada de novo sob o Sol". Parece-nos que isso quer dizer que toda a criação parte de alguma coisa antes sabida ou criada. Por isso Leonardo Pereira Lima, em seu Dicionário de Psicologia Prática define: 'Criar é ver relações entre as coisas, objetos e idéias e a partir de então produzir novas idéias e coisas. O homem tende a criar novas idéias e cousas e esta tendência se inclui no conceito de auto-realização". Mas, voltando aos provérbios, lembrêmo-nos de que também se diz: "Há mais mistérios entre o Céu e a Terra do que pensa a vã filosofia". Se a filosofia é vã, vai isso por conta de quem assim pensa, de nossa parte enetendemos que não. Que mistérios seriam esses a intrigar e quantos, por quanto tempo, permanecerão como tais? Há evidente apelo à imaginação e, se nos voltarmos para esta, vamos reconhecer-lhe as duas asas, sem as quais não alçaria seus vôos: a da curiosidade e a do interesse. Curiosidade construtiva e nesse caso o desejo de saber (conhecereis a verdade...). Interesse a alimentá-la ou seja, o justo desejo de aplicar o conhecimento. Assim se desenvolve o poder criativo do Homem, investigando ele a realidade objetiva, concebendo o que não seja percebido diretamente pelos sentidos, raciocinando, induzindo, deduzindo, buscando analogias e conclusões; e sobretudo passando da concepção teórica e subjetiva, de suas ilações, para o terreno prático da ação, concretizando o idealizado (primeiro e segundo momentos do ato criativo). Em todo tempo, sentimos que o interesse, no bom sentido do termo, figura como centro de gravitação em torno do qual girarão sempre as potencialidades do ser inteligente e é por isso mesmo que a moderna pedagogia busca despertar cedo no aluno o seu centro de interesse pelas matérias do ensino. Teremos então esses centros projetados nos campos científico, tcnológico, artístico, filosófico, religioso e assim por diante, buscando dar ao Homem melhores condições de vida (no nível social) e melhores condições morais (no nível ético.)

O homem se distingue dos demais seres da criação porque é capaz de conceber intelectualmente e concretizar o objeto concebido. Desde que um primeiro homem venceu a resistência graças a um ponto de apoio construindo a alavanca de primeiro grau até as mais sofisticadas máquinas modernas, incrivelmente complexa, vai imensurável distância. Contornou problema a problema, vamos citar alguns, como o do mais pesado que o ar - e temos as máquinas voadoras. Construiu cápsulas em que o indivíduo que se subtrai a ação da lei da gravitação universal. Certo, não infringiu a lei nem subornou os inspetores de sua execução. O que os fenômenos anímicos e espiríticos nos mostram, como a levitação - e tivemos bem perto o exemplo de Mirabeli - agora é a ciência que consegue fazer e não dirá mais que é absurdo ou fraudulento... Desintegrou o átomo e não pode mais negar a desintegração e reconstiuição da matéria. Construiu o computador, a serviço do crescimento maciço das necessidades técnicas. Hoje recria em laboratório microorganismos.

Lembra Flamarion que "a obra do gênio consiste precisamente em fazer derivar de um pequeno número de princípios, facilmente formuláveis, as mais engenhosas aplicações, os inventos mais extraordinários".

Princípio inteligente, antes de tudo construir, de etapa, a sua consciência, a sua personalidade, como o pássaro que constrói o seu ninho nas sucessivas viagens em que reúne os pequeninos nada que o conformam e aveludam, humanizou-se, constituindo o "Eu", que continuará a aperfeiçoar-se. O psiquismo formador terá sido a matriz para a gênese do Espírito constituído.

Ainda a considerarmos os fatos que se entrelaçam e se conjugam - o progresso individual e coletivo dos seres inteligentes e aquele que se manifesta na coisa criada. Em outras palavras, o mundo progride com o Homem e o homem progride assimilando o progresso do mundo.

Quem escrevesse o que pudesse ser a história da História descreveria não apenas os traçados altos e baixos dos povos e das nações na sucessão dos milênios mas os surtos criativos a marcar-lhe o compasso através dos gênios que os motivaram, no gradualismo das épocas. Da descoberta do fogo ainda na Pré-História à do fósforo, desde às modernas formas de irradiação de calor e de luz; da pedra tosca ao machado e destes às serras mais perfeitas, ao bisturi e aos raios "laser"; da cerâmica primitiva, do vidro, aos objetos de fina arte moderna; da pólvora às armas sofisticadas e à bomba de neutron; da roda às primeiras carroças e ao carro último modelo; do vapor da chaleira às máquinas a vapor, destas à locomotiva e ao navio a vapor, deste ao submarino atômico; da prensa de Gutemberg às modernas rotativas; da daquerreotipia à fotografia aerofotogramétrica; do telefone de Bell e do telégrafo à telegrafia e telefonia sem fios, aos recursos dos satélites artificiais; da lente ao microscópio eletrônico e ao telescópio de Palomar; do Astrolábio à bússola e desta ao radar; das primeiras máquinas de cálculo aos computadores mais completos, viajou a Humanidade nos rumos se um progresso material e intelectual consideráveis. Conta-se que os chineses, milênios antes, usavam gaiolas especiais repletas de vagalumes para iluminação noturna. O que fora o desconforto das noites de antigamente para as lâmpadas de gás, naqueles tempos do acendedor de lampiões da rua, hoje para a lâmpada de eletricidade que devemos a Edson, já agora superada por iluminação feéricas de neon e de mercúrio - e há novidades mais recentes! - não resta dúvida que representa bem o progresso do conforto chegando já hoje ao campo. E se nos voltarmos ao campo da Medicina e nos lembrarmos do que representaram as grandes epidemias assolando o mundo, ou o desespero dos lares às voltas com a peste branca, reconheceremos os passos na senda do progresso em que a inteligência criou condições e recursos valiosos.

Ora, da Pré-História à História Antiga já destacaríamos três povos como propulsores do progresso formado geograficamente um triângulo: A China arquimilenar, a Índia tradicional e o Egito enigmático. Paralelismos curiosos da Índia com o Egito estão no culto dos mortos, na importância dos rios sagrados, nas lendas e nos mistérios. No Egito detacam-se as técnicas de construção, de mumificação, o domínio da Astronomia, do magnetismo. Na Índia as matrizes filosóficas que ressurgiram milênios depois: ali as primeiras manifestações idiomáticas, pois, segundo Emmanuel o sânscrito seria fruto de reminiscências de idiomas trazidos de outros planos... Assim, a raça adâmica teria feito recriar recursos técnicos e meios práticos de progredirmos, enquanto benfeitores espirituais fariam os campos de força perispirituais dos seres humanos as adaptações necessárias a essas criações, numa conjugação de esforços. É Emmanuel ainda que nos sugere a rota dos indo-europeus assim chamados, através da Pérsia para levar, ao fim de uma longa fase de nomadismo, novas idéias de vida social, de propriedade, aos povos mais velhos da Europa primitiva, desaguando no cultivo da Razão e no esforço da Ciência, que marcaram para sempre a cultura européia e constituem apanágio da civilização ocidental.

A Religião, como fruto da lembrança que temos de nossos compromissos com os Planos Diretores da Vida, de nossas promessas de reajustamento; a Filosofia, nascida das eternas indagações da alma inquieta; a Ciência e a Tecnologia, que espelham a inteligência do homem; a Arte, como a mais viva exteriorização da personalidade criativa, do que seria já hoje uma superconsciência vigindo na criatura humana, são formas todas elas de materialização do pensamento, que pertence ao Espírito - fagulha divina capaz de criar - em plano menor, como nos diz André Luiz - marcando bem vivamente a sua passagem nos caminhos do mundo. Paralelamente a toda a concepção têm de surgir os recursos de expressão e de transmissão do conhecimento já que telepática, pensamento de emissor a recebedor, não se faria possível pela desigualdade de apreensão... Surgem os recursos da linguagem, já agora de uma línguagem técnica, recheada de fórmulas, siglas, convenções. A riqueza da criação literária e de recursos da poesia e das imagens é por demais conhecida. A arte da representação fixa e revive a literária, numa extensão natural, de soberano poder persuasivo. Tanto o autor como o ator caricaturam e vivem personalidades e momentos, tipos e facetas, anotando aquilo que, porventura, não teria sido colhido pelo sociólogo ou pelo historiador. Muitos tipos criados somam personalidades coletivas, típicas de um povo ou de uma raça. Sabe-se que Charles Dickens chegava ao ponto de discutir com os personagens por ele criados sobre os rumos a dar às próprias histórias.

Enfim, o homem, a bem dizer, criou o Mundo em que vive isto é, deu-lhe as feições e condições que quis, o quanto pôde. Nem sempre, é verdade, o engenho e a arte suplantam hoje algo do passado, haja vista a sabedoria milenar do velho Egito. O Homem recriou o mundo para ele...

E aqui veio tantas vezes quantas necessárias o Espírito criador para completar a obra e valer-se dela, através de seus frutos, resultado de seu próprio esforço, em experiências sucessivas. Eis que o poder criativo do Espírito humano ganha novo sentido, mais expressão e grandeza, ajustando-se a perfeição dos desígnios superiores, quando visto através da lente de aumento sem distorções que é a visão panorâmica que nos permite a lei palingenésica.

CAPÍTULO LVII

CASUALIDADE E CASTIGO

A palavra castigo, expressa idéia de punição por falta cometida, padecimento moral e físico. Relacionando a penalidade à infração que teria sido cometida em termos de imediatismo, dizia-se antigamente: "o castigo vem a cavalo". Já hoje se preferiria dizer "a jato"... Naturalmente não basta considerar essa relação, que nem sempre assim se cumpre, mas sobretudo a proporcionalidade, o que completa o sentido de uma justiça imanente. É a expressão de uma lei, a lei de causa e efeito ou lei da Causalidade. Seria o "olho por olho": Aquele que com ferro fere com o ferro será ferido. Também se diz lei de Ação e Reação, dessa forma encontrando-se uma como que equivalência com as leis da Física: "A toda a ação corresponde uma reação igual e de sentido contrário."

Nas idéias de Céu e Inferno das velhas crenças pagãs e cristãs estariam registradas as idéias de prêmio e de castigo, quase sempre ligadas a uma outra vida, incluindo-se as questões suscitadas com o chamado "juizo final". Mesmo nós, espíritas, viciados pela tradição, expressamo-nos tantas vezes como a esperar um definitivo julgamento post-mortem. Permitimo-nos estudar o assunto com mais profundidade considerando as vidas sucessivas. Mas o que engrandece a visão espírita do problema é que, sem desprezar propriamente o caráter punitivo em si, a que nos referimos, o que seria tapar o sol com a peneira, como se costuma dizer, dá antes relevo a um sentido mais nobre da lei, aquele corretivo por excelência. A própria justiça humana evolve hoje para esse sentido das leis penais. O sofrimento, causado pelo erro, não está punido simplesmente por punir, antes visando corrigir, condicionar, educar. Esta função reajustadora se coaduna perfeitamente com o objetivo último da própria vida física, quando se estudam os processos psíquicos pelos quais os seres inteligentes evolvem sempre individual e coletivamente. Assim, abrangemos com uma visão global o sofrimento dos seres aquém e além da grande linha divisória entre os irracionais e os racionais, quando a responsabilidade dos atos surge por característica das ações humanas. Todo exercício é de certo modo um sofrimento, toda a adaptação exige esforço, renúncia, mudança; nem tudo representa por bem dizer culpa formada.

André Luiz ("Entre a Terra e o Céu") diz-nos que "crisálidas de inteligência nos setores mais obscuros da Natureza, evolvem para o plano das inteligências fragmentárias, onde se localizam os animais de ordem superior que, por sua vez, se dirigem para o reino da consciência humana, tanto quanto os homens, pouco a pouco, se encaminham para as gloriosas esferas dos anjos."

Lembremo-nos que há aquelas que são chamadas as vicissitudes da vida corporal, a que não podemos nos furtar pela simples contingência de estarmos no ciclo das reencarnações. Nem por isso o princípio da causalidade estaria derrogado: há sempre uma razão de ser, uma razão de os fatos serem como são e não de outro modo... Se não expiamos faltas cometidas, testamos o grau de experiências, de amadurecimento do Espírito; a Codificação distingue provas e expiações.

Há pessoas que buscam o sofrimento corporal que os livre daqueles quase sempre morais que lhes ditará a consciência. Inconscientemente o fazem os que assumem certos complexos de culpa, abrindo campo aos problemas da alçada da Psicanálise e da Psicopatologia.

Podemos reconhecer a existência de dois tipos de castigo, o individual e o coletivo. As pragas, as calamidades, as epidemias, desde tempos mais remotos eram relacionadas com o castigo e atribuidos muitas vezes à ira dos deuses. Aplacavam-na os sacrifícios, até mesmo de vidas humanas imoladas como resgate, com que se lavavam os erros da coletividade. O medo de ira contra a vontade da divindade levou mesmo a se revoltarem muitos contra o progresso. Um certo reverendo Price, de Massachussets, exclamava, ao saber da invenção do para-raios: "Não é possível deter a poderosa mão de Deus!" Para os Hebreus todos os fenômenos naturais seriam dirigidos diretamente por Jeová: "Olhando Jeová a Terra, ela treme" (citação de "Da Bíblia aos nossos dias", de Pedro Granja); na revelação mosaica, o Ser supremo é por excelência vingativo e deveria antes ser temido e respeitado, daí acontecendo que ainda no Cristianismo queiram que as criaturas sejam tementes a Deus quando na realidade Jesus no-lo apresentou como Pai para ser amado... Ora, a Bíblia nos fala de um pecado "original" pelo qual teríamos que pagar não pelos nossos erros, mas pelos de nossos mais recuados antepassados - e que erros poderiam ser esses? A expulsão do Paraiso teria sido a primeira explosão da ira divina. Explica Emmanuel em "A caminho da Luz" que as raças adâmicas guardavam essas vagas lembranças da situação pregressa, sua expulsão do planeta capelino, "e que as tradições desse paraiso perdido passaram de geração em geração até que ficaram arquivadas nas páginas da Bíblia". Interessante registrar essa forma de conhecimento, guardado no Inconsciente dos seres marcados pela saudade, pelo arrependimento, pelo anseio de progredir, pela esperança de voltar...

"Comerás o pão com o suor de teu rosto" - e assim o trabalho passou de bênção a castigo. "Darás à luz o fruto de tuas entranhas pela dor" - e um certo sentido de maldição veio tisnar o mais sublime instante da mais nobre missão da mulher, a maternidade.

Vício de injustificáveis conceitos teológicos, lembra-nos que a lei declarava infame a descendência de réus, como foi o caso de Tiradentes.

As cosmologias gregas primitivas admitiam: a) o mal provém de uma culpa (talvez pudéssemos dizer que a culpa é que advém do mal... b) o homem só se salva por intervenção divina (acrescentemos: intervenção que nos traz a novas experiências de aprendizado terreno) c) há responsabilidade na vontade humana; d) há uma lei de justiça e imprescritibilidade da sanção (castigo); e) a vida corpórea é uma expiação.

Admirável que essas idéias já existissem há milênios.

Também havia velado sentido de castigo no conceito de impuro que se registra entre brâmanes e entre hebreus. O impuro não pode aproximar-se do altar, não é digno de tal mercê, marcado pela mão da Providência. No caso de hanseníase estaria o isolamento atendendo a um conceito de saúde pública que vigiu muito mais tarde. Sente-se, em princípio, que a deficiência física significou de alguma forma uma idéia de punição, por imposição superior. "O Livro dos Espíritos" em sua questão 371 fala sobre a expiação referindo-se a idiotas e cretinos, lembrando que eles não são Espíritos inferiores intelectualmente falando. Jesus ensina: "Melhor para vós será entreis na vida tendo um olho só, um só pé, uma só mão..." Melhor vos será mostrar que essa privação tem um sentido educativo e não a satisfação mórbida da Providência Divina.

Enfim, as crenças primitivas, textos bíblicos, revelações de vários povos, a Revelação dos Espíritos, a bagagem de experiências que nos revela o Inconsciente, a presença daquele homem velho que carregamos exteriorizado nos recalques, nas idiossincrasias, nas neuroses indefinidas, nas auto-obsidiações culposas, tudo isso nos fala de uma justiça que só a Palingênese explica com elevação e amplitude. O educandário do mundo visa melhorar-nos.

A Educação, como disciplina, no lar, na escola, na vida, pode apressar os passos que nos cumpre seguir. Serão conhecimentos que estaremos acumulando cada vez mais e sucessivamente, guardando-os no Inconsciente e aplicando-os à medida que evolvemos.

CAPÍTULO LVIII

PREMONIÇÕES CIENTÍFICAS E ESPÍRITO CRIATIVO

A era tecnológica que estamos vivendo, dada a aceleração vertiginosa com que os fatos se apresentam, faz com que nos acostumemos hoje em dia com o surgimento de novidades sobre novidades, tidas por incríveis, como se costuma dizer. E a tal ponto isto é verdadeiro que as estórias de ficção científica estão aquém da realidade. Mais que isto: elas até mesmo se antecipam aos fatos, evidenciando uma espécie de visão intuitiva. Longe estaríamos de admitir que a fortuidade, o acaso estivesse a gerir essa ordenação de ocorrências, desencadeando-se na medida do esforço humano, fruto das próprias lutas com que a Humanidade visa à sobrevivência da espécie, como todos os seres vivos, mas também ao conforto e à longevidade do indivíduo. Para isto, o Espírito humano é dotado de valores inestimáveis e de evidente capacidade criativa. A tese unicitária da vida humana, sobre lesar a lei do mérito, dando-nos hoje aquilo por que não lutamos, não explicaria como o exercício gera talentos inatos e como estes, sem a sucessão das vidas, irão desabrochar na genialidade. E sobretudo ela não nos explicará mesmo as chamadas premonições tecnológicas, um aspecto particular a considerar dentro da precognição. O conhecimento de que existe uma vida espírita e uma vida corporal amplia a nossa capacidade de sentir as cousas, de entender o processo, com a palingênese a lhe proporcionar a harmonia reclamada.

Abramos "O Livro dos Espíritos" na questão 576: "- Foram predestinados os que trazem uma missão importante e dela têm conhecimento? Resp.: - Algumas vezes sim. Quase sempre, porém, o ignoram. Baixando à Terra, colimam um vago objetivo. Depois, de acordo com as circunstâncias, é que suas missões se lhes desenham às vistas. Deus os impele para a senda onde devem executar os desígnios". Refere-se o texto a missões elevadas, naturalmente. Note-se que, embora todo o empenho, há sempre liberdade de iniciativa. A questão seguinte diz-nos ainda quanto à predestinação. Resumindo-a, nem tudo faz o homem que tenha previsto antes de encarnar, podendo vir a ser instrumento de que os Espíritos se sirvam para um outro fim útil, entendendo-se durante o sono com esses Espíritos no desenvolvimento das tarefas.

Importante também para o nosso raciocínio o que está na questão 462: "- É sempre de dentro de si mesmos que os homens inteligentes e de gênio tiram essas idéias? Resp:.- Algumas vezes elas lhe vêm do próprio Espírito, porém de outras muitas, lhes são sugeridas por Espíritos que os julgam capazes de compreendê-las e dignos de valorizá-las. Quando tais homens não as acham em si mesmos, apelam para a inspiração. Fazem assim, sem o suspeitarem, uma verdadeira evocação."

Da integração dos Espíritos desencarnados com os encarnados no desenvolvimento das tarefas que juntos desejam realizar, das idéias de que juntos participam, fala-nos Pietro Ubaldi na preciosa obra "As Noúres", estabelecendo um conceito de correntes de pensamento que se assenta no de mediunidade inspirativa. Todas as grandes realizações dos homens terão sido preparadas por uma equipe da qual, com grande soma de possibilidades, as matrizes do pensamento criador estarão adrede esteriotipadas na memória espiritual dos missionários que descem à Terra para a fase de execução. Lembremos agora a oportuna mensagem, dada na FEB, pelo Espírito Estevam Montgolfier quando o nosso patrício Santos Dumont teria apenas seus três anos de idade. Dizia ela: "- O missionário que traz esse aperfeiçoamento à Terra já se acha entre vós". É uma bela e longa mensagem, colhida na obra "Grandes vultos da Humanidade e o Espiritismo", do saudoso Brito Soares, em que se lê essa explicação: "O aperfeiçoamento de qualquer ciência depende do tempo e do estado da Humanidade para recebê-lo". E quem fora o missivista senão um dos irmãos franceses que tentaram no passado a conquista do espaço aéreo? Dumont viria a vencer em Paris, pátria dos Montgolfier, que o consagra. E, como a sentirmos que a hora chegara para que o homem dispusesse desse recurso, depois de tantos sonhos que parece datarem ainda de Leonardo da Vinci, eis que também nos EUA os irmãos Wright conseguem êxito em suas experiências. O fruto de tantos anos de pesquisa, de tentativas, estaria amadurecido. Hé então ali uma premonição por via mediúnica e que é inquestionável dada a sua gritante predecessão e linguagem destituida de simbologia, dispensando exegese. Mas é relevante a figura de Júlio Verne pela precisão dos fatos e de narrativas. Se não foi um cientista, um inventor, foi o profeta das invenções. Previu o automóvel, os balões dirigíveis, o aeroplano, o helicóptero, o submarino, o foguete, o satélite artificial, os motores elétricos, os alimentos condensados a integração da Química com a Física, a chegada do homem à Lua. E era ele tão somente um escritor de fértil imaginação. Escrevera comédias, passando depois para o gênero do romance lítero científico de ficção. São de sua autoria "Vinte mil léguas submarinas", "Viagens ao Centro da Terra", "Da Terra à Lua", "A Ilha Misteriosa", "A volta ao mundo em oitenta dias", etc.. A precisão de suas narrativas tal é que a vestimenta do cosmonauta, a constução, o local e a forma de lançamento e o resgate dos foguetes, o seu formato, são de impressionante aproximação. O próprio telescópio de Palomar ele previu. Houve, então, rigorosamente, uma pré-criação. Tudo estaria previamente criado na dimensão conceitual, num mundo sem dimensões físicas, à espera de que viessem os homens representar no cenário humano cada um o seu papel. Tudo estaria no "princípio das Cousas", no "primeiro momento" da ação, o conceptivo, no Mundo Maior. Verne o captara por via inspirativa, numa seqüência de contatos que ele próprio sequer suspeitaria. De alguma forma participaria numa ação de comunicação ou de sensibilização do homem, entrando na "noúre" desse pensamento, como agente aglutinador. Assim, tantas vezes o homem cria, inventa, descobre aquilo que ele cria ou descortina na Vida Espírita e muitas vezes é encarregado de trazer até nós, desde que nas épocas certas, num trabalho conjungado dos dois planos, reconhecida a supervisão de um poder maior, que a tudo preside, em cumprimento de uma ordem universal.

Mais um fato, que é bem interessante. Colhemos esse da obra "Allan Kardec", de Zeus e Thiesen, estes por sua vez da Revue Spirite de 1866. Trata-se de uma visão em sonho, pelo próprio Codificador quando, doente e esgotado, em sonolência, vira escrito: "Descobrimos que a borracha enrolada sob a roda faz uma légua em dez minutos, desde que a estrada..." e aí cessou a visão. Quatorze anos mais tarde Dunlop inventaria o pneumático. A informação é a de que se tratava de encarnados em desdobramento que se reuniam para estudar o aperfeiçoamento dos meios de locomoção. E o Espírito Demeuse complementaria: "Quando vários homens descobre ao mesmo tempo, estudaram juntos o assunto durante o sono". Participando em vida espírita na Erraticidade; em estado de emancipação atestada pela lucidez; em visões ou verdadeiras e completas vivências espirituais - de todas essas formas, da marcha progressiva dos tempos, das técnicas, das concepções e dos inventos, trazemos informações e recursos ao plano das lutas físicas. Já não espanta o gênio de Galileu quando aos 19 anos formula a lei do isocronismo do pêndulo: participaria desse estudo em Espírito, de alguma forma. Já se entende Pascal aos dois anos demonstrando a geometria euclidiana; participa o Espírito desses conhecimentos vive-o como que estando entre os dois planos, e nem tivera tempo de esquecê-los...

Na Enciclopédia Bloch (agosto/68) narra-se que o matemático londrino John Taylor, em 1859 (-é um artigo de Fernando Lucas), após observações e investigações meticulosas, concluiu que a pirâmide de Queops fora construida para transmitir não só mensagens de conteúdo profétido mas também soluções de problemas de Astronomia, de Geometria e de Geodésia. Isso significa que um saber profundo estaria no domínio dos homens daquela longinqua época da História, conhecimentos esses que excediam em muitos ao do comum dos homens por muitos e muitos anos. Não foi a Ciência acadêmica de famosas universidades que lhes transmitiu...

Lembrêmo-nos agora das nossas sessões de efeitos físicos. Houve tempo em que cientistas do gabarito de Crookes e de Crawford levavam todo um rico arsenal de instrumentais para as pesquisas e elas eram necessárias; hoje porém, o mais comum nos trabalhos sérios e que têm finalidade de beneficiar as criaturas, sabe-se que são os Espíritos que trazem do Plano Espiritual instrumentos ainda desconhecidos por nós, pela ciência oficial. O laser que temos hoje como milagre de técnica da Física moderna e já pode muitas vezes substituir o bisturi, fora antecipado de muitos anos pelas cirurgias incruentas que os Espíritos realizaram... Assim, esses recursos são desenvolvidos antes que as gerações se preparem para recebê-los. Até aqui temos falado da mobilização de fluidos que preferimos considerar aqui mentomagnéticos, resultantes da ação da mente sobre o Fluido Cósmico Universal, numa ação agregadora e modeladora, formadora e criativa, representando o que o Espírito daqui levou na memória, reconstituindo ideoplasticamente o meio ambiente, e com este, objetos e instrumentos, transmudados de certo modo para estâncias extra-físicas próximas da Terra. Já falamos do que seja verdadeiramente o Laboratório do Mundo Invisível, com seus recursos plasmadores. Queremos dizer agora mais precisamente de um aspecto novo da questão, da constituição, no Mundo Invisível, de técnicas desenvolvidas pelas mentes sobremodo gabaritadas, graças a uma experiência colhida na Terra como no Espaço (na Erraticidade), portanto em academias das esferas superiores da Vida Espiritual, técnicas e mobilização de forças criadoras, construindo aparelhagens e criando recursos que podem depois ser transportados para o Plano Físico, ora realizando aquilo que nos espanta - aparelhagens especiais materializadas em certas sessões de efeitos físicos - , ora transmudando-as para o mundo das dimensões nossas conhecidas por via da genialidade de Espíritos que se encarnam com tais missões e sabem desenvolver o que se constitui na mais assombrosa façanha da Física moderna. Assim se prepara, em termos de avanço tecnológico, a evolução da Terra, enquanto se espera de nós o aperfeiçoamento moral em que também os Espíritos laboram, através da pregação repetitiva das máximas do Cristo.

CAPÍTULO LIX

REENCARNAÇÃO E PROCESSO CRIATIVO

Há ainda muita gente que confunde os primórdios da Criação, de toda a Eternidade - não há como exprimir-nos de outra forma - com a constituição, embora em tempos imemoriais, de nosso pequenino lar, o Planeta Terra. Vício dos antigos sistemas geocêntricos... Não se desdobrariam tais fatos a um só tempo, pois que se registram ainda hoje novas formações de galáxias, de sóis e de sistemas. Nem mesmo o simbolismo bíblico que dá conta da formação do mundo em seis dias estará sendo relacionado às eras geológicas, como adverte Kardec em "A Gênese": "... a obra de cada um dos seis períodos geológicos". Esclarece mais que a sucessão dos dias, falando Moyses em tardes e manhãs, só se aplicaria ao dia de 24 horas e não a períodos supostos. Além disso, a hipótese não eliminaria o erro de a Terra ter sido criada antes do Sol... No sétimo dia Deus descansou... Criar este grão infinitesimal diante da vastidão do Universo daria para cansar um velho de longas barbas, alquebrado pelos anos, como o vêem ainda hoje muitas pessoas. Ainda que o Cristo houvesse dito: "- Meu Pai trabalha sem cessar." Certo é então que Deus, o Supremo Senhor dos Mundos, cria-os continuamente. Ora, povoando o Universo de seres inteligentes, cria-os à sua semelhança, ou seja, capazes de se fazerem também, a seu tempo, criadores e, assim, podendo colaborar, como efetivamente colaboram, de sua parte, na obra infinita que se evidência majestosa, sendo portanto co-criadores em plano menor. Se nada faria de inútil, não criaria seres potencialmente capazes sem que essas faculdades houvessem de ser desenvolvidas e utiliazadas com elevados propósitos. Diz "A Gênese", "Ao mesmo tempo que criou, desde toda a Eternidade, mundos materiais, Deus há criado, desde toda a Eternidade, seres espirituais. Se assim não fora, os mundos materiais careceriam de finalidade." Sim, Deus cria incessantemente. Se imaginarmos a escala gradual de desenvolvimento dos Espíritos, a partir da fase mais rudimentar à mais perfeita, não os poderíamos supor inativos. Com efeito, o princípio inteligente, cumprindo ciclos evolutivos, demora-se alternadamente nos planos que lhe são necessários e espelha no evolver do psiquismo o lento trabalho de constituição do próprio "casulo" mental - o futuro campo de forças do Espírito. Adiante esboça-se um conhecimento mais dinâmico, que se irá diferenciando com vistas à racionalidade, a traduzir-se inicialmente por certo grau de conhecimento e, de futuro, por uma sabedoria crescente, a manifestar-se no poder criativo, engenhoso, imaginativo do homem, para desaguar nos rumos da Arte, da Ciência, da Tecnologia, que o glorificam e o distinguem das outras espécies biológicas. Sentimos, com isso, que há um plano harmonioso na estruturação do Universo, de sentido francamente evolutivo. Numa etapa ou na outra, as aptidões e os conhecimentos adquiridos não se perdem, isto já está tranqüilamente aceito.

Localizar, porém, pura e simplesmente a capacidade criadora, a inteligência laborativa, as concepções de beleza e de justiça numa estrutura protêica onde estaria toda a essência do ser e da vida parece-nos pouco satisfatório. Se bem admiremos a sabedoria excelsa que colocou papel tão importante na dimensão obscura de complexas moléculas, na intimidade das células, será necessário ver aí o instrumento, que não de fato o agente, instrumento esse impressionável, em que o agente labora, em código, os registros necessários ao desdobramento da vida. Na verdade, o registro das experiências vividas, o aprendizado multimilenar haveria antes de estar nos arquivos da alma, no psiquismo, que nortearia a mensagem a ser transmitida pela estrutura cromossônica em desenvolvimento. A herança fisiológica vai ajustar-se a reclamos de ordem superior relacionadas com as necessidades do reencarnante. Há, sem dúvida, uma fonte de informações genuinamente de base física, mas o seu direcionamento, a experiência vivida estaria sob a influência de um princípio dinâmico que não pertence ao corpo físico mas participa da bagagem do Espírito, o que nós chamamos de perispírito.

Por outro lado , não haveria como concluir, diante de todo o potencial de conhecimentos do passado, mesmo quando coletivamente considerado, que esse potencial nada tivesse a ver com o esforço individual de cada um de nós, com vistas à questão do mérito. Sobre ser muito mais nobre é mais lógico e conseqüente, assim o entendermos.

Estes pontos básicos - a importância do perispírito e da lei palingenésica - permitem-nos compreender melhor, entre outras cousas, a presença de criaturas extraordinárias, com um conhecimento excepicional, que não poderia ter sido adquirido por transmissão genética, desde que ultrapassem em muito o avanço do saber humano em sua época. Sim, porque a evolução se processa tanto na Terra como em outros planos de vida. Há, então, uma capacidade criadora do Espírito através das experiências sucessivas. Experiências que se dilatam além das fronteiras do corpo físico, além dos limites do orbe Terra: "A vida espírita é uma ocupação contínua", já vimos. O elemento primordial do Universo é o Fluido Cósmico Universal, onde operam as inteligências superiores como também aquelas medianamente capazes; e os seres mais íntimos, na gradação de seus estágios evolutivos. Basicamente matéria, mas em estado vibracional ainda não detectado pela instrumentalidade científica, de que apenas se aproxima hoje a Física Atômica. Modela-o a força criadora do pensamento. Se o pensamento divino criou o Universo, vestindo-o de formas, o Espírito recria as formas, plasma o corpo e a própria paisagem mental. Eis, em suma, a participação do Espírito na obra da Criação. Essa auto-realização, mesmo no plano das atividades humanas, é processo criativo. A bem dizer, o homem como que recriou o mundo em que lhe foi dado viver. Por vezes, temo-lo como uma criança buliçosa que intenta destruir o brinquedo que tem em mãos...

Outra não é, porém, a finalidade das reencarnações que o aperfeiçoamento incessante. Tem, portanto, aí, sentido educativo. Afinal, a chave da reencarnação é a única que nos abre a compreensão para entender a razão e o sentido da capacidade criadora do homem, Espírito encarnado. Ou antes, é o próprio processo evolutivo que impõe, como meio de atingir as realizações do Espírito eterno, a reencarnação por lógica indestrutível.

CAPÍTULO LX

EDUCAÇÃO PARA A VIDA MAIOR

Partimos do ponto de vista de que a Educação prepara o homem - sobretudo quando na fase de criança e de jovem - para a vida, dentro de uma realidade estruturada à base do próprio meio físico e social. Compreende-se então que a forma de encarar a vida, quer seja no contexto biofísico e psicológico quer no filosófico e, se pudermos dizer, no metafísico, importa fundamentalmente no processo de Educação.

O homem é um todo e como tal deve ser encarado. Um todo biofísico-psíquico-moral. Uma educação integral não pode abranger alguns aspectos desses componentes em detrimento de outros, sem prejuizo de todo. Não é possível pretender uma obra de Educação sem satisfazer basicamente as necessidades do corpo, seus reclamos, nem os anseios da alma, como quer que a definamos. As novas gerações que surgem estão cada vez mais insatisfeitas. Se em verdade a ciência já responde a indagações profundas e complexas, deixa todavia muitos claros: enquanto investiga, observa, experimenta, expõe, estabelece hipóteses de trabalho, não responde a inquietação de natureza filosófica quanto ao próprio destino humano...

Há em cada época, em relação a cada civilização, em cada mundo, geopoliticamente falando, uma realidade social, econômica, política... E essas realidades têm suas causas mais profundas, têm sua razão de ser, que transcende ao momento considerado, que diz de algum passado e que conduz a algum futuro. E já Jung estuda esses processos falando em seus "arquétipos". As diversas escolas pedagógicas estão inalienavelmente ligadas a todas as formas de ver a vida e entender a realidade, cada qual a seu jeito. Senão, vejamos: A concepção de um pecado "original" que passaria de geração em geração, de pais para filhos, fez que educadores, por muito tempo, recebessem a criança como uma "criminosa" em miniatura por herança atávica desse inqualificável delito de nossos supostos ancestrais. Não que aceitassem a existância terrena como abençoado curso de aperfeiçoamento, o que melhoraria o entendimento. Rosseau, o enciclopedista do "Contrato Social", defendendo a Educação popular - uma notável abertura, em sua época - já ensinava que toda criança deveria ser educada em contato com a Natureza. Invertendo completamente, a bem dizer, o conceito bíblico, insistia em dizer que "o Homem nasce livre e bom, mas é corrompido pela sociedade...". Pestalozzi segue-lhe, de certo modo, as pegadas, entendendo que a personalidade da criança é sagrada; deve ela ser desenvolvida e preparada através do poder criador que ela tem em germe. Seu desenvolvimento deve ser natural, aproveitando-se-lhe as aptidões.

Herbart, em sua "Psicologia Experimental", que fez época, lembra a seu turno que o interesse excita a criança no sentido de aquisição do saber, capaz, então o conhecimento, de orientarlhe as ações. Desenvolveram-se a partir daí os centros de interesse.

Freud estuda a importância dos impulsos ditos inconscientes na avaliação do grau de relacionamento tanto da criança como do adulto.

Piaget, embora não se filiando à orientação espiritualista, tem uma visão satisfatória do problema e procura criar condições capazes de fazer que o educando, por seus próprios recursos, esteja apto a formular conceitos seus, redescobrindo, numa criação pessoal, sem imposição de cima para baixo, os valores com que irá conviver. Evita as soluções prontas, desenvolve o espírito crítico.

Já alguns séculos antes do Cristo a dialética socrática consistia em levar o interlocutor a descobrir a verdade fazendo-lhe numerosas perguntas. Nisso se baseava a maiêutica, literalmente partejar, no caso, partejar o Espírito...

Recomendava o professor Rivail que se deveria levar o aluno a conhecer a razão de tudo que fazia, cultivar o espírito de observação, dirigindo-lhe nesse sentido a atenção. Habituá-lo a descobrir por si mesmo. Partir do simples para o complexo, em suma, fazer um ensino intuitivo. Não foi outra a orientação seguida mais tarde, no levantamento da obra da Codificação.

Herculano Pires, falando-nos já agora da Educação Espírita, lembra que esta não quer apenas integrar o indivíduo na sociedade, na cultura e na época, mas levá-lo, ainda mais, à plena realização de sua potencialidade como Espírito eterno rumo à perfeição. Sim, esta, a Educação Espírita ou a Educação à Luz do Espiritismo transcende à sociedade porque se refere às Humanidades solidárias entre si em todos os pontos do Universo. Transcende à cultura de um povo e de uma época por ser universal e por ser intemporal. Parte antes, portanto, do Espírito como inteligência imortal que povoa o Universo, sendo a vida física transitório quanto precioso mergulho no campo fisiológico. São novos valores que considerar. Prepara-se a Humanidade terrena para a adultícia, caminha para o amadurecimento. O homem crêu ontem naquilo mesmo em que já hoje não crêem as nossas crianças. Sabem elas da vida segredos que sábios não vislumbravam sequer. Há uma nova dimensão do Homem, uma nova grandeza do Universo, que vai sendo aos poucos conquistado. Sentimos portanto que não há como negar o mundo, mas antes compreendê-lo na dimensão relativa à vastidão da estrutura cósmica. Sentir e viver o momento intensamente, mas em termos de eternidade. A vida deixa de ser um episódio isolado, passa a compor um conjunto harmonioso de fatos, numa escalada superior. Daí a responsabilidade maior do educador espírita, do educador consciente dessas verdades maiores, quando vê no aluno o irmão de viagem que chegou depois à paisagem terrena, que lhe cumpre orientar na caminhada nova.

Recorda Léon Denis em "O problema do Ser, do Destino e da Dor":

"Quando a grande Doutrina se tiver tornado a base da Educação humana, quando a prova das vidas sucessivas aparecer a todas as vistas, então os mais instruidos, os mais refletidos, desenvolvendo em si as instruções do passado, compreenderão que têm vivido em todos os meios sociais e terão tolerância e benevolência para com os pequenos, sentirão que há menos maldade e acrimônia do que sofrimento revoltados na alma dos deserdados".

Na sua forma tão clara e objetiva, "O Livro dos Espíritos" se refere à infância por oportunidade das mais importantes da vida humana:

"Encarnado com o objetivo de se aperfeiçoar, o Espírito, durante esse período, é mais acessível às impressões que recebe, capazes de lhe auxiliarem o adiantamento, para o que devem contribuir os incumbidos de educá-lo. (Questão 383)

"Os Espíritos só entram na vida corporal para se aperfeiçoarem. A delicadeza da idade infantil os tornam brandos, acessíveis aos conselhos da experiência e dos que devam fazê-los progredir. Nessa fase é que se lhes pode reformar os caracteres e reprimir os maus pendores."

"Assim, portanto, a infância é não só útil, necessária, indispensável, mas também conseqüência natural das leis que Deus estabeleceu e que regem o Universo." (Questão 385)

Se o mundo é bem menos que o centro de um pequenino sistema, Deus bem maior, mais justo e mais poderoso que o descrito em tantos livros sagrados, se as vidas humanas são pequeninas fases da vida eterna do Epírito, então compreenderemos melhor o próprio esforço do homem por avançar, compreenderemos de melhor forma os impulsos referidos por Freud, os arquétipos de Jung; iluminaremos um pouco mais os escaninhos da Psicanálise, jorraremos luzes mais fortes ao campo da Psicologia, para dar ao homem essa outra dimensão moral que ele não percebia, uma nova noção de liberdade com responsabilidade; e para dar sentido educativo às provações da vida. Um finalismo lógico à própria existência terrena, muito mais amplificado que na tese da unicidade das religiões tradicionais não palingenéticas. Realmente bem maior o alcance da Educação Espírita, à luz da Reencarnação.

Exatamente por ser mais lógica, mais vasta, mais profunda, mais compatível com a grandeza do Criador, trazendo o Espiritismo a própria Lei Natural eterna e imutável em explicação condizente com a capacidade nossa de compreendê-la, pôde o mestre lionês, dirigindo-se à legião dos contraditores, lançar este repto:

- "Quereis combatê-lo com êxito? Substitui-o por alguma cousa melhor; indicai solução mais filosófica para todas as questões que ele resolveu, dai ao homem outra certeza que o faça mais feliz!" (In "Conclusões", de "O Livro dos Espíritos").

Se é capaz de ampliar desmesuradamente as visões do Espírito, colocá-lo a contemplar as grandezas superiores do Universo em seu equilíbrio, em seu encanto, em nenhum momento a Doutrina diminui o mérito do instante que passa, restringe a importância da vida física, dos valores humanos, nem prega o asceticismo, o isolamento, o claustro, mas a vida ativa na autoedificação, o que é profundamente educativo. O transitório incorpora-se ao eterno, num plano de ação em que o Espírito é potência criadora integrando a própria Criação infinita.

A procura de Deus e da Verdade, de um Deus já não antropomórfico nem vingativo, essa busca constante desenvolve a capacidade de sentir e de criar, de modo que intui e orienta, educa e aperfeiçoa.

OBRAS CONSULTADAS

Ressalvadas omissões involuntárias, foram consultadas as seguintes obras e opiniões:-

Adolfo Bezerra de Menezes - "Loucura sob um novo prisma - A"
Albert Scherenck Notzing - "Phénomènes Physiques de 1ª Médiunité - Les"
Albert de Rochas - "Feitiçaria - A"
Alberto Seabra - Espírito - "Vozes do Grande Além (autores diversos) - In"
Alexandre Aksakof - "Animismo e Espiritismo"
Alfred Erni - "Psiquismo Experimental - O"
Allan Kardec - "Livro dos Espíritos - O" - "Livro dos Médiuns" - "O" "Evangelho Segundo o Espiritismo - O" - "Céu e Inferno - O" - "Gênese - A" - "Obras Póstumas" - "Revista Espírita"
André Luiz - "Mecanismos da Mediunidade" - "Nos domínios da Mediunidade" - "Mundo Maior - No" - "Missionário da Luz" - "Entre a Terra e o Céu" - "Evolução em dois Mundos", etc.
Ângelo Machado - "Neuroanatomia funcional"
Antônio Montera - Revista JAMB (880)

Arthur Conan Doyle - "História do Espiritismo"
Aureliano Alves Netto - "Extraordinárias Curas Espirituais" e outros
Berstein - "Caso Bridey Murphy - O"
Camille Flamarion - "Morte e seus mistérios - A"
Carlos Alberto Tinoco - "Modelo Organizador Biológico - O"
Carlos Imbassahy - "Que é a Morte - O" - "Hipóteses em Parapsicologia" - "Freud e as manifestações da Alma" - "Reencarnação e suas Provas (com Mário C. de Melo) e outras.
César Lombroso - "Hipnotismo e Mediunidade"
Charles Richet - "Grande Esperança - A"
Cícero Marcos Teixeira - Revista "Desobsessão"
Djalma Farias - "Ensaios de Reencarnação"
Emmanuel - "Pensamento e Vida" - "Caminho da Luz - A" - e outras
Ernesto Bozzano - "Crise da Morte - A" - "Animismo ou Espiritismo?" - "Materialização dos Espíritos (com Gibier)" - "Pensamento e Vontade" - "Fenômenos Psíquicos no momento da Morte" - "Comunicações Mediúnicas entre Vivos" - "Propósito da Introdução à Metapsíquica Humana" - "Enígmas da Psicometria"
Fernando Lucas - Enciclopédia Bloch (artigo em 08/68)
Francisco Thiesen - "Allan Kardec" (com Zeus * Wantuil)
Francisco Waldomiro Lorenz - "Voz do Antigo Egito - A"
Gabriel Delanne - "Evolução Anímica - A" - "Reencarnação - A" - "Espiritismo perante a Ciência - O"
Gustavo Geley - "Ser Subconsciente - O" - "Doutrina Espírita" - "Reencarnação"
Henrique Roxo - "Manual de Psiquiatria"
Hernani Guimarães Andrade - "Parapsicologia Experimental" - "Novos Rumos à Experimentação Científica"
Hermínio Miranda - "Reencarnação e Imortalidade"
Inácio Ferreira - "Novos Rumos à Medicina"
Ivone Pereira - "Recordações da Mediunidade" e outros
Jaime Cerviño - "Além do Inconsciente"
Jean Piaget - "Biologia do Conhecimento"
João Teixeira de Paula - "Dicionário da Parapsicologia, Metapsíquica e Espiritismo
Jorge Andréa - "Energética do Psiquismo" - "Palingênese a Grande Lei" e outros. Aulas e anais do ICEB
Jornal do Brasil - "Redação, edição de 25/05/80
José Erculano Pires - "Revista Educação Espírita"
Joseph Laponni - "Hipnotismo e o Espiritismo - O"
Karl Muller - "Reencarnação baseada em fatos - A"
Laurence Cherry - "Revista "Seleções" em artigo

Léon Denis - "Problemas do Ser, do Destino e da Dor - O" - "Porque da Vida - O" - "Giovana"
Leonardo Pereira Lima - "Dicionário de Psicologia Prática"
Michaelus - "Magnetismo Espiritual"
Miguel Couto - Esp. - "Falando à Terra (autores diversos)"
Olympia Belém - "Jerusa"
Paul Gibier - "Análise das Cousas" - "Espiritismo - O"
Pedro Granja - "Afinal, quem somos?" - "Bíblia aos nossos dias - Da"
Pierre Leymarie - "Processo dos Espíritas - O"
Pietro Ubaldi - "Grande Síntese - A" - "Noúres" - "Ascese Mística"
Rafael A. Ranieri - "Forças Libertadoras" - "Materializações Luminosas"
Rosimary Brown - "Sinfonias Inacabadas"
Sílvio Brito Soares - "Grandes Vultos da Humanidade e o Espiritismo
Silvan Muldon - "Projeção do Corpo astral" (com Hereward Carrington)
Sigmund Freud - "Psicologia da Vida Cotidiana"
Tácito de Souza Lima - "Mundo Espírita" (artigo)
W.J.Crawford - "Mecânica Psíquica"
Zíbia Gasparetto - "Morro das Ilusões - O"

DAG GRÁFICA E EDITORIAL LTDA.
Av. N. Senhora do Ó, 1782, tel. 857-6044
Imprimiu
COM FILMES FORNECIDOS PELO EDITOR